Nührmann

Das Hobbylabor für den Profi-Bastler

...so baut die Industrie ein hochintegriertes Digitalmultimeter auf... Unser Hobbylabor benötigt derartig aufwendige Platinen nicht. Also machen wir es uns einfacher – ein Beispiel dafür ist auf Seite 12 gezeigt.

Das Hobbylabor für den Profi-Bastler

Dieter Nührmann

Welche Meßgeräte ein Hobby-Elektroniker braucht und wie er sich diese selber preisgünstig bauen kann.

Mit 216 Abbildungen und zahlreichen Tabellen

1.–12. Tausend

Franzis'

CIP-Kurztitelaufnahme der Deutschen Bibliothek

Nührmann, Dieter:
Das Hobbylabor für den Profi-Bastler: welche Meßgeräte ein Hobby-Elektroniker braucht und wie er sich diese selber preisgünstig bauen kann / Dieter Nührmann. – 1.–12. Tsd. – München: Franzis-Verlag, 1980.
(Franzis-Elektronikbuch für jedermann) ISBN 3-7723-6681-3

Druck: Franzis-Druck GmbH
Printed in Germany. Imprimé en Allemagne.

ISBN 3-7723-6681-3

Am Anfang...

unseres Hobbys der Elektronik steht meistens der Wunsch – oft noch viel dringender der Bedarf – nach einer Vielzahl verschiedener Meßgeräte. Das ist ganz verständlich, nicht weil etwa in jedem Labor vordergründig die Meßapparaturen dominieren, sondern weil ohne Meßtechnik in der Elektronik nicht entwickelt und gebaut werden kann. Das ist etwa so, als versuchten Sie mit langen Stangen im Nebel herumzustochern, um dann irgendwann – so mehr durch Zufall – einmal etwas zu treffen.

So geht's also nicht. Das Hobbylabor braucht ein Mindestmaß an Meßmitteln und natürlich ein sortiertes Bauteilelager. Nun sind gerade die Meßmittel recht teuer, wenn wir einmal an die Angebote der Industrie denken. Der Selbstbau wird oft preiswerter. Weiter führt der Eigenbau dazu, das betreffende Gerät unseren Wünschen genau anzupassen – also eine „maßgeschneiderte" Arbeit. Hinzukommt, daß wir gleich lernen, wie's gemacht wird. Wenn einmal etwas kaputt geht, dann können wir das Gerät zudem noch selbst reparieren. Das alles sind doch Vorteile für uns, Grund genug, die Sache einmal selbst in die Hand zu nehmen.

Also, wir bauen uns unser Hobbylabor selbst.

Dabei viel Spaß und Erfolg.

Dieter Nührmann

Achim/Bremen

Eine kleine Gebrauchsanleitung...

für dieses Buch soll uns jetzt weiterhelfen. Wie teilt es sich nun auf? Zunächst lesen wir etwas über die Meßtechnik nach. Wie und was so alles in der Hobby-Elektronik gemessen wird. Dann überlegen wir gemeinsam, welche Bauteile ein gut sortiertes Labor für den Bau von Meßgeräten zur Verfügung haben sollte. Ja, und dann das wichtigste – die vielen unterschiedlichen, erprobten Nachbauschaltungen der Meßgeräte. Also das, was uns wohl am meisten interessiert.

Dazu nun noch etwas mehr an Angaben. Die Schaltungen sind von mir erprobt und teilweise auch industriell gefertigt. Darüber hinaus ist ein weiterer Teil der Schaltungen bereits in der Zeitschrift ELO von mir veröffentlicht worden. Somit ist zunächst einmal ein Höchstmaß an „Ganggenauigkeit" erreicht. Für den Aufbau wird auf kritische Stellen verwiesen.

Für den Bau von Meßgeräten in der Elektronik möchte ich ein bestimmtes Maß an Grundkenntnissen voraussetzen. Diese sind – je nach Ihren Vorkenntnissen – leicht in folgenden Büchern nachzulesen, die in der gleichen Reihe im Franzis-Verlag von mir erschienen sind:

- Elektronik – leichter als man denkt
- Der Weg zum Hobby-Elektroniker
- Elektronik-Selbstbau für Profibastler
- Der Hobby-Elektroniker greift zum IC

Der Bereich der Meßtechnik wird in dem Buch

- Wie messe ich richtig

beschrieben.

Nun zu der Frage der Bauteile, des Gehäuses und der Platinen. Benutzt werden Standardbauteile. Es ist oftmals möglich, einen Tastensatz gegen einen Drehschalter auszutauschen. Ein komplizierter Drehschalter läßt sich einfach „entwirren", wenn wir an seiner Stelle zwei oder drei Einzelschalter benutzen. Von der Bauteileseite dürften keine Schwierigkeiten auftauchen, da ich mich insbesondere auch bei den Halbleitern auf Fabrikate deutscher Fertigung (Valvo, Siemens, Telefunken) abgestützt habe.

Für die Gehäuse kann ich den Vorschlag machen, diese – je nach der erforderlichen Größe – beim Elektronikversandhandel zu beziehen. Bei den Platinen habe ich nicht aufgehört, zu denken, sondern aus einem bestimmten Grund keine weiteren Vorschläge mehr gemacht, denn je nach Gehäuseform und -größe werden Sie den Aufbau nach Anzahl der elektronischen Baugruppen auf mehrere Einzelplatinen aufteilen. Da ich nun nicht weiß, wie Sie's gern hätten, habe ich zwar die elektronischen Baugruppen abgegrenzt im Text und oft auch im Schaltbild, jedoch keine Platinenzeichnung angegeben. Weiter ist es leicht einzusehen, daß der Aufbau der Platine von den von Ihnen benutzten Bauteilen abhängt.

In dieser Sache sind Sie jedoch nicht allein gelassen, denn ich habe Ihnen für diese „Fälle" folgende Hilfe anzubieten. Es sind zwei kleine RPB-Bände

- „Der Hobby-Elektroniker ätzt seine Platine selbst" RPB 56
- „Die Mechanik für die Hobby-Elektronik" RPB 125
  (beide von mir im Franzis-Verlag erschienen),

und mit diesen beiden Bänden sind Sie gerüstet, die Platinen zu planen und herzustellen, sowie auch mechanisch alles stabil und sicher im Gehäuse unterzubringen. Wer noch etwas mehr an Unterstützung braucht... das steht im Schlußwort.

Nun lesen Sie bitte erst den Anfang des Buches, bevor Sie sich gleich die schwierigste Schaltung vornehmen.

Ich wünsche viel Spaß beim Bau... und immer gleich den richtigen Zeigerausschlag.

Wichtiger Hinweis

Die in diesem Buch wiedergegebenen Schaltungen und Verfahren werden ohne Rücksicht auf die Patentlage mitgeteilt. Sie sind ausschließlich für Amateur- und Lehrzwecke bestimmt und dürfen nicht gewerblich genutzt werden*).

Alle Schaltungen und technischen Angaben in diesem Buch wurden vom Autor mit größter Sorgfalt erarbeitet bzw. zusammengestellt und unter Einschaltung wirksamer Kontrollmaßnahmen reproduziert. Trotzdem sind Fehler nicht ganz auszuschließen. Der Verlag und der Autor sehen sich deshalb gezwungen, darauf hinzuweisen, daß sie weder eine Garantie noch die juristische Verantwortung oder irgendeine Haftung für Folgen, die auf fehlerhafte Angaben zurückgehen, übernehmen können. Für die Mitteilung eventueller Fehler sind Autor und Verlag jederzeit dankbar.

---

*) Bei gewerblicher Nutzung ist vorher die Genehmigung des möglichen Lizenzinhabers einzuholen.

Inhalt

Der Hobby-Elektroniker umgeht den „komplizierten“ Aufbau der Platine von Seite 2. Das macht er recht einfach, wie hier das Foto zeigt, mit der Lochrasterplatine. Wer seine Platine jedoch selbst ätzt (siehe auch den RPB-Band 56 vom Franzis-Verlag „Der Hobby-Elektroniker ätzt seine Platine selbst“), kommt zu einem Aufbau, wie er auf Seite 210 zu sehen ist.

1

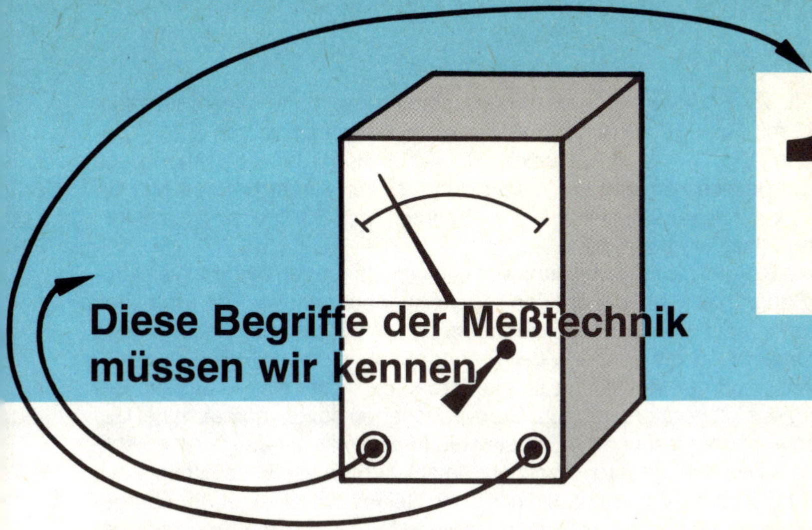

Diese Begriffe der Meßtechnik müssen wir kennen

Die Meßtechnik setzt in der Elektronik ein nicht unerhebliches Wissen an Verfahren und Begriffen voraus. Wir werden in diesem Buch uns auf das Notwendigste an Erklärungen beschränken müssen. Also nehmen wir uns jetzt die zunächst wichtigsten Begriffe vor.

1.1 Spannungsmessungen

Die Messung einer Spannung in unserem Elektronik-Aufbau wird wohl – als Meßverfahren – am häufigsten benutzt. So sind dann auch hier Unterscheidungen hinsichtlich der Spannungsart und der dafür erforderlichen Zutaten zu treffen.

1.1.1 Die Gleichspannung

Bei einer Fehlersuche, bei Arbeitspunkteinstellungen und galvanisch gekoppelten Baugruppen tritt die Gleichspannung in den Vordergrund. Obwohl oftmals bereits kleinste Gleichspannungen von nur wenigen Mikrovolt als Steuersignale benutzt werden, ist die Messung derart kleiner Gleichspannungen selten. Die Praxis meint es hier gut mit uns, denn das Gebiet der am häufigsten gemessenen Spannungen liegt innerhalb des Bereiches von 0,1 V...50 V. Das läßt sich noch weiter einschränken, wenn an die Bereiche eines Gleichspannungsmeßgerätes gedacht wird. Hier kommen wir mit den Meßbereichen 1 V – 3 V – 10 V – 30 V gut zurecht. Bei allen Gleichspannungsmessungen sollten wir an zwei Dinge denken:

1. Der Innenwiderstand des Meßgerätes sollte mindestens zehnmal so groß sein wie der Innenwiderstand der Spannungsquelle, an der gemessen wird.

Nach *Abb. 1.1.1-1a* wird an einem Basisspannungsteiler mit einem Vielfachmeßgerät mit R_i = 10 kΩ/V im 3-V-Bereich eine Spannung von 2,24 V gemessen. In *Abb. 1.1.1-1b* mit einem R_i = 100 kΩ/V eine Spannung von 5,14 V. Schließlich kommen wir in *Abb. 1.1.1-1c* mit einem R_i = 10 MΩ bei einem elektronischen Multimeter der Wahrheit mit 5,97 V am nächsten, denn theoretisch sind es 6,00 V.

2. Oftmals ergibt sich die Messung von Gleichspannungen innerhalb elektronischer Baugruppen, bei denen diese Gleichspannungen, wie der Profi sagt, impuls- oder wechselspannungsüberlagert sind. Also z. B. bei einem kleinen Transistorgenerator als Sender- oder Tongenerator. In diesen Fällen bringt der direkte Anschluß der Meßleitung an ein derartiges Signal eine kapazitive Bedämpfung des Generators mit sich. Ganz abgesehen davon, daß auch bei Generatoren mit höher frequenten Signalen die Induktivität der Zuleitung erhebliche Meßschwierigkeiten nach sich zieht. In solchen Fällen ist es richtig, nach *Abb. 1.1.1-2* zu handeln. Wir bauen uns in ein kleines Plastikkugelschreibergehäuse einen sogenannten Entkopplungswiderstand ein, ein Stück spitz geschliffene Fahrradspeiche – ca. 3 cm lang – tastet so entkoppelt den Meßpunkt an. Der Generator wird beim Messen kapazitiv nicht belastet. Hinzu kommt, daß der Widerstand mit einer abgeschirmten Zuleitung zum Meßgerät einen Tiefpaß bildet. Dabei wirkt die Kabelkapazität und die Meßgeräteeingangskapazität als Kondensator. Bei ca. 1 m Kabellänge und einer Meßgerätekapazität von ca. 40 pF ist der „Kondensator" ca. 150 pF groß.

Nun zur Größe des Widerstandes R. Dieser sollte mindestens 100 kΩ groß sein. Damit spielt er eine erhebliche Rolle hinsichtlich der Anzeige des Meßgerätes, da er sich mit den jeweiligen Bereichswiderständen in Serie schaltet. Nehmen wir an, wir messen mit einem Instrument mit einem R_i = 30 kΩ/V auf

Abb. 1.1.1-1

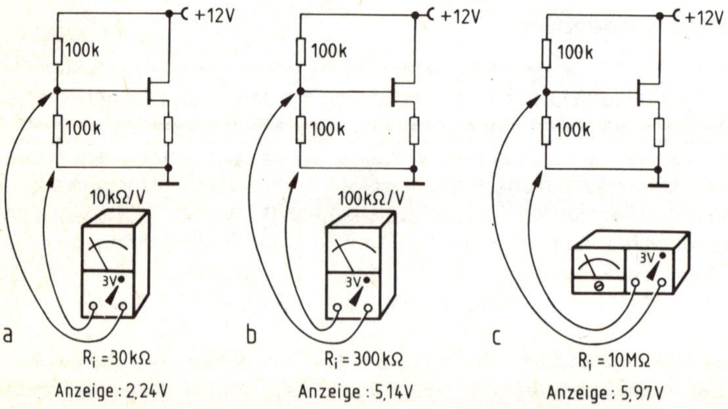

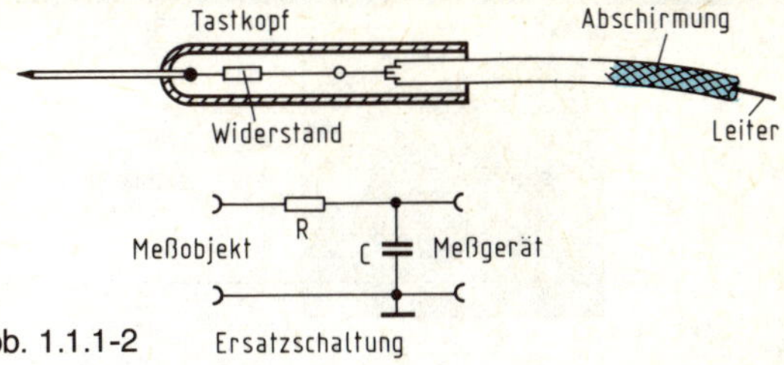

Abb. 1.1.1-2

dem 3-V-Bereich eine Spannung mit dem 100-kΩ-Entkopplungswiderstand von 1 V. Der 3-V-Innenwiderstand des Meßgerätes ist dann ebenfalls rund 100 kΩ groß (90 kΩ). Also ergibt sich eine Spannungsteilung. Die tatsächlich angezeigte Spannung von 1 V ist am Meßpunkt jedoch 2 V groß! Deshalb ist es sinnvoll, derartige Entkopplungsschaltungen nur an hochohmigen Meßgeräten – also elektronischen Multimetern ($R_i \geqq 10$ MΩ) – zu benutzen. Dort wird das Meßergebnis nur wenig verfälscht und liegt dann meistens innerhalb der Meßgerätetoleranz.

1.1.2 Die Wechselspannung

Zunächst auch hier etwas über ihre mögliche Größe. Die Wechselspannung – insbesondere im Bereich der Hobby-Elektronik – liegt im Bereich von 100 mV...50 V. Und damit wären wir zunächst in derselben Größenordnung wie bei der Gleichspannung des vorherigen Kapitels. Nun gibt es hier jedoch eine Einschränkung. Das ist der Frequenzbereich. Die käuflichen Vielfachmeßgeräte sind für Sinusspannungen im Bereich von 50 Hz gedacht – also nicht für die Hifi-Messung. Die elektronischen Multimeter in den späteren Kapiteln messen die Wechselspannung im Bereich von ca. 30 Hz...150 kHz. Dabei wird der Spitzenwert der gemessenen Wechselspannung gleichgerichtet und – richtig geeicht – als Gleichspannungswert angezeigt. Derartige Messungen mit elektronischen Multimetern sind oft nicht sehr genau. Deshalb benutzt der Profi, und auch wir, für diese Zwecke besonders geeignete Nf-Millivoltmeter.

Bei Frequenzen, die größer als die Bereiche der oben angegebenen Instrumentenarten sind, wird ein sogenannter Hf-Tastkopf vor das elektronische Multimeter in *Abb. 1.1.2-1* geschaltet. Das Multimeter muß hier auf diese Gleichrichterschaltung geeicht sein. Sie mißt ab ca. 500 mV linear. Der Übertragungsbereich geht bis 100 MHz. Die Ausgangsspannung ist gleich dem doppelten Spitzenwert der Wechselspannung. Und damit wären wir bereits bei der Definition der Wechselspannung.

Zunächst müssen wir daran denken, daß oftmals wichtige Angaben über die Frequenzgrenzen des Meßgerätes gemacht werden. Es wird von der unteren

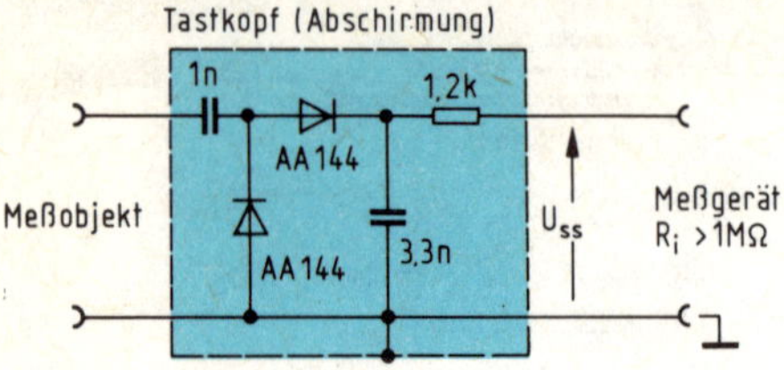

Abb. 1.1.2-1

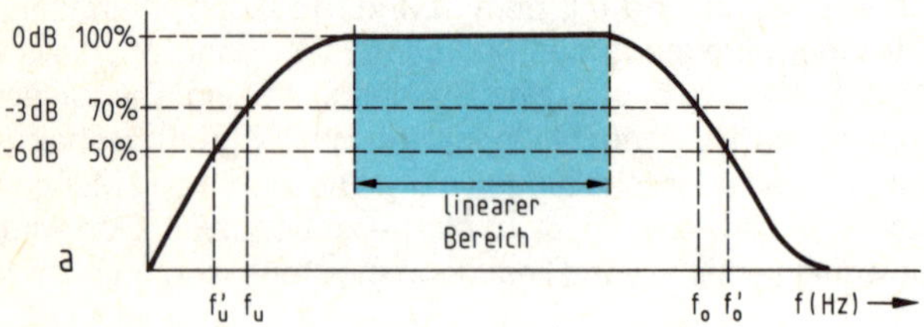

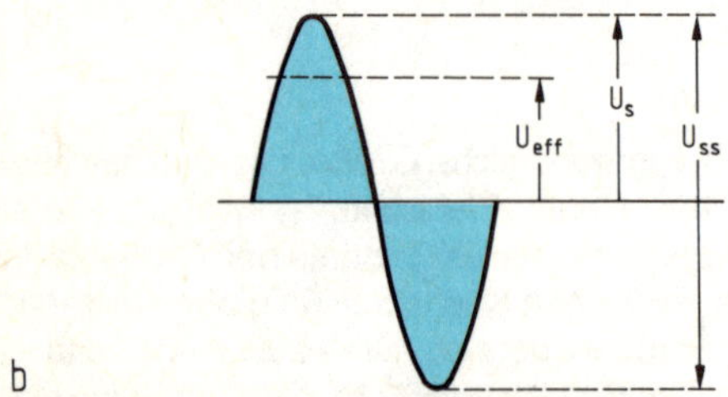

Abb. 1.1.2-2

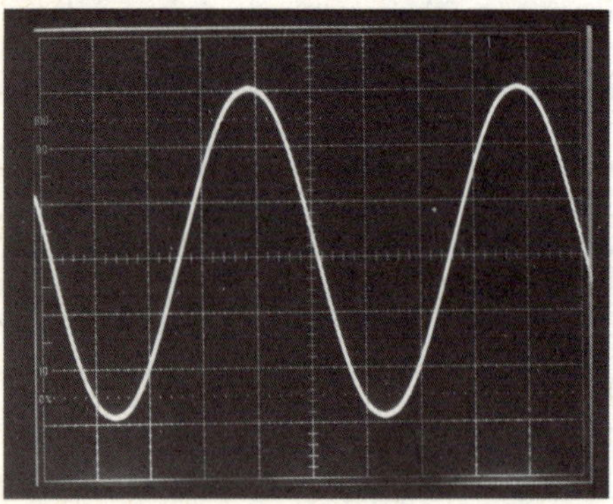

Abb. 1.1.2-2c

Grenzfrequenz – kurz f_u genannt – und von der oberen Grenzfrequenz – kurz f_o – gesprochen. Die *Abb. 1.1.2-2a* zeigt den Zusammenhang. Dort ist nun zu erkennen, daß eine frequenzlineare Messung nur in einem kleinen Teilbereich möglich ist. Oftmals werden – um diesen Bereich kennenzulernen – die Bereichsgrenzen f_o und f_u angegeben. Wir müssen sie wissen. Wichtig ist für die weitere Überlegung, ob die allgemein eingeführte Angabe von –3 dB (Spannungsabfall rund 30 %) oder die „datenwerbewirksamere" Angabe –6 dB (Spannungsabfall 50 %) benutzt wird. Dann wird es noch ungenauer mit der Einengung des linearen Meßbereiches. Da wir gerade bei den dBs sind, folgt hier eine kleine tabellarische Übersicht:

dB/Spannungsverhältnis			dB/Spannungsverhältnis		
Faktor bei –dB	dB	Faktor bei +dB	Faktor bei –dB	dB	Faktor bei +dB
1,0	0,0	1,0	0,125	18	8,0
0,94	0,5	1,06	0,11	19	8,9
0,89	1	1,12	0,10	20	10,0
0,84	1,5	1,19	0,089	21	11,2
0,8	2	1,25	0,08	22	12,5
0,75	2,5	1,33	0,071	23	14,1
0,71	3	1,41	0,063	24	16,0
0,67	3,5	1,5	0,056	25	17,8
0,63	4	1,6	0,050	26	20,0
0,6	4,5	1,67	0,045	27	22,4
0,56	5	1,78	0,04	28	25,0
0,53	5,5	1,88	0,035	29	28,2
0,50	6	2,0	0,032	30	31,6
0,47	6,5	2,12	0,028	31	35,5
0,45	7	2,24	0,025	32	40
0,42	7,5	2,37	0,022	33	45
0,4	8	2,5	0,020	34	50
0,38	8,5	2,66	0,018	35	56
0,35	9	2,82	0,016	36	63
0,33	9,5	3,00	0,014	37	71
0,32	10	3,16	0,0125	38	80
0,28	11	3,55	0,011	39	89
0,25	12	4,00	0,01	40	100
0,22	13	4,5	0,0056	45	178
0,2	14	5,00	0,0032	50	316
0,18	15	5,62	0,0018	55	562
0,16	16	6,3	0,001	60	1000
0,14	17	7,1	0,0001	80	10000

Der Profi benutzt die dB-Festlegung, indem er einen, irgendeinen von ihm gewünschten praktikablen Spannungspegel mit der Bezeichnung 0 dB festlegt. Von diesem Wert zählt er lt. Tabelle positive Spannungsänderungen mit den entsprechend angegebenen Faktoren als + dB-Werte und kleinere Spannungswerte – Abschwächungen oder Dämpfungen, wie er sagt – als negative -dB-Werte. Beispiel: 2 V seien 0 dB. Dann sind 4 V = +6 dB und 1 V = –6 dB.

Nun zu den Spannungsformen der Wechselspannung. Diese sind für Sinusspannung in *Abb. 1.1.2-2b* gezeigt und als bekannt vorausgesetzt, gemäß dem Oszillogramm der *Abb. 1.1.2-2c.*

1.1.3 Impulsspannungen können einfach gemessen werden

Abweichungen von der Sinusform – z. B. nach dem Oszillogramm *Abb. 1.1.2-3a...c* ergeben kompliziertere Betrachtungen des Effektivwertes. Das interessiert uns hier nicht. Diese Spannungsform behandelt das Multimeter mit

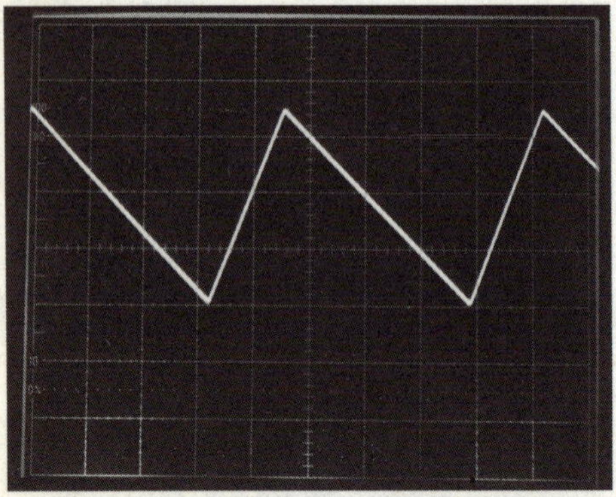

Abb. 1.1.2-3a

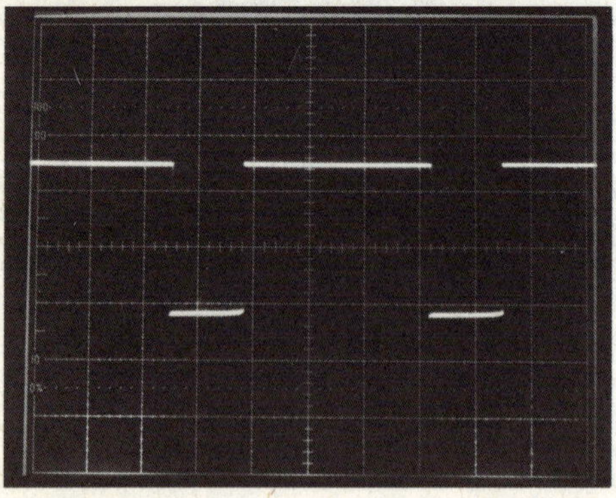

Abb. 1.1.2-3b

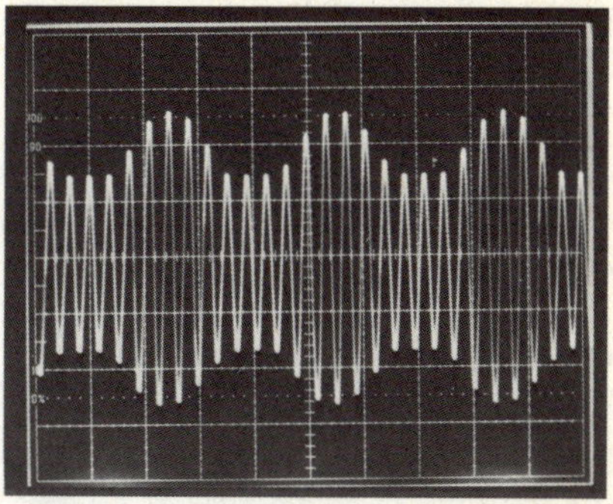

Abb. 1.1.2-3c

Spitzengleichrichtung, so wie sie z. B. in dem Tastkopf Abb. 1.1.2-1 zu sehen ist, mit Gleichrichtung des Spitzen-Spitzenwertes. Dieser Wert kommt zur Anzeige. Noch einmal: die angezeigte Gleichspannung entspricht dann dem Wert U_{ss} der Impulsspannung.

Bei Impulsspannungen muß vorsichtig gemessen werden, um die Spannungsform durch das Einschalten des Gleichrichtertastkopfes nicht zu verändern. Deshalb sollten die Anschlußleitungen des Tastkopfes nach Abb. 1.1.2-1 sehr kurz und somit auch kapazitätsarm an das Meßobjekt herangeführt werden.

1.2 Strommessungen

Auch bei der Strommessung ist zwischen verschiedenen Stromarten und ihren Meßmethoden zu unterscheiden. Eine direkte Strommessung umgeht der Profi möglichst, weil in dem Falle die stromführende Leitung aufgetrennt werden muß, um das Strommeßgerät einschalten zu können. Es entstehen auch noch weitere Nachteile, weil bei Verstärkern mit dieser Meßart Verkopplungen auftreten können.

1.2.1 Gleichströme

Aus den obengenannten Gründen wird der Strom oft indirekt als Spannungsabfall an einem Widerstand gemessen. So wird z. B. in *Abb. 1.2.1-1* der Emitterstrom eines Transistors über den Spannungsabfall am Emitterwiderstand R_E bestimmt. Nach der Gleichung $I = \frac{U}{R}$ erhalten wir z. B. bei $R_E = 1\ k\Omega$ und $U_E = 1\ V$ einen Strom von

$I_E = \frac{U_E}{R_E} = \frac{1\ V}{1\ k\Omega} = 1\ mA$. Hinsichtlich der Art der Spannungsmessung gelten be-

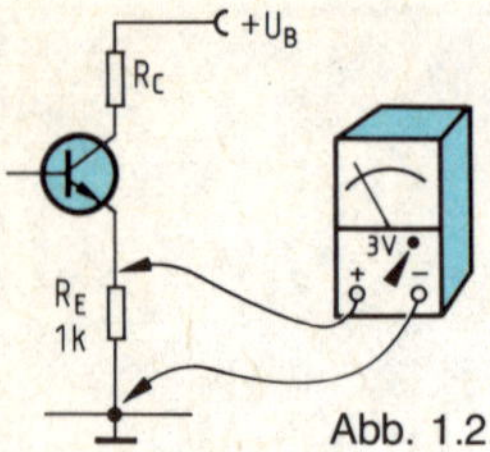

Abb. 1.2.1-1

Abb. 1.2.1-2

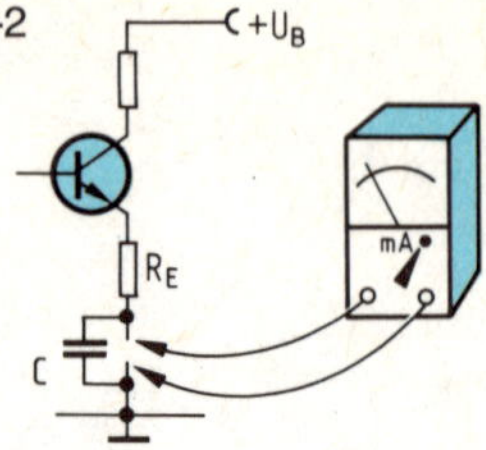

sonders auch für das Problem der Entkopplung die gleichen Regeln wie in dem Kapitel über die Messung von Gleichspannung (Kap. 1.1.1).

Die praktikablen Gleichströme in unserem Hobby liegen zwischen 100 μA und 500 mA. Dabei wollen wir das Gebiet höherer Ströme, wie z. B. bei Netzgeräten, einmal ausklammern.

Haben wir eben die oft angewandte Methode der indirekten Gleichstrommessung besprochen, so fehlt nun noch eine Erklärung zu der direkten Messung des Gleichstromes. Dazu die *Abb. 1.2.1-2.* Die Emitterleitung muß aufgetrennt werden. Ganz gleich, welche Leitung getrennt wird, wir sollten uns immer eine Trennstelle suchen, bei der wir ein Masseende erwischen. Die zweite Trennstelle sollte sicherheitshalber mit einem 0,1-μF-Kondensator an Masse gelegt werden, um Leitungsverkopplungen und Schwingneigung zu vermeiden. Nun gesellt sich jedoch ein weiteres Problem hinzu. Das ist wieder der Innenwiderstand des Strommeßgerätes. Besonders bei kleinen Strömen kann dieser bereits einige Hundert Ohm erreichen, die sich hier zu dem Wert R_E addieren. Oft – wie auch hier – ergeben sich dadurch Arbeitspunktverschiebungen. Dadurch entstehen Stromänderungen, die erheblich von den sonst vorhandenen Strömen abweichen können. Das hat starke Fehlmessungen zur Folge, so daß sich auch schon aus diesem Grunde die indirekte Messung der Spannung und dann eine weitere Rechnung über das Ohmsche Gesetz anbietet.

1.2.2 Der Sinusstrom

Nur sehr wenige Meßgeräte verfügen über Wechselstrommeßbereiche. Das findet seinen Grund darin, daß in der Elektronik Wechselströme selten gemessen werden. Kommen wir dennoch in diese Verlegenheit, so sei nach Kapitel 1.1.2 wieder die indirekte Messung der Wechselspannung vorgeschlagen. Wir erinnern uns aber noch einmal daran, daß weder diese Messung noch das indirekte Verfahren Aufschluß geben über die Spannungsform des Signals. Das kann ein Sinusstrom oder aber auch ein Impulsstrom (siehe dazu die Abb. 1.1.2-3 a...c) sein.

1.2.3 Auch Impulsströme lassen sich messen

Wir hatten das bereits am Schluß von Kapitel 1.2.2 erwähnt, wobei die indirekte Spannungsmessung nach Umrechnung mit dem Ohmschen Gesetz uns den Stromwert I_{ss} – also den Wert von Spitze zu Spitze – gibt. Das liegt bekanntermaßen daran, daß die gezeigte und empfohlene Gleichrichterschaltung den Wert U_{ss} an dem betreffenden Widerstand, z. B. in Abb. 1.2.1-1, anzeigt.

1.3 Der Ohmsche Widerstand wird gemessen

Widerstände mit dem Ohmmeter in Schaltungen zu messen – auch bei abgeschalteter Betriebsspannung – führt zu Fehlmessungen, weil parallel zu dem Widerstand auch ohmsche Komponenten liegen können. Deshalb muß der Widerstand ausgebaut und ,,auf den Tisch" gelegt werden. Bei der Messung der ohmschen Widerstände gibt es drei Grundschaltungen:

1. Nach *Abb. 1.3-1* wird ein Konstantstrom eingespeist und der Spannungsabfall mit einem Voltmeter gemessen (davon wird in Kapitel 2.5 Gebrauch gemacht). Dieses ist die eleganteste Methode, weil die vorhandene Skala mit linearer 10er-Teilung benutzt werden kann. Das Spannungsinstrument ,,U" hat dabei einen hochohmigen FET-Eingang, der die Messung nicht beeinflußt. Die Größe des Konstantstromes I bestimmt bei vorgegebener Spannungsauflösung U den Meßbereich. Die Meßspannung – also der ,,Ohmwert" – errechnet sich aus $U = I \cdot R$.

2. Nach *Abb. 1.3-2* ergibt sich die häufig benutzte Schaltung der Multimeter mit dem Nullpunkt links auf der Skala.

Wird hier ein Widerstand gemessen, so wird er in den Stromkreis eingefügt. Der Strom erzeugt an dem Widerstand einen Spannungsabfall, der von dem Meßgerät gemessen wird. Die so erhaltene Meßspannung erfordert eine Sonderskala auf dem Instrument, die im Gegensatz zur Gleichspannungsskala nicht linear ist. Diese doch etwas besonderen Bedingungen lassen sich anhand der Schaltung *Abb. 1.3-2a* jedoch leicht erklären. Wir können erkennen, daß diese Schaltung mit der eines Spannungsteilers nach *Abb. 1.3-2b* identisch ist. Der sich ergebende Skalenverlauf zu einer linearen Skala 1 bis 10 ist in *Abb. 1.3-2c* gezeigt. Die Punkte 0 Ohm, 10 Ohm und ∞ Ohm erhalten wir durch einfaches Überlegen. Wir wählen den 10-Ohm-Bereich, dabei ist der Bereichswiderstand R_B dann ebenfalls 10 Ohm groß. Der 1-kΩ-Meßbereich benötigt einen Bereichswiderstand R_B von 1 kΩ und so fort.

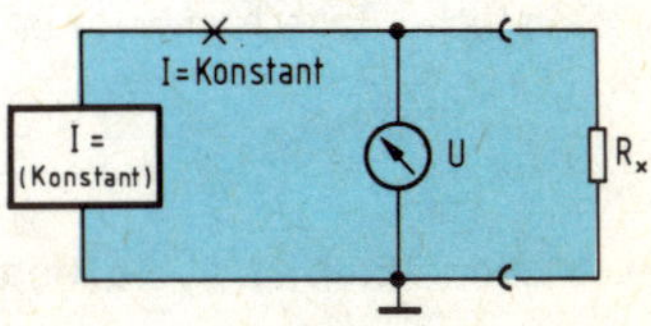

Abb. 1.3-1

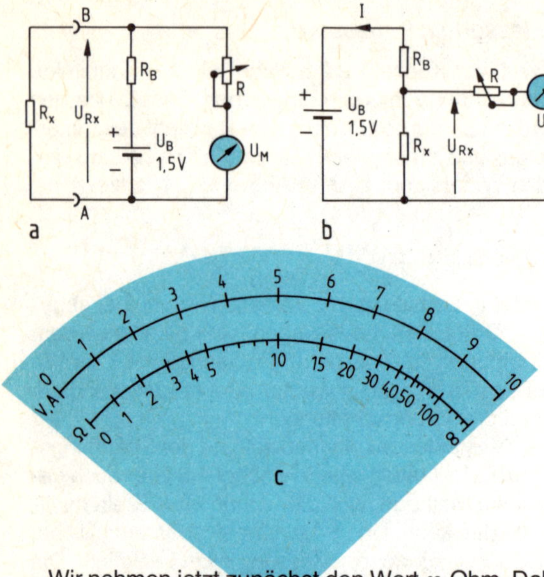

Abb. 1.3-2

Wir nehmen jetzt zunächst den Wert ∞ Ohm. Dabei wird kein Widerstand R_x an die Klemmen A und B der Abb. 1.3-2a angeschlossen. In dem Falle liegt die volle Batteriespannung $U_B = 1{,}5$ Volt an den Klemmen A und B und damit auch an dem Meßwerk. Die Batteriespannung wird mit dem Widerstand R für das Meßwerk so eingestellt, daß der Zeiger auf der Skalenstelle ∞ steht. Das Meßwerk ist sehr hochohmig und beeinflußt den Meßvorgang nicht. Bei einem elektronischen Multimeter z. B. wird lediglich der Eingangswiderstand eines Feldeffektvoltmeters maßgebend. Der liegt bei z. B. 1000 MΩ (1 GΩ).

Der zweite Punkt, die Skalenmitte, läßt sich auch schnell ermitteln. In diesem Falle ist der Eingangswiderstand genau so groß wie der Bereichswiderstand. Demnach teilt sich die Batteriespannung nach Abb. 1.3-2b auch zu gleichen Teilen über beide Widerstände auf. Dem Meßwerk steht also nur noch die Hälfte der Spannung zu Verfügung, wodurch der Zeigerausschlag auch nur halb so groß ist – also Skalenmitte.

Zuletzt befassen wir uns mit dem Wert für 0 Ohm. Hier sind in Abb. 1.3-2a die beiden Anschlüsse A und B kurzgeschlossen. Die volle Batteriespannung liegt über dem Widerstand R_B. Das Instrument ist über die Klemmen A und B kurzgeschlossen. Es erhält keine Anzeigespannung. Der Zeiger steht auf 0 Ohm.

Sämtliche Zwischenwerte lassen sich leicht nach der Gleichung

$$U_M = \frac{U \cdot R_X}{R_B + R_X}$$

errechnen. Darin ist U_M die lineare Anzeige 0...10 des Meßwerkes, also die momentane Meßwerk- oder Anzeigespannung je nach der Höhe des Wertes von R_x. Die Spannung U ist die maximale Anzeigespannung des Meßwerkes (Endausschlag). Die Bezeichnung R_B und R_x entnehmen wir der Abb. 1.3-2b.

Dafür ein Beispiel. Ein 100 Ω-Widerstand wird in dem 1 kΩ-Meßbereich gemessen. Nehmen wir an, das Instrument benötigt 1 V für den Vollausschlag. Dann ist die Spannung

$$U_M = \frac{1\,V \cdot 100\,\Omega}{1000\,\Omega + 100\,\Omega} = \frac{100\,\Omega \cdot V}{1100\,\Omega} = 0{,}091\,V.$$

Der Zeiger steht bei einer Skala von 0...10 also knapp unter 1. So läßt sich jeder weitere Widerstand ermitteln.

3. Die Schaltung in Abb. 1.3-2 kann nach *Abb. 1.3-3* gewandelt werden. Dann liegt der Nullpunkt rechts und ∞ links. Die gezeigte Skala dreht sich um. Die Skalenwerte errechnen sich dann zu

$$U_M = \frac{U \cdot R_B}{R_B + R_X}.$$ Siehe dazu den Rechengang unter 2.

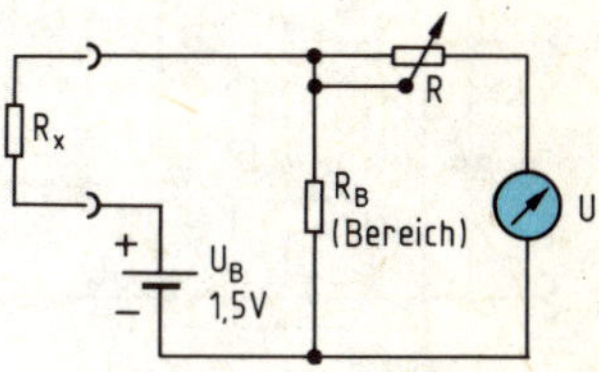

Abb. 1.3-3

1.4 Kondensator- und Spulenmessung – ist das schwierig?

Nun, es ist zumindest nicht so einfach wie die Widerstandsmessung mit dem Ohmmeter. Das gleiche gilt dann auch für die Meßgeräte. In dem Kapitel 2.18 ist ein recht brauchbares Kapazitätsmeßgerät gezeigt. Das Kapitel 2.19 zeigt ein schon kompaktes L-C-Meßgerät nach dem Resonanzprinzip. Nun gibt es für alle drei Bauelemente, also für den Widerstand, den Kondensator und die Spule die zunächst theoretische Möglichkeit, die Werte über eine sogenannte Wheatstonsche Brücke zu messen.

1.4.1 Messung von Kapazitäten und Induktivitäten mit der Wheatstonschen Brücke

Das ist nach folgender Schaltung möglich (*Abb. 1.4.1-1a*). Das Potentiometer P wird so eingestellt, daß zwischen den Anschlüssen A und B die Spannung 0 V

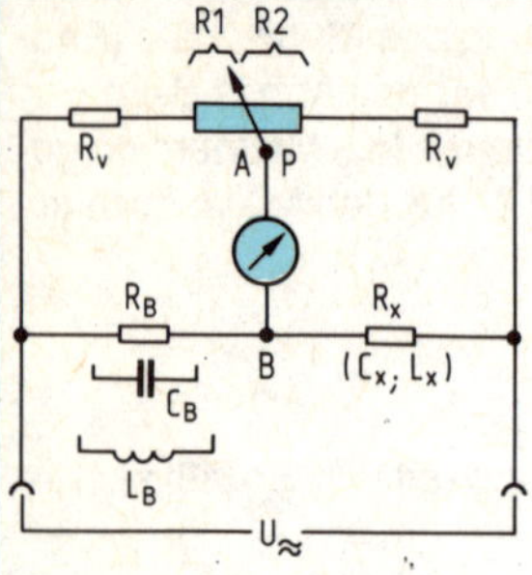

Abb. 1.4.1-1a

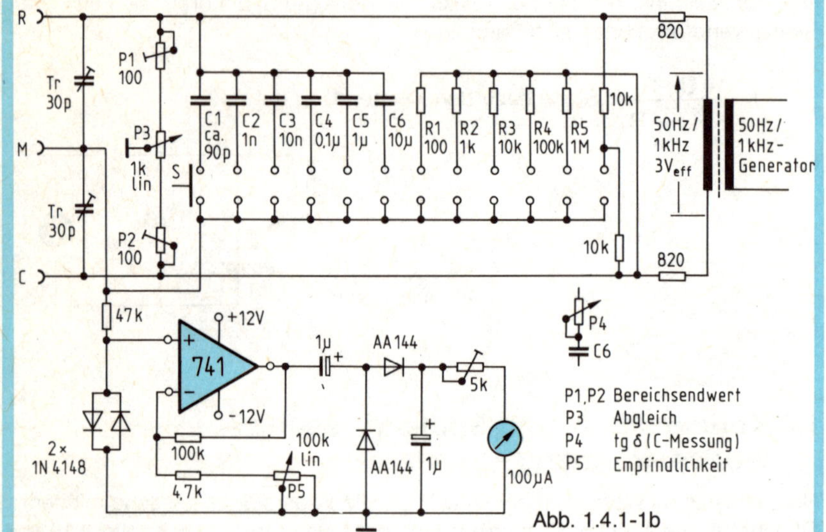

Abb. 1.4.1-1b

wird. Der unbekannte Widerstand R_X ist dann:

$R_X = R_B \cdot \frac{R1}{R2}$. Dabei ist R_B der jeweilig eingeschaltete Bereichswiderstand und für das Verhältnis von R1 und R2 erhält das Potentiometer P einen Zeigerknopf mit Skala, der das Verhältnis von R1 und R2 entsprechend ausdrückt. Die Skala ist unlinear und geht über zwei Dekaden. Dabei werden die Vorwiderstände R_v so dimensioniert, daß sich aus dem Widerstandsverhältnis von R1 und R2 folgende Skalenwerte einstellen: Linksanschlag = 0,1 und Mitte = 1 (das ist immer gegeben, also Kontrollmöglichkeit) – Rechtsanschlag = 10.

Der Abgleich geht folgendermaßen vor sich: Zunächst einmal sollte die Summe von 2 x R_V + R1 + R2 zwischen 2...10 kΩ liegen. Also z. B. ein stabiles 5-kΩ-lin-Potentiometer. Jetzt wird R_B z. B. mit 1 kΩ gewählt. Die beiden R_V-Widerstände sind dann so einzustellen, daß bei einem 100-Ω-Widerstand der Skalenwert 0,1 und bei einem 10-kΩ-Widerstand der Skalenwert 10 erreicht wird. Als Bereichswiderstände sind dann 100 Ω, 1 kΩ, 10 kΩ und 1 MΩ zu wählen.

Bei Wechselspannungsspeisung kann anstelle des ohmschen Bereichswiderstandes R_B auch ein Kondensator eingeschaltet werden. Es gilt dann die gleiche Skala. Aus Erfahrung empfehle ich Bereichskondensatoren von 100 pF (kapazitätsarmer Aufbau!), 1 nF, 10 nF, 0,1 μF, 1 μF, 10 μF.

Spulenmessungen bereiten in bestimmten Bereichen Schwierigkeiten, wenn der Verlustfaktor der Spule – das gilt auch für Kondensatoren > 1 μF – so groß wird, daß eine eindeutige Minimumanzeige nicht mehr gegeben ist. Eine kleine Hilfestellung ist dadurch möglich, daß mit unterschiedlichen Frequenzen gearbeitet wird. So z. B. für große Kondensatoren und Spulen mit 100 Hz...500 Hz und für kleinere Kondensatoren und Spulen mit 1...5 kHz. Die Spannung muß nicht sinusförmig sein. Wichtig ist auch, daß der Innenwiderstand der Spannungsquelle niederohmig ist. Eine praktische Schaltungsausführung ist in *Abb. 1.4.1-1b* für eine R-C-Meßbrücke gezeigt.

Die Potentiometer P1 und P2 dienen den Bereichsendwerten. Das Potentiometer P3 ist für den Brückenabgleich und somit für die Ablesung des gemessenen R-C-Wertes bestimmt. Der Bereichsschalter S stellt die Meßwahl sicher. Eine Sonderstellung am Ende mit den beiden 10-kΩ-Widerständen ist als Kontrolle für den Brückennullpunkt (Skalenmitte) gedacht. Die Bereichsbauteile müssen eng toleriert sein. Sie bestimmen die Anzeigegenauigkeit. Die Trimmer Tr werden so eingestellt, daß ein genauer! 100-pF-Kondensator – kurz an die Buchsen angeschlossen – den Ausschlag 1 (Mitte) ergibt. Sinnvoll ist es, in Reihe mit dem 10-μF-Kondensator (kein Elko) einen 250-Ω-Widerstand (in Abb. 1.4.1-1b angedeutet) zu schalten. Dadurch können Kondensatoren mit großem Verlustfaktor eindeutig auf Minimum abgeglichen werden. Der Anzeigeverstärker mit dem IS 741 ist einfach und in verschiedenen Varianten in dem Buch „Der Hobby-Elektroniker greift zum IC" (Franzis-Verlag) beschrieben. Wichtig ist die symmetrische von Masse getrennte Spannungsversorgung der Schaltung. Hier wird ein kleiner Nf-Transformator benutzt, dessen Ausgangsspannung zwischen 2...4 V_{eff} liegen sollte. Ansteuerschaltungen dafür und Netzteilvorschläge sind ebenfalls in dem oben erwähnten Buch enthalten und dem Buch „Operationsverstärker-Praxis" (Franzis-Verlag) zu entnehmen. Anstelle der Bereichskondensatoren können auch Induktivitäten – versuchsweise – eingesetzt werden. Steuerfrequenzen von ≧1 kHz sind sinnvoll. Der Erfolg bleibt Ihren Anforderungen überlassen.

L-Messungen sind besser nach dem Resonanzverfahren auszuführen. (Siehe dazu das Kapitel 2.19). Wer übrigens auf das Überlappen einzelner

Meßbereiche keinen Wert legt, kann nach untenstehender Tabelle einzelne Bereiche, die sich in einer Skalenhälfte der Potentiometerskala wiederholen, fortlassen.

Bereichsnormal	100 Ω	1 kΩ	10 kΩ	100 kΩ	1 MΩ
Bereichsanfang	10 Ω	100 Ω	1 kΩ	10 kΩ	100 kΩ
Bereichsmitte	100 Ω	1 kΩ	10 kΩ	100 kΩ	1 MΩ
Bereichsende	1 kΩ	10 kΩ	100 kΩ	1 MΩ	10 MΩ

Bereichsnormal	100 pF	1 nF	10 nF	0,1 μF	1 μF	10 μF
Bereichsanfang	10 pF	100 pF	1 nF	10 nF	0,1 μF	1 μF
Bereichsmitte	100 pF	1 nF	10 nF	0,1 μF	1 μF	10 μF
Bereichsende	1 nF	10 nF	0,1 μF	1 μF	10 μF	100 μF

1.5 Ein paar besondere Hinweise

Daß in dem letzten Kapitel bereits ein einfaches Meßgerät beschrieben wurde, so ganz ohne Netzteil und Sinus- oder Impulsgenerator, kommt nicht von ungefähr, wie es so schön heißt. Vielmehr möchte ich damit schon andeuten, daß bestimmte Schaltungsgrundlagen sitzen sollten. (Lesen Sie dazu bitte auf Seite 208 die Buchvorschläge nach und wählen Sie daraus das Gebiet, wo es eben fehlt.) Weiter wollen wir uns an dieser Stelle ein wenig mit Einbaufragen verschiedener Baugruppen eines Meßgerätes beschäftigen, ferner ein paar kritische, aber allgemeingültige Fragen elektrischer und mechanischer Probleme behandeln. Hierzu sollen an dieser Stelle nun nicht die speziellen Meßprobleme gehören. Dieses Thema findet sich ausführlich in dem Buch „Wie messe ich richtig" (Franzis-Verlag).

So, nun zunächst einmal zu den Skalen unserer Meßgeräte.

1.5.1 Die Skalen der Meßgeräte

An den Anfang stellen wir gleich einmal die Frage der Selbstanfertigung. Der Vorgang ist nicht schwierig, wenn wir davon ausgehen können, daß uns ein gutes Vergleichsmeßgerät für die Skaleneichung vorliegt. Der Vorgang der Anfertigung ist folgender: Die alte Skala mit Aceton von Beschriftung und Farbe reinigen, bis der „Grund" sauber ist. Keine Fett- oder Fingerspuren hinterlassen. Danach die gewünschte Skalenfläche mit „Rallye weiß matt" (Autozubehör- oder

Farbenfachgeschäft) zweimal im Abstand von 20 Minuten einsprühen. Staubfreier Raum ist hierzu erforderlich. Die anschließende Trocknung dauert ca. 10 Stunden. Die Skala wird jetzt montiert und die Endausschläge markiert. Danach mit einem weichen (5 B)-Bleistift die einzelnen Skalenwerte nach dem Vergleichsinstrument auftragen. Die Skala wird danach herausgenommen und auf einem Stück Zeichenkarton rückseitig (Klebefolie) befestigt. Vom Mittelpunkt des Zeigerdrehpunktes wird mit Tintenzirkel der Skalenbogen gezogen und zu diesem Mittelpunkt die einzelnen Meßwerte als Skalenstriche angegeben. Eine 4...6 mm Zeichenschablone mit zugehörigem Tintenfüller (Zeichentusche schwarz) gestatten eine saubere Skalenanfertigung. Im glasgeschützten Innern eines Meßgerätes kann die Skala so belassen werden. Für Beschriftungsskalen der Bedienelemente wird anschließend ein Transparentlack als Schutz darüber gesprüht (Spraydose). Wie das alles aussehen kann, zeigt als Beispiel das L-C-Meter Abb. 2.19-5.

● Lineare Skalen

Bei den linearen Skalen ist innerhalb der Skalenlänge die Zuordnung von Strom oder Spannung pro Grad Skalenausschlag gleich groß. Drehspulmeßinstrumente weisen überlichweise einen maximalen Skalenausschlag von 90° auf. In Sonderfällen beträgt dieser (siehe *Abb. 1.5.1-1*) auch 100° oder sogar 110°.

Die lineare Skala wird für eine sinnvolle Ablesung – außer in besonderen Fällen – zunächst von 0...1 (10) eingeteilt. Die Teilungsschritte sind je nach Länge der Skala dann 1/100 oder 2/100 vom Zeigerendwert. Nach Abb. 1.5.1-1 wird zu dieser Skala 0...10 eine zweite von 0...3,2 zugeordnet, um in einem nächsten kleineren, sinnvollen Meßbereich gut ablesen zu können. Der etwas krumme Endwert von 3,2 hat seine Berechtigung, wenn als dritte Skala eine dB-Skala (Abb. 1.5.1-1) zugeordnet wird, deren Skalenteilung sich auf die beiden vorerwähnten Skalen beziehen soll. Für eine genaue Zeichnung der 3er-Skala ist der Faktor $\sqrt{10} = 3{,}162$ zu berücksichtigen (Umrechnung siehe ,,Werkbuch Elektronik"). In der Abb. 1.5.1-1 ist dann auch zu erkennen, daß die einzelnen Skalenwerte 0...10, mit 3,162 multipliziert, die Skalenstriche für die 3er-Skala erge-

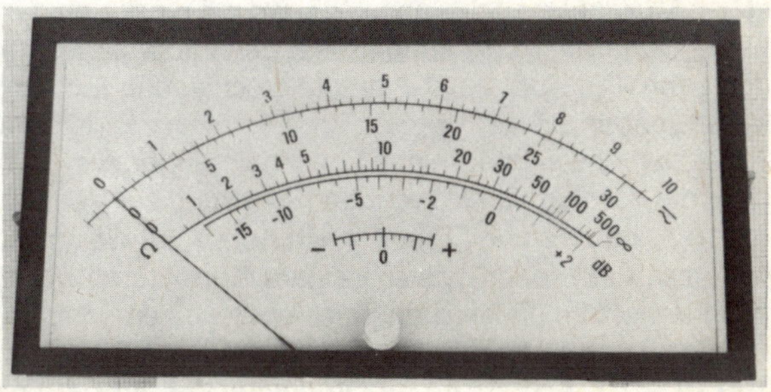

Abb. 1.5.1-1

Abb. 1.5.1-2

ben. Siehe dazu auch Seite 84. Da wir hier gerade bei den dB-Zahlen sind, soll die dB-Tabelle in Kap. 1.1.2 weiteren Überlegungen dienen. Sämtliche Rechnungen, die sich mit dB-Werten befassen, und in der Hobbypraxis wichtig sind, finden Sie im ,,Werkbuch Elektronik" (Nührmann, Franzis-Verlag).

● Nichtlineare Skalen

Während lineare Skalen in den Bereichen der Gleichspannungsmeßtechnik bevorzugt Verwendung finden, sind unlineare Skalen häufig in der Wechselspannungsmeßtechnik anzutreffen. Das besonders dann, wenn über Gleichrichterdioden kleinste Wechselspannungsanteile gleichgerichtet werden, die bereits in den unlinearen Teil der Diodenkennlinie fallen. Diese Skalen sind oftmals in dem ersten Skalenviertel unlinear und werden dann zusehends linearer bis zum Skalenende. Ebenso unlinear ist die Ohmskala, wenn eine Schaltung nach Abb. 1.3-2 und 3 vorgenommen wird. Das muß jedoch nicht sein bei einem elektronischen Multimeter nach Kapitel 2.5, wo mit einer Konstantstromspeisung die lineare Skala von 0...10 ebenfalls für den Widerstandsmeßbereich benutzt werden kann. Die *Abb. 1.5.1-2* zeigt verschiedene Einbaumeßwerke für kleinere Meßaufgaben.

Bei der Anwendung eines Drehspulmeßgerätes sollte man dem Meßwerk nicht die volle Empfindlichkeit der Schaltung zur Verfügung stellen. Sinnvoll ist es, 10 % durch einen ,,Shunt" nach *Abb. 1.5.1-3a* ,,in Reserve zu halten". Damit lassen sich dann später kleinere Korrekturen der Empfindlichkeit besser ausgleichen. Im praktischen Beispiel: Bei einem Instrument von 100 µA würde die Rechnung nach Abb. 1.5.1-3a folgendermaßen aussehen: $I_1 + I_2 = I_3$, also 100 µA + 10 µA = 110 µA. Der Widerstand R_S wiederum wird zu 50 % durch ei-

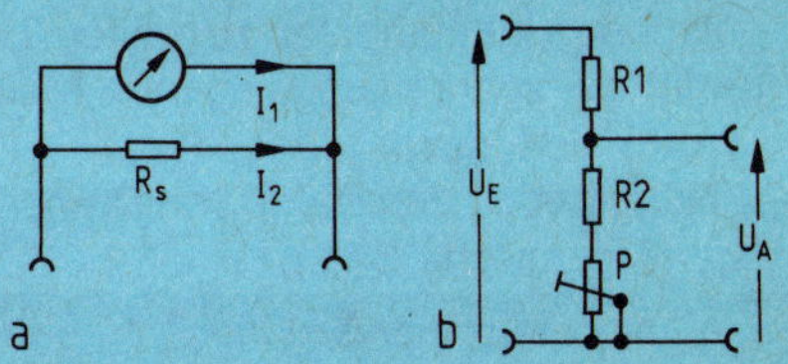

Abb. 1.5.1-3

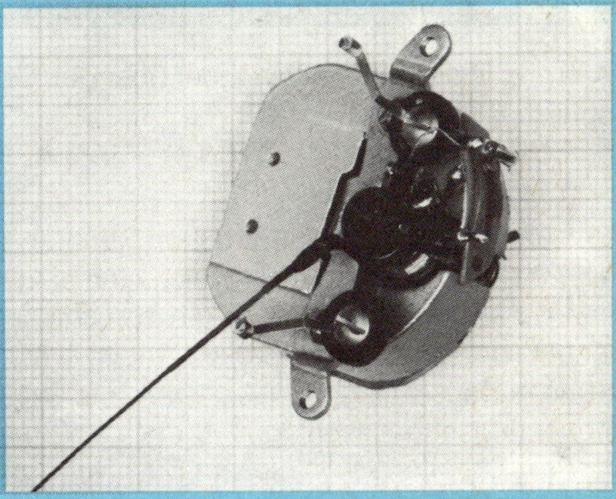

Abb. 1.5.2-1

nen Festwiderstand gebildet, die restlichen 50 % durch einen Trimmwiderstand zum Abgleich.

Ähnlich sollten wir vorgehen, wenn ein ohmscher Meßspannungsteiler aufgebaut wird. Das zeigt *Abb. 1.5.1-3b.* Auch hier wird ein Teilerwiderstand abgleichbar gemacht durch das Poti P, wenn wir genaue Widerstandsgrößen, also z. B. 1 % Widerstände, nicht erhalten können. Wir wählen auch hier P mit 10 % von R2. Beispiel: Sollte R2 = 9 kΩ groß sein, so nehmen wir für R2 die Normgröße 8,2 kΩ und für P einen Wert von 1 kΩ.

1.5.2 Daten von Drehspulinstrumenten

Drehspulinstrumente nach *Abb. 1.5.2-1* (Meßwerk aus Abb. 1.5.1-1) und der Abb. 1.5.1-2 haben ein mechanisch empfindliches Innenleben. Die Drehspule ist sicher auf zwei Spitzen gelagert und zwischen dem Magnetfeld angeordnet. Kleinste Fremdkörper (Eisenspäne o.ä.) führen zum Versagen des Gerätes. Eine Demontage – etwa zur Skalenanfertigung – muß deshalb unter „klinisch" sauberen Bedingungen ausgeführt werden. Spitzengelagerte Drehspulen arbeiten nicht ganz reibungsfrei. Das ist daran zu erkennen, daß sich ein einmal eingestellter Zeigerausschlag durch „Klopfen" am Gehäuse oftmals bis zu einem Millimeter „weiterbewegt". Besser ist es hier, zu sogenannten spannbandgelagerten Instrumenten zu greifen. Hier entfällt die Reibung. Es gibt Befürworter für die spannbandgelagerten Meßgeräte... ich zähle mich (für die Hobby-Praxis) nicht dazu.

Nun aber zu den Daten von Drehspulinstrumenten. Jede Drehspule hat drei charakteristische Daten.

1. ihr Innenwiderstand in Ohm gemessen,
2. der Endausschlag in Volt gemessen,
3. der Endausschlag in Ampere gemessen.

Alle drei Daten sind miteinander über das Ohmsche Gesetz verknüpft. Ein Beispiel:

$$R_i = 2\ k\Omega;\ U_E = 0{,}2\ V;\ I_E = 100\ \mu A,\ \text{also}\ I = \frac{U}{R} = 100\ \mu A.$$

Und damit bewegen wir uns schon Rahmen der richtigen, praktikablen Größen. Ich möchte an dieser Stelle gleich einmal Instrumentendaten angeben, mit denen wir in der Hobby-Praxis gut zurechtkommen:
Innenwiderstand: 100 Ω...5 kΩ, meist 1 kΩ...3 kΩ;
Stromendausschlag: 30 μA...1 mA, meist 100 μA...500 μA;
Spannungsendausschlag: 100 mV...2 V, meist 0,1 V...1 V.

Viele Schaltungen in diesem Buch werden das Meßwerk über einen Endverstärker – Operationsverstärker – ansteuern. Hierbei sind die Instrumentendaten oft von untergeordneter Bedeutung. Für den Fall, daß ein Meßgleichrichter jedoch ein Meßwerk ansteuert, sollte es „hochohmig" sein und einen kleinen Strom-Endausschlag aufweisen. Oftmals ist in dem Meßwerk eine in Serie geschaltete Spule nach *Abb. 1.5.2-2* geschaltet. Die lassen wir bestehen. Sie dient zum Ausgleich für den Temperaturkoeffizienten des Innenwiderstandes des Meßwerkes. Parallel geschaltete interne Widerstände können wir entfernen. Es handelt sich fast immer um „Shunts", welche den Stromendausschlag unempfindlicher machen... und unsere Absicht ist es schließlich, ein empfindliches Meßwerk für universelle Verwendung zur Verfügung zu haben. Wir hatten schon im vorherigen Kapitel darüber gesprochen, daß es sinnvoll ist, einen regelbaren Zweig parallel oder in Serie als ohmschen Widerstand zum Meßwerk zu schalten, um auf diese Art und Weise eine „Anzeigereserve" zur Verfügung zu haben.

Wie wirken sich nun die beiden Schaltungen auf die Meßwerkdaten aus? Das zeigen uns die *Abb. 1.5.2-3.*
Beispiel A)
Nach *Abb. 1.5.2-3a* sei U_E 0,2 V, I_E 100 μA, also R = 2000 Ω. Gefordert ist nach *Abb. 1.5.2-3b* ein Endausschlag von 1 mA.

$$\text{Dann ist}\ R_p = \frac{0{,}2\ V}{1\ mA - 0{,}1\ mA} = 222\ \Omega.$$

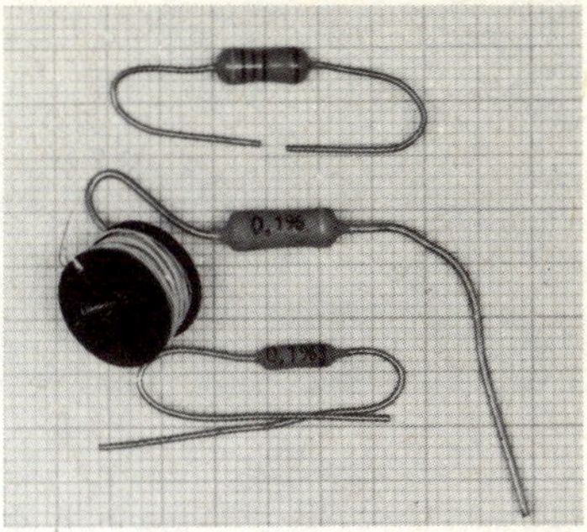

Abb. 1.5.2-2

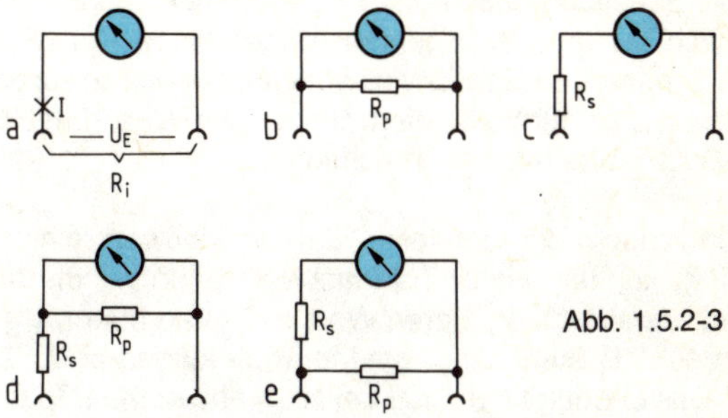

Abb. 1.5.2-3

Schaltung	Grundschaltung a	b	c	d	e
U_E	U_E	unverändert	größer	größer	größer
I_E	I_E	größer	unverändert	größer	größer
R_i	R_i	kleiner	größer	größer	größer

Beispiel B)
Das Meßwerk hat die gleichen Daten, jedoch soll nach *Abb. 1.5.2-3c* der Endausschlag 1,4 V betragen. Dann ist $R_S = \frac{1{,}4\ V - 0{,}2\ V}{0{,}1\ mA} = 12\ k\Omega$.

Ähnliche Überlegungen können wir mit den *Abb. 1.5.2-3d* und *e* durchführen.

Es soll noch ein wertvoller Hinweis folgen. Wenn ein Meßgerät als Strommesser für verschiedene Bereiche dienen soll, so gibt es dafür zwei Schaltungsmöglichkeiten.

Zunächst die nach *Abb. 1.5.2-4a*. Diese Schaltung hat den Nachteil, daß bei manchen Schaltern zwischen zwei Schaltstellungen keine sogenannte über-

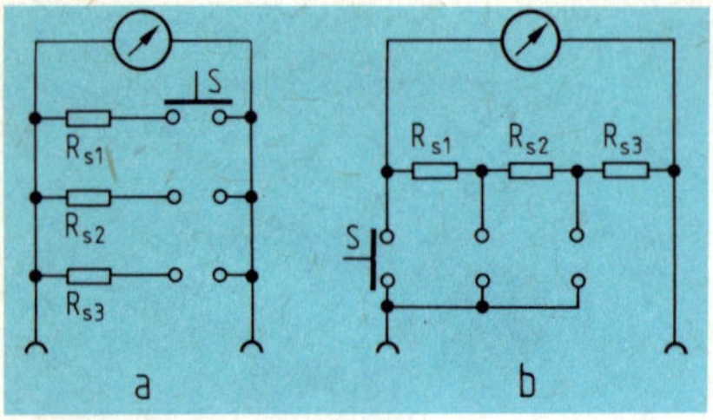

Abb. 1.5.2-4

brückende Schaltung gegeben ist. Das bedeutet, daß kurzfristig der gesamte Strom über das Instrument fließt und dieses dadurch überlastet wird. Abhilfe gibt uns hier die Schaltung nach *Abb. 1.5.2-4b.* Hier ist das Instrument immer geschützt durch die parallel liegenden Widerstände $R_S1...R_S3$. Eine Unterbrechung des Schalters S läßt den Meßwerkstrom lediglich kurz zurückgehen. (Nähere Angaben dazu stehen in dem Buch „Der Weg zum Hobby-Elektroniker" und dem Buch „Wie messe ich richtig".)

● Toleranzen

Toleranzen braucht der Hersteller, um ein Meßwerk einigermaßen preiswert herstellen zu können. Unter Toleranz verstehen wir die prozentuale Abweichung vom Endausschlag, deren Wert im Betrag über die gesamte Skala ihre Gültigkeit hat. Z. B. steht auf einem Meßwerk aufgedruckt: „2,5 % SE", oder oft nur „2,5". Das bedeutet nun, daß bei einer angelegten Spannung von 10 V der Zeiger sowohl auf 10,25 V als auch auf 9,75 V stehen kann. Diese Differenz von 0,25 V bleibt als Fehler im ganzen Skalenverlauf bestehen. Nur wird er zu kleineren Skalenwerten in der absoluten Toleranz immer größer. Beispiel: Bei 1-V-Ausschlag (10er-Skala) können also 0,75 V oder 1,25 V angezeigt werden. Das sind dann bereits ± 25 %. Was man dagegen macht? Die Skala Strich für Strich selbst mit einer richtigen Vergleichsspannung eichen oder möglichst immer in der oberen Skalenhälfte ablesen. Beim Ausschlag „5" sind es dann auch nur noch ± 5 %... aber immerhin...!

1.5.3 Meßprobleme mit dem Innenwiderstand

Genau genommen sollte es keine Meßprobleme geben. Zumindest nicht für den Profi, der mit dem Innenwiderstand umzugehen weiß. Also beschäftigen wir uns an dieser Stelle kurz damit, um an das „Profidenken" heranzukommen.

Jede Spannungsquelle – da gibt es keine Ausnahme – hat nach *Abb. 1.5.3-1a* einen Innenwiderstand. Spannungsquellen sind z. B. Mikrofone, Batterien, Netzteile, Transistoren, Operationsverstärker, Transformatoren und vieles mehr. Alle diese Generatoren – so bezeichnen wir sie jetzt einmal – erzeugen nach Abb. 1.5.3-1a zunächst eine Spannung, die wir als U_G bezeichnen

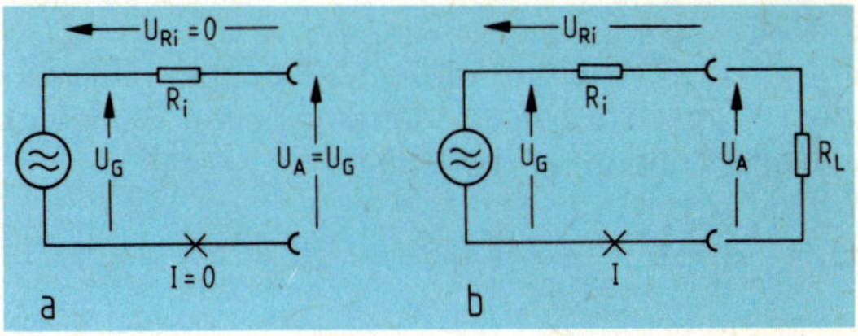

Abb. 1.5.3-1

wollen. Diese Spannung U_G ist mit der Klemmenspannung U_A identisch, also gleich groß, wenn der Ausgang nicht belastet ist. Das bedeutet, der Strom I ist gleich Null, also außen keine Belastung, womit auch die Spannung $U_{Ri} = 0$ ist. Der Profi bezeichnet diesen Sonderfall als Leerlauf. Das gilt auch für den Grenzbereich, wenn $R_L \gg R_i$ ist nach Abb. 1.5.3-1a, also z. B. $R_i = 100\ \Omega$ und $R_L = 100\ k\Omega$.

Diesen Grenzbereich und den in der Praxis so wichtigen Fall der Belastung mit dem Widerstand R_L in *Abb. 1.5.3-1b* behandeln wir jetzt. (Zunächst einmal: Näheres dazu steht in dem Buch „Wie messe ich richtig".) An dieser Stelle einmal jetzt das Wesentlichste an einem Beispiel, das mit anderen Werten für alle Fälle weiterer möglicher Spannungsquellen umzurechnen ist. Die Abb. 1.5.3-1b soll den Ausgangsverstärker des Sinusgenerators in Abb. 2.11-7, Kapitel 2.11 darstellen. Der Wert R_i sei 50 Ω groß und die Spannung $U_G = 2$ V. Drei von vielen Möglichkeiten der Belastung dazu im folgenden als Rechengang.

Fall 1)
$R_L = 100\ k\Omega$, dann ist die Ausgangsspannung

$$U_A = \frac{R_L \cdot U_G}{R_i + R_L} = \frac{100\ k\Omega \cdot 2\ V}{50\ \Omega + 100\ k\Omega} = 1{,}999\ V, \text{ also } 2\ V.$$

Diesen Fall nennen wir Überanpassung.

Fall 2)
$R_L = 50\ \Omega$, Fall der Leistungsanpassung mit $R_L = R_i$, damit wird die Ausgangsspannung

$$U_A = \frac{50\ \Omega \cdot 2\ V}{50\ \Omega + 50\ \Omega} = 1\ V, \text{ also } \frac{U_G}{2}\ !$$

Auf diesen Fall der Leistungsanpassung mit $R_a = R_i$ – ideale Anpassung – werden oft alle Ausgangsspannungsdaten eines Meßgerätes bezogen! Also der Wert der Ausgangsspannung, Leistungsangabe, Klirrfaktorgröße, Reflexionseigenschaften.

Fall 3)
$R_L = 10\ \Omega$, in diesem Fall der sogenannten Unteranpassung, wo wir uns bereits dem Kurzschlußbereich nähern, gelten Meßdaten oft nicht mehr. Die Ausgangsspannung für den Fall ist

$$U_A = \frac{10\ \Omega \cdot 2\ V}{10\ \Omega + 50\ \Omega} = 0{,}33\ V.$$

Noch einmal zur Wiederholung.

Allgemeiner Fall:
Bei allen Fällen der Belastung eines Generators durch einen ohmschen Widerstand wird die Ausgangsspannung U_A kleiner als die Generatorspannung.
Sonderfall:
Wird ein Meßgerät mit Generatorausgang mit einem bestimmten Innenwiderstand R_i des Ausgangskreises angegeben, so sollte der Lastwiderstand dem Wert des Innenwiderstandes entsprechen, da die elektrischen Eigenschaften des Gerätes hierauf abgestimmt sind. Hat man einen hochohmigen Verbraucher vorliegen, so ist der Meßgeräteausgang extra mit einem ohmschen Widerstand R_L in der Größe von $R_L = R_i$ abzuschließen. (Näheres im Buch „Wie messe ich richtig".)

1.5.4 Abschirmungen und mögliche Verkopplungen

Gehen wir rückwärts vor und sprechen wir erst einmal über die möglichen Verkopplungen, um dann die Notwendigkeit einer Abschirmung besser zu verstehen. In der *Abb. 1.5.4-1a* ist ein hochohmiger Eingangskreis eines Meßgerätes gezeigt. Es handelt sich um einen FET-Impedanzwandler mit einem Eingangswiderstand R_E von 10 MΩ. Durch eine unlogische Leitungsführung auf der Platine sei jetzt die Ausgangsleitung auf einige Zentimeter Länge und wenige Millimeter parallel zur Gateeingangsleitung geführt. Dadurch bildet sich eine Kapazität C_s. Bei dieser schädlichen Kapazität C_s spricht der Profi dann auch von einer kapazitiven (schädlichen) Verkopplung. Nehmen wir an, die Steuereingangsspannung sei 10 mV groß und die Ausgangsspannung $U_A = 1$ V. Weiter die sich bildende schädliche Kapazität $C_s = 10$ pF bei einer Steuerfrequenz $f = 10$ kHz. (Berechnungen siehe „Werkbuch Elektronik" und „Der Hobby-Elektroniker ätzt seine Platinen selbst".) Daraus ergibt sich zunächst ein kapazitiver

Widerstand $R_{CS} = \dfrac{1}{2 \cdot \pi \cdot f \cdot C} = 1{,}59\ M\Omega.$

Wir vernachlässigen jetzt eine genauere Rechnung und auch die eintretende Phasenverschiebung von U_A zu U_E und sehen in *Abb. 1.5.4-1b,* daß die Aus-

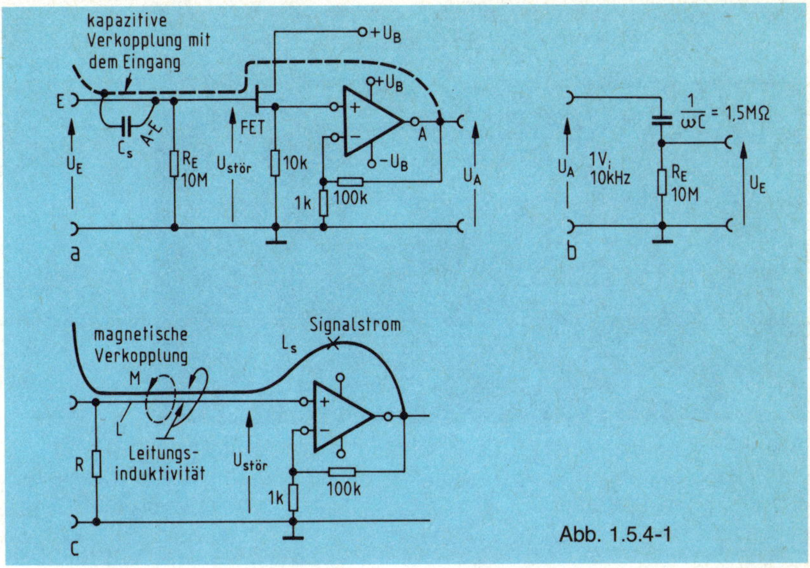

Abb. 1.5.4-1

gangsspannung U_A folgende unerwünschte Eingangsspannung U_E bildet:

$U_E \approx \frac{10\ M\Omega \cdot 1\ V}{11{,}5\ M\Omega} = 0{,}86\ V$. Dieses Ergebnis ist wie gesagt angenähert ohne Berücksichtigung der Phasenverschiebung (genauer sind's fast 1 V!). Damit ist klar ersichtlich, daß die Ausgangsspannung den hochohmigen Eingang durch unsachgemäßen Aufbau so stört, daß jede Funktion in Frage gestellt ist. Deshalb nie eine Ausgangsleitung in die Nähe hochohmiger Signalleitungen führen oder gar in die Nähe der Eingangsspannung.

Die *Abb. 1.5.4-1c* zeigt einen weiteren Störfall, der sowohl bei hochohmigen als auch bei niederohmigen Schaltungen auftritt. Eine Leitung L_S ist falsch auf der Platine oder in freier Verdrahtung verlegt. Sie führt in der Nähe der Leitung L vorbei. Der fließende Strom I verursacht eine magnetische Verkopplung M beider Leitungen, wodurch eine Spannung U_S als unerwünschte, schädliche Spannung auf die Eingangsleitung gekoppelt wird. Auch dieses erfordert die Maßnahme, daß Leitungen, durch die starke Ströme fließen (Netzteile, Endstufen usw.) weit genug entfernt von störanfälligen Signalleitungen angeordnet werden müssen.

Für beide Fälle, der kapazitiven und der induktiven Einkopplung störender Signale, ist zunächst die beste Abhilfe der sachgerechte Aufbau der Platine, der

Abb. 1.5.4-2

dieses Störmanöver berücksichtigt. Deshalb werden (siehe das Platinenfoto Abb. 2.16-6) oftmals große Cu-Masseflächen eng um störanfällige Signalleitungen angeordnet... das empfindliche Steuersignal wird also sorgfältig „behütet." Eine andere Möglichkeit – die radikale Abhilfe schafft – ist es, den empfindlichen Eingangskreis in einem kleinen Abschirmgehäuse unterzubringen. (Siehe dazu auch die Bücher „Die Mechanik für die Hobby-Elektronik" [RPB 125] und „Der Hobby-Elektroniker plant seine Schaltung selbst" [RPB 122].) Frei geführte Leitungen zu Schaltern, Potentiometern usw. werden mit abgeschirmten Leitungen ausgeführt. Die Abschirmung wird – einseitig! – auf der Massefläche der Platine in der Nähe des Einganges angelötet. Das Foto *Abb. 1.5.4-2* zeigt Abschirmungen von Eingangskreisen, so, wie der Profi es macht. Es handelt sich um vier Abschirmräume, auf die ein gemeinsamer Deckel geschraubt wird. Material ist 0,3 mm starkes Weißblech.

So, nun sehen diese Abschirmungen, diese Gehäusekonstruktionen aus Blech alle im Profilook, schön professionell aus. Dann folgt der Wehmutsgedanke: das schaffe ich nie. Ist ja auch gar nicht vonnöten. So ein Gehäuse hat die Aufgabe, mechanisch stabil zu sein, die Funktion des Abschirmens gut zu erfüllen und sich mechanisch gut befestigen zu lassen. Ich möchte einmal erklären, wie ich es im Schnellverfahren handhabe. Eine kleine (Milch)Dose aus Weißblech mit abgeschnittenem Deckel und zwei angelöteten Laschen zur Befestigung löst viele Abschirmprobleme. Selbst Stufenschalter von Eingangsteilern lassen sich darin unterbringen... und somit abschirmen.

1.5.5 Die Siebung der Versorgungsspannung von Netzteilen

Sowohl dem Profi als auch uns in der Hobby-Elektronik stellt sich beim Aufbau einer Schaltung das gleiche Problem. Die Schaltung muß mit Spannung versorgt werden, wobei das Netzteil räumlich oft bis zu 20 cm in einem Gerät entfernt angeordnet ist. Vorerst ein Wort zum Netzteil, so, wie's in dem Buch „Der Hobby-Elektroniker plant seine Schaltungen selbst" auch beschrieben wird. Der Trafo ist geometrisch so auszurichten, daß bei empfindlichen Verstärkern – vorwiegend in der Nf-Technik oder der Wechselspannungsmeßtechnik – das magnetische 50-Hz-Streufeld keine Spannungen auf Signalleitungen induzieren kann. Eine kleine Netzteilbaugruppe mit zwei stabilisierten 15-Volt/0,5-A-Ausgangsspannungen zeigt die *Abb. 1.5.5-1.*

Nun aber zur Siebung. Das Prinzip zeigt die *Abb. 1.5.5-2.* Zunächst einmal machen wir in der Hobbypraxis vom sogenannten Regel-IS (für Dimensionie-

Abb. 1.5.5-1

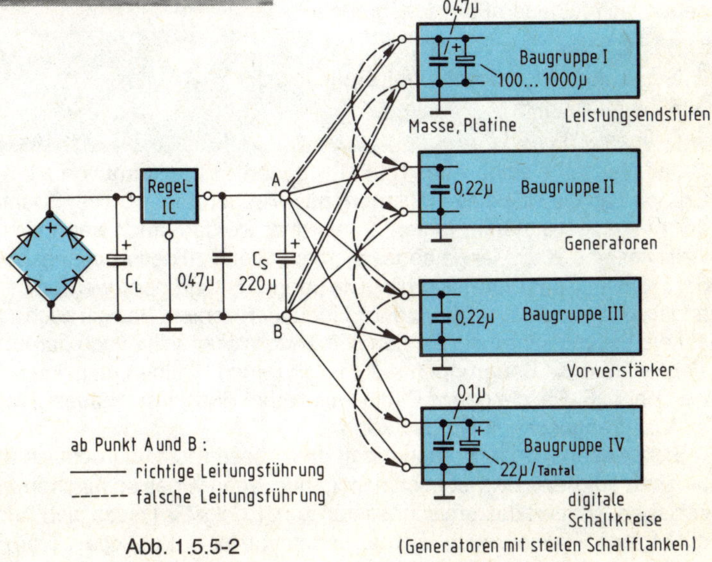

Abb. 1.5.5-2

rungshinweise und praktische Schaltungen siehe das Buch „Der Hobby-Elektroniker greift zum IC“) Gebrauch. Das Netzteil, zumal, wenn es sich um Netzteile > 15 W handelt, gehört auf eine Extra-Platine. Der Ausgang des Regel-IS wird nach Abb. 1.5.5-2 mit einem Folienkondensator von z. B. 0,47 μF und einem Elko im Wert zwischen 47 μF...470 μF abgeschlossen. Die einzelnen Versorgungsstufen müssen jetzt mit je zwei getrennten! Anschlußleitungen an das Netzteil – Punkte A und B – angeschlossen werden. Es ist falsch, wie in Abb. 1.5.5-2 gestrichelt gezeigt ist, die Versorgungsspannung von Stufe zu Stufe durchzuschleifen. Dadurch erhalten wir Verkopplungen und unerwünschte Störsignale, Schwingneigung und ähnliche störende Effekte. In den einzelnen Stufen nach Abb. 1.5.5-2 ist am Eingang wieder eine getrennte Kondensatorsiebung vorzunehmen. Die ungefähren Werte sind aus der Schaltung zu entnehmen.

Die Massepunkte einzelner Platinen sollten zentral am Gehäuse (Chassis) in die Nähe der Anschlußbuchsen verlegt werden.

1.5.6 Wohin mit der Platine – einer Baugruppe im Gehäuse?

Zunächst einmal: es ist sinnvoll, elektronische Baugruppen nach ihrer Funktionsweise auf getrennten Platinen unterzubringen. Als Beispiel soll einmal die Schaltung des Sinusrechteckgenerators in Kapitel 2.11 Abb. 2.11-7 dienen. Diese Schaltung wird hinsichtlich ihrer Funktion logisch durchdacht. Somit ergeben sich folgende Funktionsgruppen:

1. Das Netzteil;
2. Generator (Wien-Brücke) mit Regelteil;
3. Schmitt-Trigger;
4. Ausgangsverstärker.

Das Netzteil – siehe Abb. 1.5.5-1 – gehört weit entfernt von allen anderen Gruppen an die Rückseite im Innern des Meßgerätegehäuses. Ebenfalls kann der Ausgangsverstärker hinten angeordnet werden, auch wenn sich dadurch vielleicht eine 20 cm lange abgeschirmte Leitung zu den Ausgangsbuchsen an der Frontseite des Gerätes ergibt. Die übrigen Baugruppen werden dazwischen angeordnet – auf sinnvoll kurze Verbindungen achten. Das gilt auch im Hinblick auf die Leitungslänge der Bedienelemente. Weiter sollte noch darauf geachtet werden, daß die Baugruppen auf den einzelnen Platinen räumlich so montiert werden, daß evtl. die ganze Platine mit einem Abschirmgehäuse gegen Streueinflüsse abgeschirmt werden kann.

Sicher kann man jetzt sagen, daß das Ganze recht unordentlich und wenig profihaft aussieht. Das ist auch richtig, nur: wenn wir es so machen wie vorgeschlagen, so führt das am schnellsten zum Erfolg. Es lassen sich Änderungen auf kleinen Platinen auch leichter und schneller unterbringen. Der Profi baut mehrmals alle Baugruppen auf einer Platine auf – er baut also mehrere Platinen – bis er das optimale (störungsfreie) lay-out gefunden hat. Diese zeitraubenden Umwege umgehen wir durch die Wahl mehrer Einzelplatinen. Ein Beispiel dafür ist in den Fotos der Abb. 1.6.4-1 zu erkennen. Es handelt sich dabei um das Nf-mV-Meter des Kapitels 2.16. Ein Profi-Aufbau, der des Oszilloskopen von Kapitel 2.28, ist in der *Abb. 1.5.6-1* zu sehen.

1.5.7 Spannungsteiler in der Meßtechnik

Spannungs- und Strommeßgeräte benötigen engtolerierte Teiler. Also müssen von vornherein Widerstände benutzt werden, deren Toleranz 1 % oder gar nur 0,5 %, noch besser 0,1 % beträgt, sogenannte Metallfilm-Meßwiderstände. Nach Kapitel 1.5.8 sollten wir uns an Werte der Normreihe halten und die Spannungsteiler entsprechend dimensionieren. Derartige engtolerierte Meßwiderstände finden wir in Abb. 1.5.2-2.

Spannungsmeßbereiche werden nun oftmals in Schritte 1 – 2 – 5 – 10 oder 1 – 3 – 10 aufgeteilt. Dementsprechend sind die Teilerwiderstände auszurechnen.

Abb. 1.5.6-1

Die *Abb. 1.5.7-1* zeigt einen Meßteiler. Dafür als Beispiel hier die Berechnung. Folgende Daten sind gegeben:
$R_E = 10\,M\Omega = R_1 + R_2 + R_3 + R_4 + R_5$ sowie $U_A = 0{,}1$ V für den Vollausschlag. Voraussetzung bei jedem Teiler ist, daß sein Ausgang nicht durch den Eingangswiderstand des nachfolgenden Verstärkers belastet wird. Somit ist die Forderung $R_E \gg 10\,M\Omega$ durch einen FET-Sourcefolger zu erfüllen. Die einzelnen Widerstände R1...R5 errechnen sich nach dem Spannungsteilergesetz

$R2 = \frac{U_A \cdot (R1 + R2)}{U_E}$. Dabei ist R1 der einzelne Teilerwiderstand oder die Summe aus mehreren Teilerwiderständen. Das Gleiche gilt für R2. Da R_E, U_E und U_A jeweils bekannt sind, lassen sich (siehe auch „Werkbuch Elektronik") die fehlenden Teilerwiderstände leicht errechnen. Das Ergebnis ist bereits in der Abb. 1.5.7-1 eingetragen.

Oftmals wird es einfacher, einen dekadischen Teiler nach *Abb. 1.5.7-2* zu benutzen und eine Empfindlichkeitsumschaltung um den Faktor 0,5 oder 0,32 im Gerät vorzunehmen. Das hat den Vorteil, daß diese zusätzliche Umschaltung dann für alle Bereiche die gleiche Gültigkeit hat. Ebenfalls wird so der Aufwand an Meßwiderständen geringer. Ein praktisches Beispiel dafür ist in Kapitel 2.5 und 2.16 gegeben. Diese ohne Kompensations-Kondensatoren ausgeführte Teiler sind reine Gleichspannungsteiler und allenfalls für Frequenzen bis zu 1000 Hz zu benutzen.

Für Nf- und Hf-Anwendungen sind sogenannte frequenzkompensierte Teiler erforderlich. Dabei ist nach *Abb. 1.5.7-3* am sinnvollsten ein Doppelebenen-Umschalter S1 + S2 zu benutzen, der für jede Teilerstufe einen getrennt kompensierten Teiler einschaltet.

Abb. 1.5.7-1

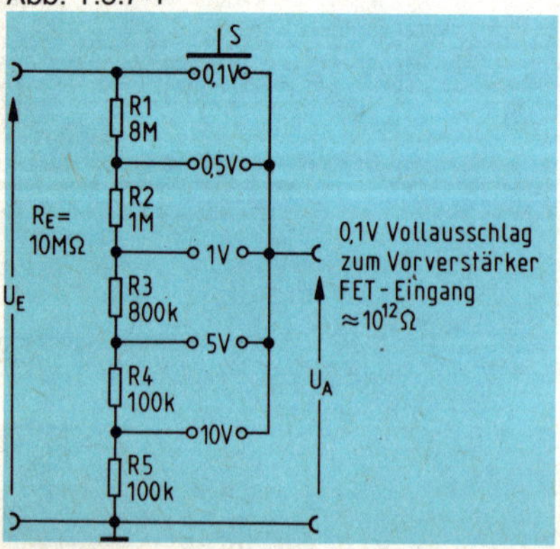

Abb. 1.5.7.-2

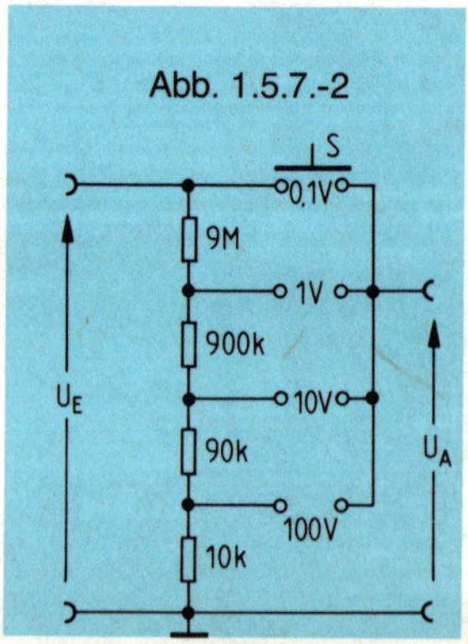

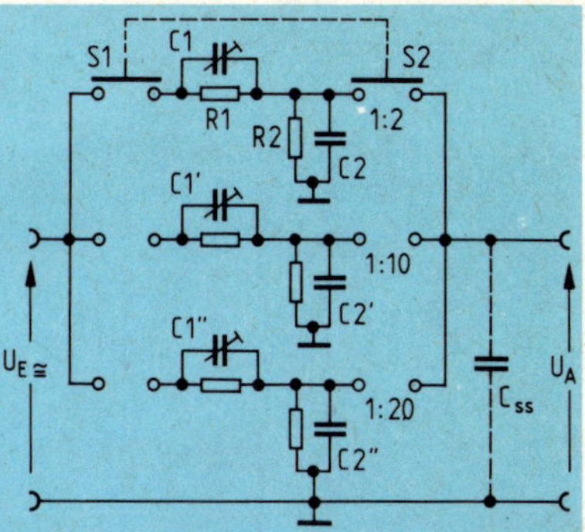

Abb. 1.5.7-3

Die einzelnen Teilerwiderstände werden ohne Berücksichtigung der Wechselspannungsfrage zuerst als reine Gleichspannungsteiler ermittelt, wobei die Summe aus R1 + R2 dem gewünschten Eingangswiderstand von z. B. 1 MΩ entspricht. Teilerverhältnisse bis zu 1:100 sind so zu errechnen. Für die Ermittlung der Kondensatoren gilt die Grundformel: $R1 \cdot C1 = R2 \cdot C2 = \tau$. Dabei sollte $C1 \leqq 12$ pF und als Trimmer gewählt werden. Regelbereich 1...13 pF. Ein Beispiel: Ist R1 = 9,9 MΩ und R2 = 100 kΩ sowie C1 = 10 pF, dann wird

$$C2 = \frac{R1 \cdot C1}{R2} = \frac{9{,}9 \cdot 10^6\ \Omega \cdot 10 \cdot 10^{-12}\ \text{F}}{100 \cdot 10^3\ \Omega} = 990\ \text{pF} \approx 1\ \text{nF}.$$

Für die Ermittlung von C2 bei nicht so großem Teilerverhältnis, also wenn C2 kleiner wird, ist zu berücksichtigen, daß die Aufbau- und Schaltkapazität C_s zunehmend parallel zu berücksichtigen ist.

Häufig werden die Eingänge bei Teilern umschaltbar gemacht nach *Abb. 1.5.7-4.* Der Schalter S2 ist wieder der Teilerschalter und S1 der Umschalter mit folgenden Meßmöglichkeiten. Stellung I: Gleichspannungsmessungen; Stellung II: Eingang an Masse für Null-Abgleich; Stellung III: Eingang über den Kondensator C für reine Wechselspannungsmessung, als Abtrennung evtl. Gleichspannungskomponenten vom Meßsignal.

Für den Kondensator C ist es nun wichtig, ihn so zu bemessen, daß die untere gewünschte Grenzfrequenz ohne große Meßunsicherheiten erhalten bleibt. Hier ist also f_u nicht als –3 dB-Wert zu verstehen! Aus der Praxis heraus ist dann folgende Näherungsformel einzusetzen:

$C = \frac{1{,}6}{f_u \cdot R_E}$ (F; Ω; Hz). Beispiel: Ist $R_E = 1$ MΩ und soll $f_u = 10$ Hz sein, so wird

$C = \frac{1{,}6}{10 \cdot 1 \cdot 10^6} = 0{,}16\ \mu\text{F}$, wir wählen den Normwert 0,22 μF.

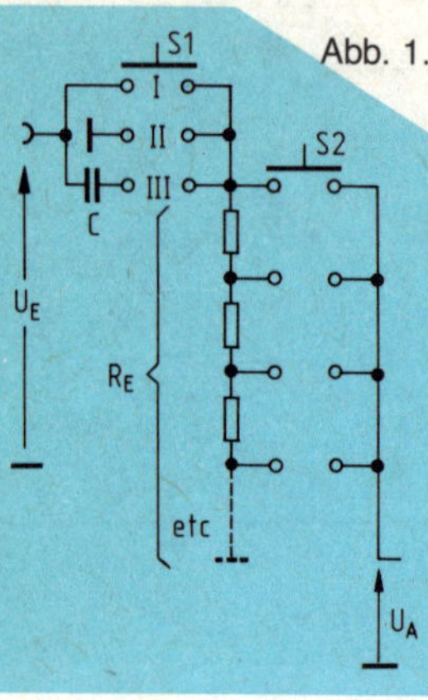

Abb. 1.5.7-4

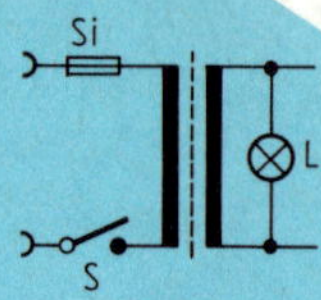

Abb. 1.5.8-1

1.5.8 Netzteile für die Meßgeräte

Netzteile für die Meßgeräte unseres Meßlabors benötigen nur wenig „know how“... und noch weniger an Bauteilen. Die *Abb. 1.5.8-1* zeigt die Standardschaltung der Primärnetzseite. Netzschalter und Sicherung sind erforderlich. Die Größe der Sicherung ist bei den meisten Meßgeräten mit 0,1 A ausreichend. Netzleitungen müssen sicher verlötet sein, zu Metallteilen mit ihren abisolierten Enden einen Sicherheitsabstand von 5 mm aufweisen und sollten gegebenenfalls mechanisch festgebunden werden (Band). Liegen andere elektronische Teile in der Nähe, so ist ein isoliertes Gehäuse aus starker Pappe o. ä. um das Netzteil anzuordnen. Ein Aufbaubeispiel mit 2 x 15 V, 0,5 A und Stabilisierungsschaltung war in Abb. 1.5.5-1 gezeigt.

Die wichtigsten Sekundärschaltmöglichkeiten bilden die Abb. 1.5.8-2a...d.

Abb. 1.5.8-2a zeigt einen Einweggleichrichter. (Nachteil: Brummfrequenz 50 Hz erfordert größeren Ladekondensator C_L), Spannungsverlust durch Diode ca. 0,7 V.

Abb. 1.5.8-2b zeigt einen Zweiweggleichrichter. (Nachteil: Trafo benötigt eine Mittenanzapfung), Spannungsverlust durch Dioden ca. 0,7 V.

Abb. 1.5.8-2c zeigt einen Brückengleichrichter. Diese Schaltung wird am häufigsten benutzt. Spannungsverlust durch Dioden ca. 1,4 V.

Abb. 1.5.8-2d zeigt eine Schaltung für eine getrennte positive und negative Spannungsgewinnung, z. B. für Operationsverstärker. Spannungsverlust durch Dioden je 0,7 V ca.

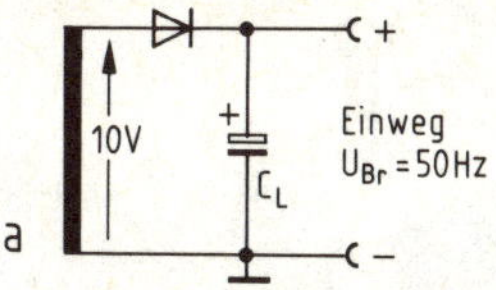

Abb. 1.5.8-2a

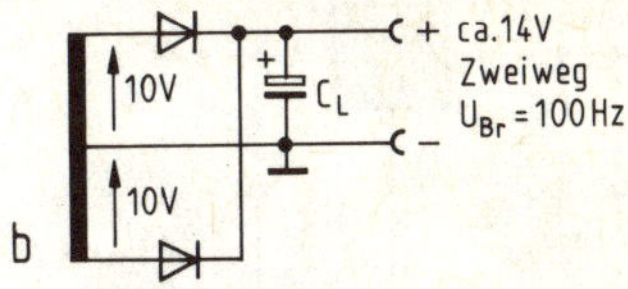

Abb. 1.5.8-2b

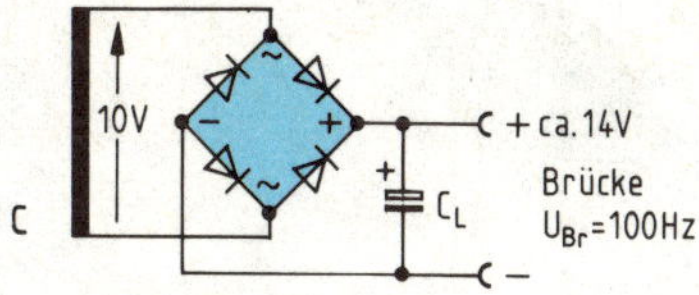

Abb. 1.5.8-2c

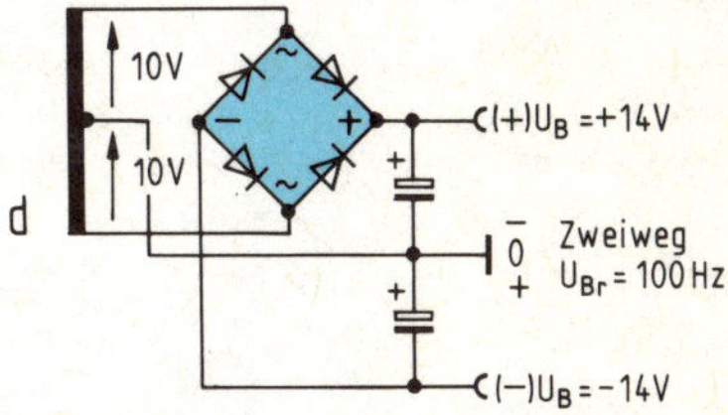

Abb. 1.5.8-2d

Die Dimensionierung von Transformator, Gleichrichter und Ladekondensator C_L ist im „Werkbuch Elektronik" (Franzis-Verlag) nachzulesen. Da der Stromverbrauch der hier beschriebenen Meßgeräte sehr niedrig ist – er bewegt sich in der Größenordnung zwischen 50 mA...1 A – ist für den Ladekondensator C_L ein Wert von 220 µF...1000 µF ausreichend.

Nach *Abb. 1.5.8-3* wird die gleichgerichtete Spannung der Schaltungen Abb. 1.5.8-2a bis d grundsätzlich einem Spannungsregel-IC zugeführt. Randprobleme und Schaltungen hierfür sind in dem Buch „Der Hobby-Elektroniker greift zum IC" (Franzis-Verlag) beschrieben, so daß wir uns hier lediglich auf eine von vielen möglichen Schaltungen beschränken wollen. Wie gesagt, ist in der Abb. 1.5.8-3 die Spannung U_E den Gleichrichterteilen der Abb. 1.5.8-2a bis d zu entnehmen. Vorgeschlagene Werte von C_S und C sind im Kapitel 1.5.5 enthalten. Hier soll nur gezeigt werden, daß Gleichrichterkette und Ladeelko kurz zu verbinden sind. Der Massepunkt M zum Chassis wird erst am C_S-Punkt gewählt. Die Spannung U_E soll immer mindestens um ca. 4 V größer sein als die Spannung U_A. Daten verschiedener Regel-IS mit ihren Anschlußbildern sind in dem oben genannten Buch „Der Hobby-Elektroniker greift zum IC" enthalten. Im Gleichrichterkreis kann auch die Betriebsbereitschaft des Gerätes über eine LED signalisiert werden. Der Widerstand R_L wird so errechnet, daß unter Abzug der ca. 1,8 V Durchlaßspannung der Diode bei der vorhandenen Spannung U_E ein Strom von ca. 10...15 mA fließt, also $R_L = \frac{U_E - 1{,}8\ V}{13\ mA}$. Die Leitungen A und

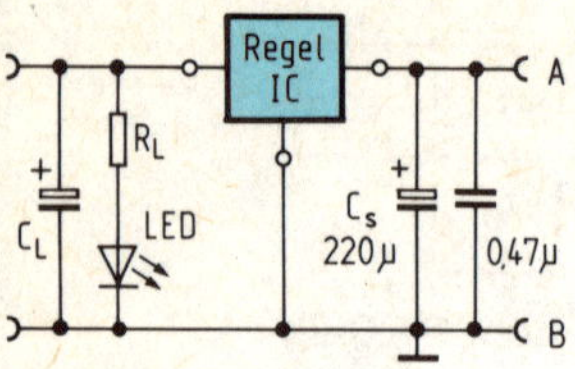

Abb. 1.5.8-3

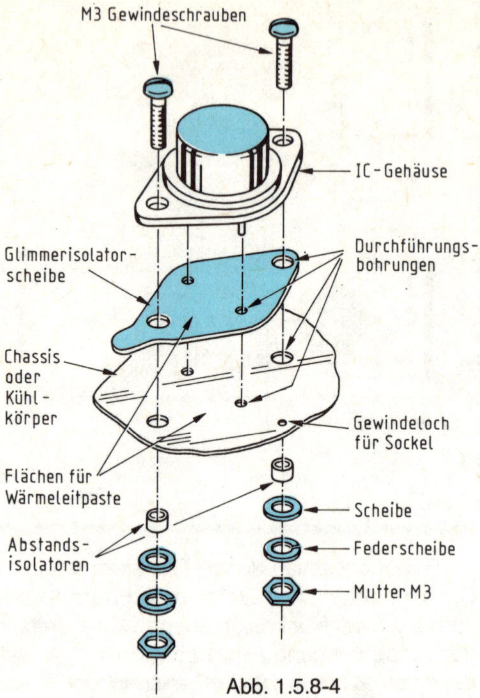

Abb. 1.5.8-4

B der Abb. 1.5.8-3 werden den Baugruppen (siehe Kapitel 1.5.5 Abb. 1.5.5-2) zugeführt. Wird dort ein Massepunkt – das ist meistens der Fall – für die zentrale Masse gewählt, so ist der Massepunkt M in Abb. 1.5.8-3 oft störend, besonders bei hoch verstärkenden Baugruppen, und kann entfallen.

Werden Leistungsregel-IS benutzt, so ist für ausreichende Wärmeableitung zu sorgen. Die Bauteile werden nach *Abb. 1.5.8-4* isoliert – mit Wärmeleitpaste und Glimmerscheibe – auf dem wärmeableitenden Metall befestigt.

1.6 Die Bauteile für den Bau von Meßgeräten

1.6.1 Der Farbcode, die Normenreihe und einiges mehr bei passiven Bauelementen

Bauelemente haben elektrische Werte. So z. B. 4,7 kΩ oder 0,1 μF. Diese Werte werden oftmals nicht numerisch auf die Bauteile aufgedruckt, sondern finden sich – besonders bei Widerständen – in Form von Farbringen an. Weiter ist daran zu denken, daß nicht jeder beliebige Wert eines Bauelementes erhältlich ist, sondern dieses durch die sogenannten Normenreihen geregelt wird. Bleiben wir gleich bei den Normreihen, so sieht das dann folgendermaßen aus:

E 6 ± 20%	E 12 ± 10%	E 24 ± 5%	E 48 ± 2%	E 96 ± 1%
1.0	1.0	1.0	1.00	1.00
				1.02
			1.05	1.05
				1.07
		1.1	1.10	1.10
				1.13
			1.15	1.15
				1.18
	1.2	1.2	1.21	1.21
				1.24
			1.27	1.27
		1.3		1.30
			1.33	1.33
				1.37
			1.40	1.40
				1.43
			1.47	1.47
1.5	1.5	1.5		1.50
			1.54	1.54
				1.58
		1.6	1.62	1.62
				1.65
			1.69	1.69
				1.74
			1.78	1.78
	1.8	1.8		1.82
			1.87	1.87
				1.91
			1.96	1.96
		2.0		2.00
			2.05	2.05
				2.10
			2.15	2.15
2.2	2.2	2.2		2.21
			2.26	2.26
				2.32
			2.37	2.37
		2.4		2.43
			2.49	2.49
				2.55
			2.61	2.61
				2.67
	2.7	2.7	2.74	2.74
				2.80
			2.87	2.87
				2.94
		3.0	3.01	3.01
				3.09
			3.16	3.16
				3.24

E 6 ± 20%	E 12 ± 10%	E 24 ± 5%	E 48 ± 2%	E 96 ± 1%
3.3	3.3	3.3	3.32	3.32
				3.40
			3.48	3.48
				3.57
		3.6	3.65	3.65
				3.74
			3.83	3.83
	3.9	3.9		3.92
			4.02	4.02
				4.12
			4.22	4.22
		4.3		4.32
			4.42	4.42
				4.53
			4.64	4.64
4.7	4.7	4.7		4.75
			4.87	4.87
				4.99
		5.1	5.11	5.11
				5.23
			5.36	5.36
				5.49
	5.6	5.6	5.62	5.62
				5.76
			5.90	5.90
				6.04
		6.2	6.19	6.19
				6.34
			6.49	6.49
				6.65
6.8	6.8	6.8	6.81	6.81
				6.98
			7.15	7.15
				7.32
		7.5	7.50	7.50
				7.68
			7.87	7.87
				8.06
	8.2	8.2	8.25	8.25
				8.45
			8.66	8.66
				8.87
		9.1	9.09	9.09
				9.31
			9.53	9.53
				9.76

	silber	gold	0 schwarz	1 braun	2 rot	3 orange	4 gelb	5 grün	6 blau	7 violett	8 grau	9 weiß
1. Ring						1. Ziffer						
2. Ring						2. Ziffer						
3. Ring	×0,01	×0,1	×1	×10	×100	×1k	×10k	×100k	×1M	×10M	×100M	
4. Ring	±10%	±5%			±2%			ohne 4. Ring ±20%				

	silber	gold	0 schwarz	1 braun	2 rot	3 orange	4 gelb	5 grün	6 blau	7 violett	8 grau	9 weiß
1. Ring						1. Ziffer						
2. Ring						2. Ziffer						
3. Ring						3. Ziffer						
4. Ring	×0,01	×0,1	×1	×10	×100	×1k	×10k	×100k	×1M	×10M	×100M	
5. Ring				±1%	±2%			±5%				

	silber	gold	0 schwarz	1 braun	2 rot	3 orange	4 gelb	5 grün	6 blau	7 violett	8 grau	9 weiß
1. Ring						1. Ziffer						
2. Ring						2. Ziffer						
3. Ring			×1	×10	×100	×1k	×10k	×100k	×1M			
4. Ring	±10%	±5%			±2%			ohne 4. Ring ±20%				

	silber	gold	0 schwarz	1 braun	2 rot	3 orange	4 gelb	5 grün	6 blau	7 violett	8 grau	9 weiß
y TK$_C$-Ring			±0	-33	-75	-150	-220	-330	-470	-750		
1. Ring						1. Ziffer						
2. Ring						2. Ziffer						
3. Ring			×1pF	×10pF	×100pF	×1nF	×10nF	×100nF			×0,01pF	×0,1pF
4. Ring C<10pF:				±0,1pF	±0,25pF			±0,5%				±1pF
4. Ring C≧10pF:			±20%	±1%	±2%			±5%				±10pF
5. Ring					250V		400V	100V	630V			

Kondensatorenschlüssel siehe nächste Seite.

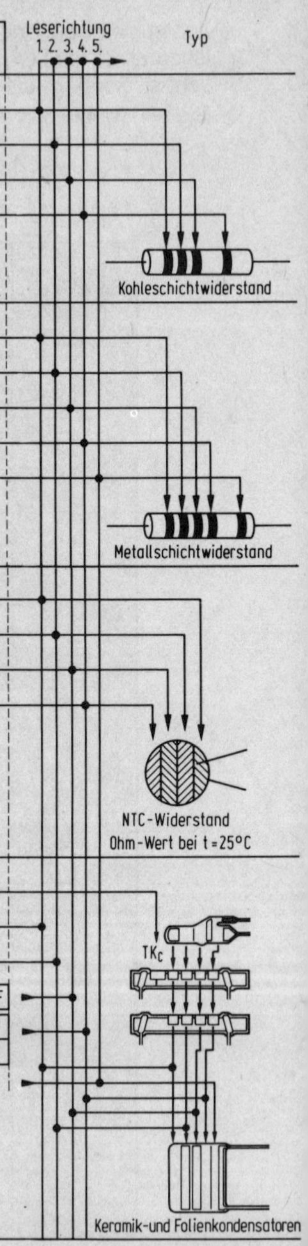

	silber	gold	0 schwarz	1 braun	2 rot	3 orange	4 gelb	5 grün	6 blau	7 violett	8 grau	9 weiß
1. Ring			1. Ziffer									
2. Ring			2. Ziffer									
3. Ring			×1	×10	×100					×0,001	×0,01	×0,1
4. Ring			10V	1,5V	35V (rosa)		6,3V	16V	20V		25V	3V
3. Ring (TYP D)				×10	×100	×1k	×10k	×100k	×1M	×10M		
4. Ring (TYP D)			4V	6V	10V	15V	20V	25V	35V	50V		

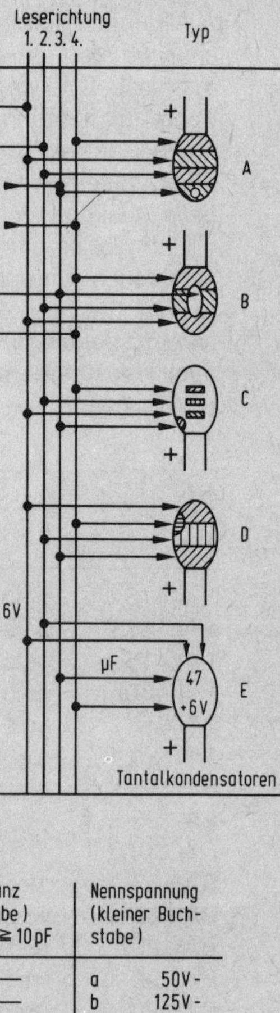

Für Polkennung siehe Farbkreise im Anschlußschema

TYP A z.B.: SEL-ITT
B z.B.: ITT-Siemens-Bosch-Valvo
C z.B.: Siemens-Roederstein
D z.B.: Union Carbide (Kemet)
E numerische Kennzeichnung

Kapazitätswerte: A - B - C [µF]
D [pF]
E [µF]

Beispiel:
gelb - violett - weiß - gelb: 4,7µF 6,3V
gelb - violett - grün - braun: 4700000pF 6V ≙ 4,7µF

Für Kondensatoren mit Buchstabencode ist nebenstehende Tabelle zu benutzen. Zusätzliche Farbkennung weist auf den TK_C - Wert hin.

Beispiel für Aufdruck: n 33 K d
bedeutet: 330pF ±10% 250V-

Kapazität (Ziffern, Buchstabe)		Kapazitätstoleranz (großer Buchstabe)	C < 10pF	C ≧ 10pF	Nennspannung (kleiner Buchstabe)	
p 33	0,33 pF	B	±0,1 pF	—	a	50V-
3 p 3	3,3 pF	C	±0,25pF	—	b	125V-
33p	33 pF	D	±0,5 pF	±0,5 %	c	160V-
330p	330 pF	F	±1 pF	±1 %	d	250V-
n 33	0,33 nF	G	±2 pF	±2 %	e	350V-
3 n 3	3,3 nF	H	—	±2,5 %	g	700V-
33n	33 nF	J	—	±5 %	h	1000V-
330n	330 nF	K	—	±10 %	u	250V~
µ 33	0,33 µF	M	—	±20 %	v	350V~
		P	—	+100/-0%	w	500V~
		R	—	+30/-20%		
		S	—	+50/-20%		
		Z	—	+80/-20%		

Allgemein üblich ist die E-12-Reihe. Für die Meßtechnik – und davon sprechen wir hier – ist jedoch die feine Aufgleichung der E-48- und E-96-Reihe von Interesse. Eine weitere Aufgliederung – E-192 – finden wir im „Werkbuch Elektronik" (Nührmann, Franzis-Verlag).

Die Werte sind auf den Bauelementen als Farbringe – weniger häufig auch mit Farbpunkten gekennzeichnet – aufgedruckt. Darüber gibt die nachfolgende *Tabelle* Auskunft.

Nun gibt es oftmals auch noch für Dioden eine Farbkennzeichnung. Dabei möchte ich hier nur die wichtigsten Typen aufzählen. Ein kleiner Trick gilt auch hierbei: Die Ringe sind einseitig auf den Diodenkörper verschoben. Als erster Ring gilt derjenige, der am nächsten zu einem Anschlußdraht liegt. Das ist dann auch der Katodenanschluß. Mit dieser Codierung sind die folgenden Dioden häufig anzutreffen:

Typ	Katode 1. Ring	2. Ring	3. Ring	4. Ring
1 N 4151	gelb	braun	grün	braun
1 N 4153	gelb	braun	grün	orange
1 N 4154	gelb	braun	grün	gelb
1 N 4305	gelb	orange	schwarz	grün
1 N 459	gelb	grün	weiß	–
1 N 251	rot	grün	braun	–
BA 215	braun	rot	schwarz	–
BA 195 1 N 3070	orange	schwarz	violett	schwarz
BA 187	weiß	rot	schwarz	–
BA 188	weiß	rot	braun	–
BA 189	weiß	rot	rot	–
BA 190	weiß	rot	orange	–
BA 180	orange	–	–	–
BA 180a	orange	weiß	schwarz	–
BA 180b	orange	weiß	rot	–
BA 180c	orange	weiß	blau	–
BA 181	grün	–	–	–
BA 181A	grün	weiß	schwarz	–
BA 181B	grün	weiß	rot	–
BA 181C	grün	weiß	blau	–
1 N 4148	gelb	braun	gelb	grau
1 N 4149	gelb	braun	gelb	weiß
1 N 4446	gelb	gelb	gelb	blau
1 N 4447	gelb	gelb	gelb	violett

Typ	Katode 1. Ring	2. Ring	3. Ring	4. Ring
1 N 4448	gelb	gelb	gelb	grau
1 N 4449	gelb	gelb	gelb	weiß
1 N 914	weiß	braun	gelb	–
1 N 914A	weiß	braun	gelb	braun
1 N 914B	weiß	braun	gelb	rot
1 N 916	weiß	braun	blau	–
1 N 916A	weiß	braun	blau	braun
1 N 916B	weiß	braun	blau	rot
BA 209	wie 1 N4148			
BA 210	wie 1 N4149			
BA 211	wie 1 N4446			
BA 212	wie 1 N4447			
BA 213	wie 1 N4448			
BA 214	wie 1 N4449			

In den meisten Fällen ist der Diodenkörper jedoch alphanumerisch gekennzeichnet, so daß hier der Farbcode nicht erscheint.

Die Bauelemente weisen nun noch eine Unzahl von Sockelschaltungen und genormten Abmessungen auf. So z.B. die Pin-Abstände von IS. Diese betragen meistens 2,54 mm (Zoll-Maß). Weniger geläufig ist der metrische Abstand mit 2,5 mm. Über diese Bauformen, Abmessungen und Normen aktiver und passiver Bauelemente ist im „Werkbuch Elektronik“ (Franzis-Verlag) genaueres nachzulesen.

1.6.2 Zunächst die passiven Bauelemente

Es erscheint sinnvoll, daß wir uns gemeinsam die für den Bau von Meßgeräten immer wiederkehrenden Bauteile einmal auf den nächsten Fotos ansehen. Bebildert vereinfacht sich manche Erklärung.

Schalter und Signalleuchten bei Meßgeräten

Schalter sind mit die wichtigsten Bauelemente bei Meßgeräten. Das Foto *Abb. 1.6.2-1a* zeigt verschiedene Hebel- und Schiebeschalter. Diese können ein- oder mehrpolig mit zwei oder mehr Arbeitsstellungen ausgerüstet sein. Das Foto *Abb. 1.6.2-1b* zeigt Stufenschalter in verschiedenen Bauformen. Diese lassen sich meistens leicht demontieren, so daß es mit einigem Geschick möglich ist, eine Schalterebene – auf dem Foto 1.6.2-1b einzeln zu erkennen – nach den eigenen Wünschen maßzuschneidern. Einzelheiten dazu sind in dem Foto *Abb. 1.6.2-1c* zu erkennen. Bei dem Bau von Meßgeräten soll nicht vergessen

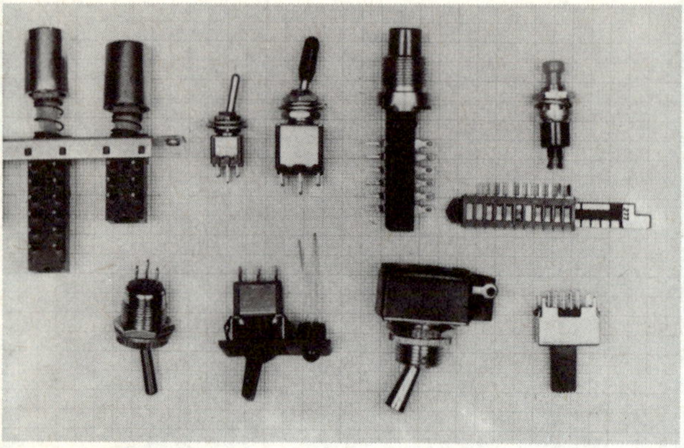

Abb. 1.6.2-1a

Abb. 1.6.2-1b

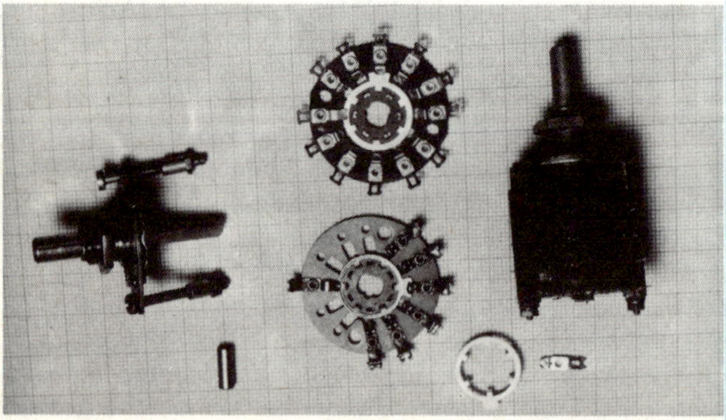

Abb. 1.6.2-1c

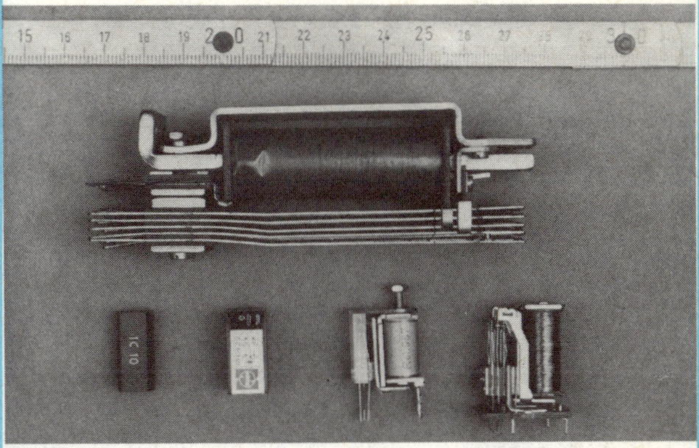

Abb. 1.6.2-1d

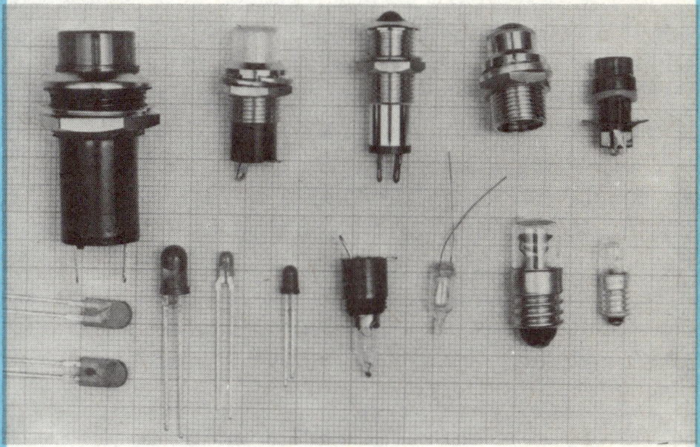

Abb. 1.6.2-1e

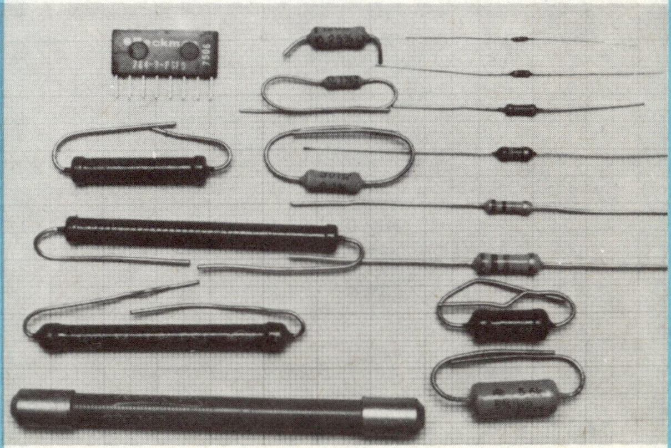

Abb. 1.6.2-1f

werden, daß Kleinrelais, also solche im Lochrastermaß für Printplatten, oft elegant empfindliche Signalleitungen schalten lassen. Derartige Kleinrelais sind in dem Foto *Abb. 1.6.2-1d* zu sehen. Leuchten, Signallampenfassungen sowie die sehr häufig eingesetzten LED sind mit ihren verschiedenen Bauformen in dem Foto *Abb. 1.6.2-1e* gezeigt.

Kondensatoren und Widerstände

Auf dem Foto *Abb. 1.6.2-1f* sehen wir rechts Widerstände im Leistungsbereich von 0,05 W...1 W. Die drei im mittleren Bereich gezeigten Widerstände sind beschriftete 0,1 % (0,25 %) Typen siehe auch die Abb. 1.5.2-2. Die links liegenden, langen Widerstände – Werte zwischen 1 MΩ...1 GΩ – werden für Hochspannungsteiler z. B. in Tastköpfen benutzt. Hier muß die Oberfläche peinlich sauber sein – sonst gibt's Kriechströme. Links oben ist eine IS-ähnliche Widerstandsarray gezeigt. Mehrere Widerstände sind in einem Körper untergebracht. Widerstände können – als Potentiometer – regelbar ausgeführt sein. Das Foto *Abb. 1.6.2-1g* gibt Einfach- und Mehrfachpotentiometer sowie Potentiometeranordnungen mit Schaltern wieder. (Über Bau- und Kurvenformen gibt das „Werkbuch Elektronik" Auskunft.) Ebenfalls auf diesem Foto erkennbar sind kleine Trimmpotentiometer sowie kleine Mehrgangtrimmer.

Bei den Kondensatoren wird es umfangreicher. Auf dem Foto *Abb. 1.6.2-1h* sehen wir verschiedene Bauformen von Folienkondensatoren. Hier genügen für uns Spannungswerte von z. B. 63 V oder 150 V. Daraus leiten sich sehr kleine Bauformen ab. Tantal-Perlkondensatoren und Niedervoltelkos zeigt das Foto *Abb. 1.6.2-1i.* Hier wird oftmals mit Spannungswerten bis 50 V gearbeitet. Für die Hochfrequenz- und Impulstechnik sind keramische Rohr- oder Scheibenkondensatoren sehr wichtig. Sehen wir uns diese auf dem Foto *Abb. 1.6.2-1k* an

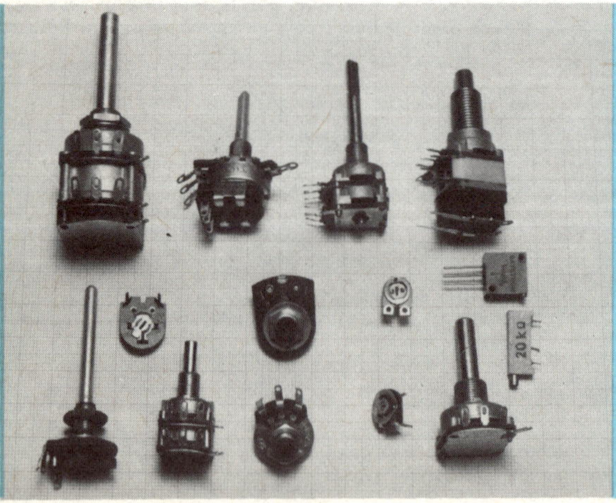

Abb. 1.6.2-1g

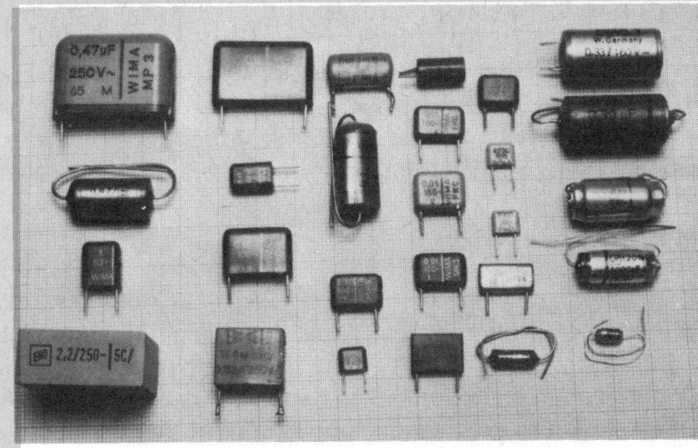

Abb. 1.6.2-1h

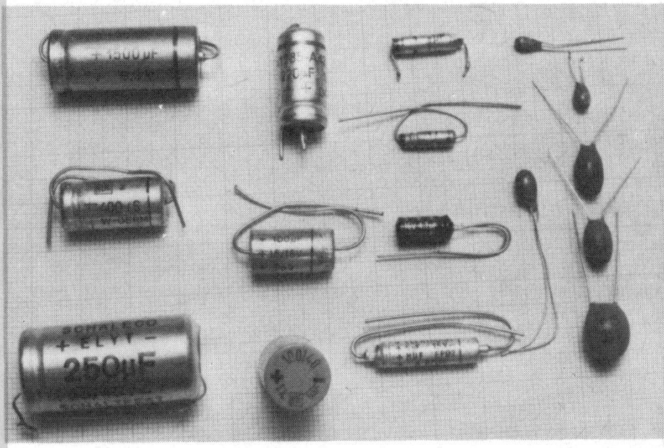

Abb. 1.6.2-1i

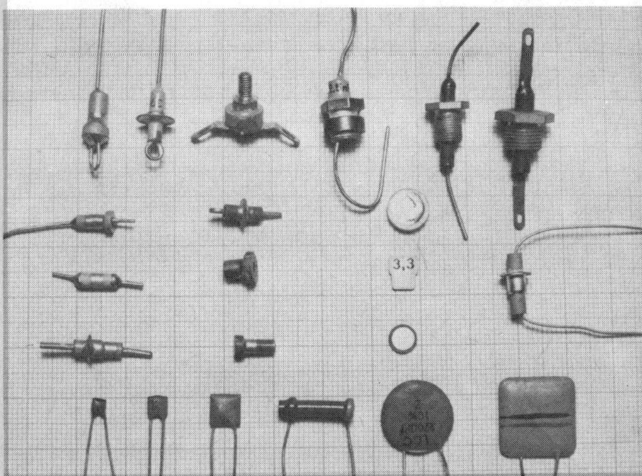

Abb. 1.6.2-1k

(untere Reihe), wobei im oberen Teil des Fotos keramische Durchgangskondensatoren zu erkennen sind. Sehen wir von größeren Drehkondensatoren, die uns sicherlich geläufig sind, einmal ab, so zeigt uns das Foto *Abb. 1.6.2-1l* noch mehrere verschiedene Bauformen von Keramik- und Folientrimmern.

Sonderbauteile

Zunächst einmal sind in der *Abb. 1.6.2-1m* Sockel und Kühlkörper für integrierte Schaltungen im Dual-in-Line- und TO-99-Gehäuse erkennbar. (Über Wärmeableitung ist Näheres im ,,Werkbuch Elektronik" gezeigt.) Das Foto *Abb. 1.6.2-1n* zeigt uns verschiedene Steckverbindungen für den Meßgerätebau. Dabei ist dann auch der mit am häufigsten benötigte BNC-Anschluß zu finden. Ohne Mechanik geht es im Hobbybau nicht. Auf dem Foto *Abb. 1.6.2-1o* sind mechanische Kleinbauteile zu erkennen. Bleiben wir gleich bei der Mechanik.

Abb. 1.6.2-1l

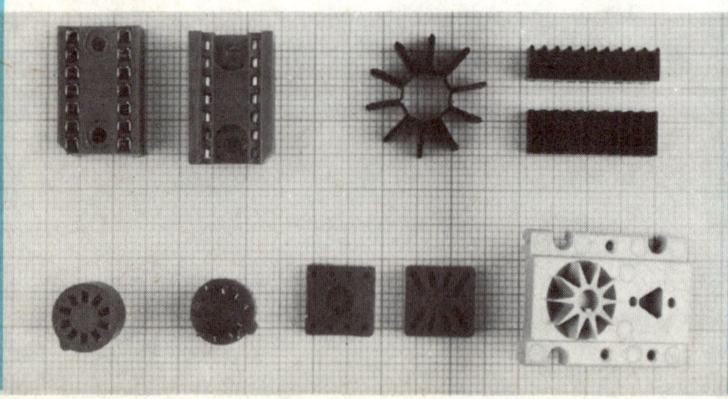

Abb. 1.6.2-1m

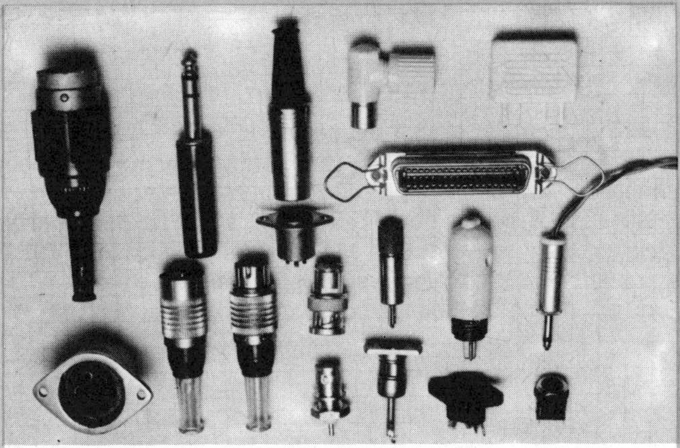

Abb. 1.6.2-1n

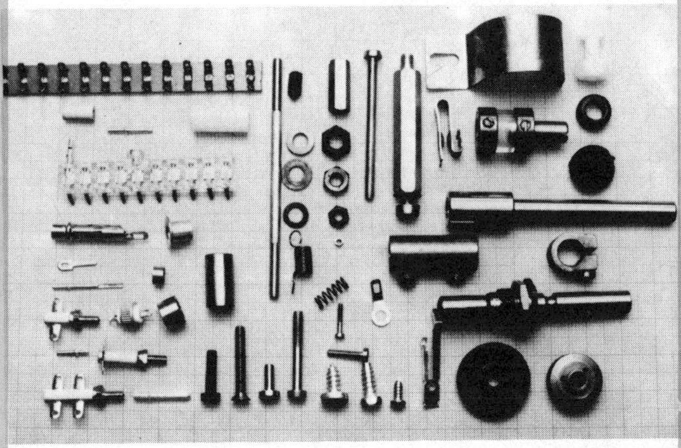

Abb. 1.6.2-1o

Abb. 1.6.2-1p

Da sind zunächst einmal die beiden RPB 56: ,,Der Hobby-Elektroniker ätzt seine Platine selbst" und RPB 125: ,,Die Mechanik in der Hobby-Elektronik" zu empfehlen. Bei den Platinen gibt es eine Vereinfachung, wenn auf Lochraster-Platinen (z. B. von Firma Vero-Elektronics) wie auf dem Foto *Abb. 1.6.2-1p* gezeigt ist, gefertigt wird. Das gibt es steckbar auch in einfacherer Ausführung nach *Abb. 1.6.2-1q.* Noch verschiedene andere Arten von Lochrasterplatinen sind auf dem Markt, die uns das Leben vereinfachen helfen.

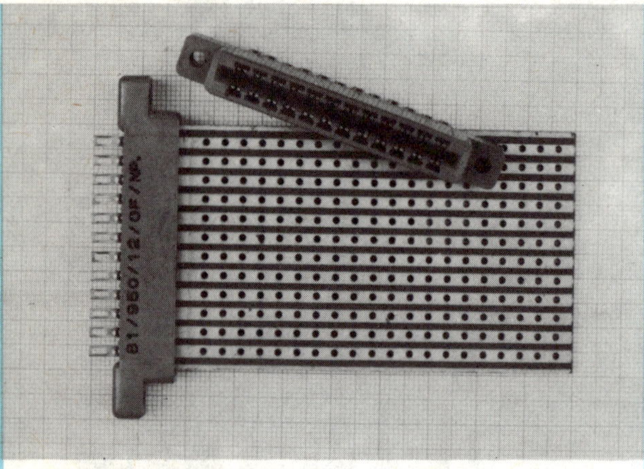

Abb. 1.6.2-1q

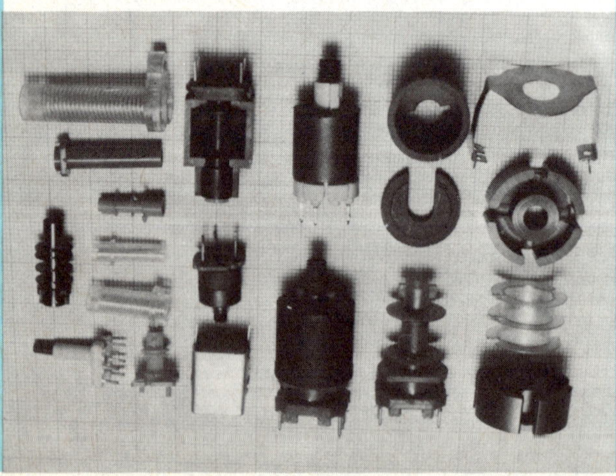

Abb. 1.6.2-1r

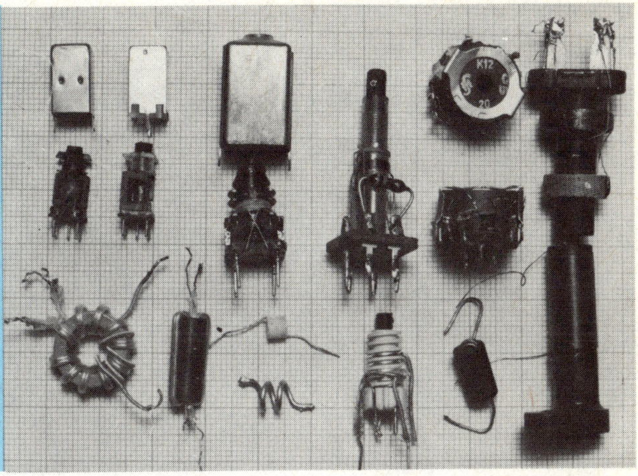

Abb. 1.6.2-1s

Nun zu den Gehäusen. Das scheint oft schwierig zu sein... so auf den ersten Blick. Werfen wir jedoch einmal einen zweiten Blick in die Hobby-Zeitschrift ELO (Franzis-Verlag), dann wird vieles leichter, wenn wir hier in den Angeboten herumstöbern. Oft werden große und kleine Gehäuse – vielfach mit Plastikhalbschalen und eingepaßten Front- und Rückblenden aus Aluminium (z. B. von Vero-Elektronics) – angeboten. Diese Materialien lassen sich leicht bearbeiten.

Was nun auch noch zu den Sonderbauteilen gehört, sind die Spulen und Transformatoren. Für die Spulen sei abschließend auf die Fotos *Abb. 1.6.2-1r* und *s* hingewiesen. Während die Abb. 1.6.2-1r die Spulenbauteile wie Spulenkörper, Halbschalen und Halter zeigt, sind in *Abb. 1.6.2-1s* fertige Spulen zum Teil mit ihren Abschirmbechern zu sehen. Wer ans Selbstwickeln von Spulen und Transformatoren denkt, der findet einfache Tips und Rechengrundlagen im „Werkbuch Elektronik".

1.6.3 Die aktiven Bauteile für das Meßgerät

Hierzu wollen wir einmal die wichtigsten Halbleiterbauelemente zählen. Auf dem Foto *Abb. 1.6.3-1a* sind verschiedene Diodenbauformen gezeigt. Erinnern wir uns, daß es lt. Kapitel 1.6.1 auch einen Farbcode für Dioden gibt. Die *Abb. 1.6.3-1b* läßt einen Einblick in die opto-elektronischen Bauelemente zu. Dort sind dann auch die LEDs, Fotodioden, Fotowiderstände, Infrarotdioden und eine Sieben-Segment-Anzeige zu erkennen. Schließlich zeigen die Fotos *Abb. 1.6.3-1c* und *d* Transistoren, dazu erhältliche Sockel und Kühlsterne, sowie

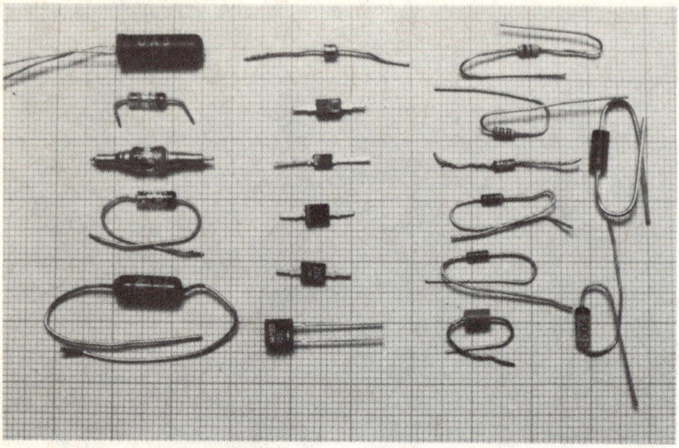

Abb. 1.6.3-1a

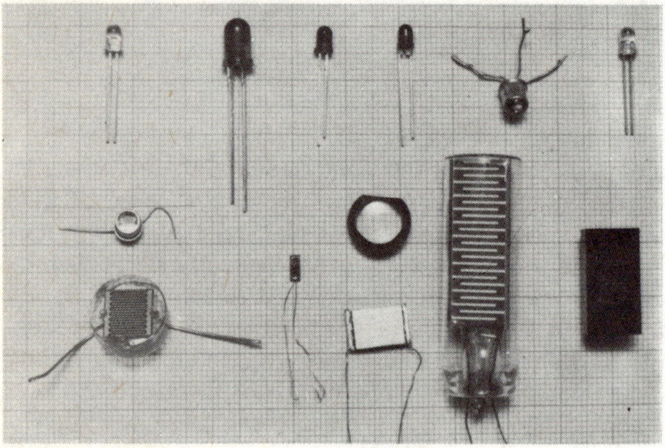

Abb. 1.6.3-1b

Abb. 1.6.3-1c

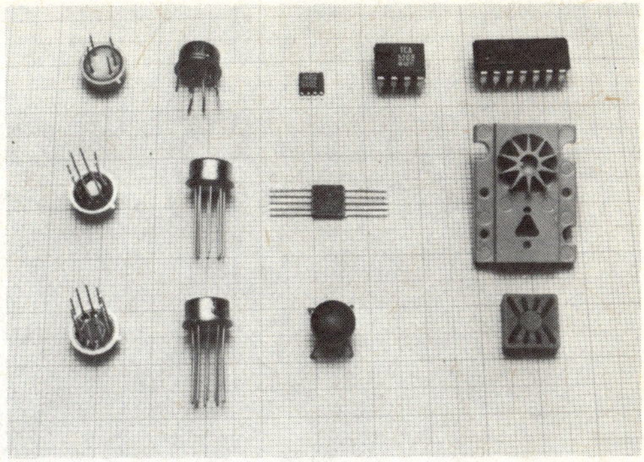

Abb. 1.6.3-1d

verschiedene Bauformen integrierter Schaltungen mit zwei Richtlehren für die Beinchen der TO-99-Gehäuse.

Für die hier gezeigten Bauelemente gibt es technische Daten und Berechnungshinweise für die Schaltungen. Die finden sich in dem vorher schon erwähnten Buch „Werkbuch Elektronik“ und zum Teil in dem RPB 122 „Der Hobby-Elektroniker plant seine Schaltungen selbst“.

1.6.4 Wie groß wird die Printplatte... und wie wird sie montiert? Ein paar Gedanken zum mechanischen Aufbau

Es ist schon recht sinnvoll, bei der Planung einer Schaltung möglichst viele – kompakte – Baugruppen auf Einzelplatinen unterzubringen. Die Platinen können untereinander mit Leitungen, evtl. abgeschirmten Leitungen, verbunden werden. Diese Art des Aufbaues erleichtert die Planung und auch den Aufwand, wenn ein Platinen-Layout einmal umgeändert werden muß. Bei der Platinenplanung ist daran zu denken, daß diese auch mechanisch befestigt werden muß. Also ist ein ausreichender Platz für Befestigungslöcher vorzusehen. (Näheres ist über das Platinen-Layout dem RPB 56 „Der Hobby-Elektroniker ätzt seine Platinen selbst“ zu entnehmen.)

Das Foto *Abb. 1.6.4-1a* soll als erstes Beispiel dazu dienen, wie einzelne Baugruppen auf Platinen untergebracht werden können. Es handelt sich hier um den Endverstärker des mV- und Wattmeters von Kapitel 2.16. Einen Einblick in das Gehäuse gibt das Foto *Abb. 1.6.4-1b.* Die Platine – Foto 1.6.4-1a – ist hier links angeordnet. Das ist an den Potentiometern zu erkennen. An der Rückseite befindet sich das Netzteil. Die rechte Platine – es sind die Vorverstärker für die Millivolt- und Wattfunktion – ist in ihrem Aufbau und in der Montage noch einmal auf dem Foto *Abb. 1.6.4-1c* zu erkennen. Unterhalb der beiden Anschlußschrauben des weißen Meßwerkgehäuses ist auf diesen beiden Fotos

Abb. 1.6.4-1a

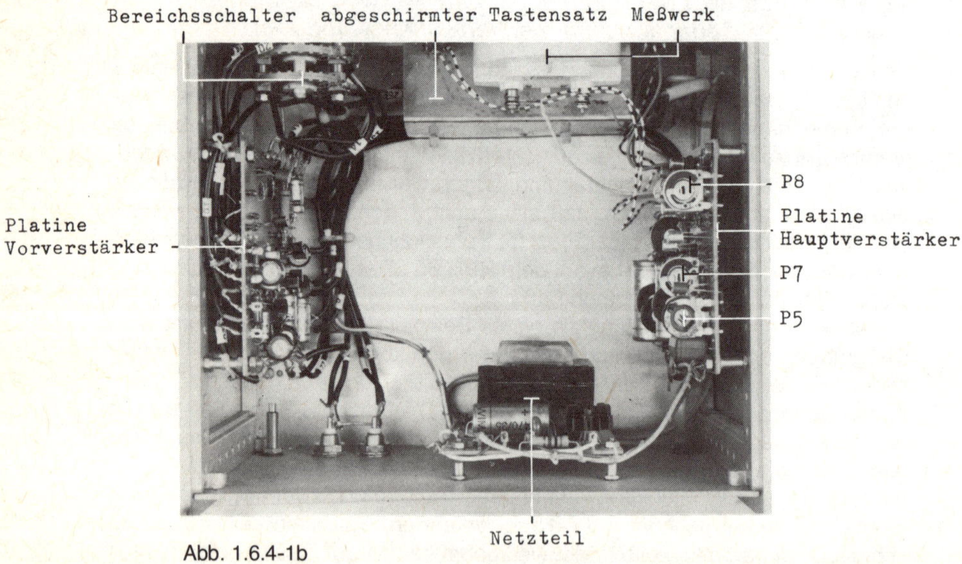

Abb. 1.6.4-1b

Abb. 1.6.4-1c

Abb. 1.6.4-2

ein abgewinkeltes Abschirmblech zu sehen. Das beinhaltet den Tastensatz mit seinen zum Teil hochohmigen Eingängen.

Sprachen wir vorhin davon: wie groß darf die Platine sein? – so ist bei einem Hf-Aufbau mehr die Frage zu klären: wie klein muß sie sein? So ist dann auch in dem Foto *Abb. 1.6.4-2* der gedrängte Aufbau eines Wellenbereichsschalters bei einem Meßsender zu erkennen. Das rechts zu erkennende graue Gehäuse

Abb. 1.6.4-3

Abb. 1.6.4-4

neben dem Trimmpotentiometer beinhaltet den Drehkondensator. Die einzelnen Spulen und Bauelemente sind eng um den Schalter konzentrisch angeordnet. Bei der Hf-Technik soll mit jedem Millimeter Leitungslänge gegeizt werden.

Gänzlich anders sieht es bei einem Netzteil – Foto *Abb. 1.6.4-3* – aus. Hier muß zwar auf die richtige Art der Verkabelung geachtet werden, jedoch ist ein großzügiger Aufbau mit den Leistungstransistoren, dem Kühlblech, Transformator und Elko innerhalb des Gehäuses möglich. Dabei sollte daran erinnert werden, daß Leistungsbauelemente einen ungehinderten vertikalen „Kaminabzug“ brauchen. Dabei dürfen andere Bauelemente nicht erhitzt werden!

Das Netzteil eines kleinen Generators mit verschiedenen Bauelementen ist auf dem Foto *Abb. 1.6.4-4* zu sehen. Der Trafo ist fest an der Rückseite des Gehäuses montiert. Zwei Leistungstransistoren seitlich auf einem Kühlblech. Sprechen wir gerade von der Montage eines Transistors auf einem Kühlblech, so ist ein Rückblick auf Abb. 1.5.8-4 nützlich.

1.6.5 Hier geht es um den elektrischen Aufbau des Meßgerätes

Gleich noch einmal ein Rückblick auf die Platinen. Der Profi ist es gewohnt – so wie es die Fotos in Kapitel 1.6.4 aussagten – eine gezielte elektronische Ordnung, das geht meistens mit der optischen Ordnung einher, aufs Brett zu bringen. Wir sollten es uns angewöhnen, den Signalfluß auf einer Platine zügig in einer Richtung zu wählen. Ein Kreuz und Quer führt zu Verkopplungen, deren Ursache später schwer zu erkennen ist. Hochohmige Eingänge, das gilt sowohl für Gleichstromeingänge als auch für Wechselstromeingänge, sollten mit ihren aktiven und passiven Bauelementen gleich so geplant werden, daß eine kleine Abschirmhaube aus Weißblech über dieser Baugruppe angebracht werden kann. Oftmals lassen sich auch größere Bauteile wie Drehkondensatoren, Bereichsschalter und Potentiometer auf eine Platine – siehe *Abb. 1.6.5-1* – montieren. Kleinere Baugruppen werden nach *Abb. 1.6.5-2* auf getrennten Platinen untergebracht.

Auch, wenn das Netzteil hochstabil und gut gesiebt ist, so muß jede Baugruppe doch ihre „hauseigene“ Siebung erhalten (siehe Abb. 1.5.5-2). Dafür genügt in den meisten Fällen ein 100-µF-Kondensator, dem ein 0,1-µF-Folienkondensator parallel zu schalten ist. Bei Hochfrequenz- und Impulsschaltungen

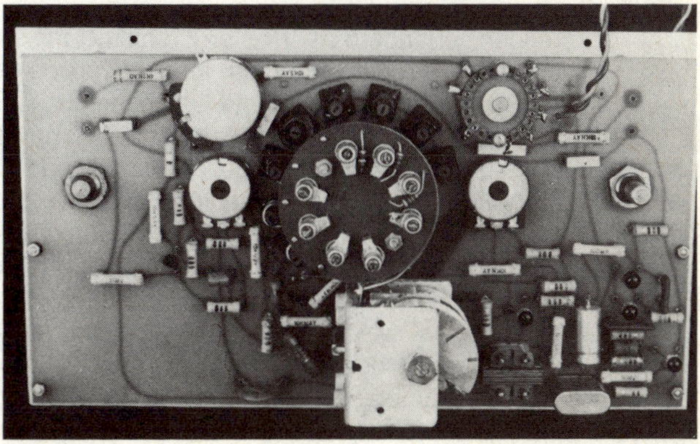

Abb. 1.6.5-1

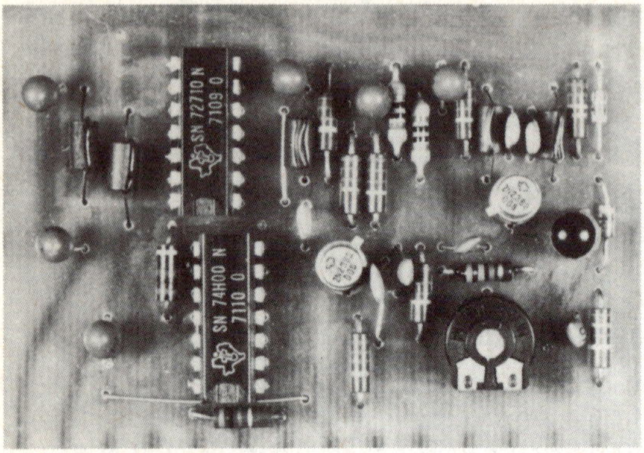

Abb. 1.6.5-2

wählen wir einen 22-μF-Tantal, dem ein 10 nF keramischer Kondensator parallel geschaltet wird. Haben wir es mit steilen Impulsen im Niederfrequenzgebiet zu tun, so muß ein weiterer 220-μF-Elko parallel geschaltet werden. Für die Spannungsversorgung muß jede Platine sternförmig vom Netzteil mit beiden Leitungen – also auch der Masseleitung – versorgt werden. Es ist nicht richtig, die einzelnen Platinen mit dem Chassis zu verbinden. Das Chassis sollte an der Sternpunktmasse des Netzteiles angeschlossen werden. Ebenfalls erhält der Eingangsverstärker mit seiner Massebuchse Chassis-Potential. Werden Ausgangsbuchsen auch geerdet, so besteht oft das Problem, daß die Masseverkopplung der Eingangs- und der Ausgangsbuchse über den Verstärker zum Schwingen führt. Sorgen wir in diesem Fall dafür – so paradox es klingen mag – die evtl. vorhandenen Ausgangsbuchsen isoliert an der Frontplatte anzubringen und die Masse dieser Buchse an den Massepunkt des Endverstärkers zu führen.

Abschirmungen verhindern die meisten Probleme, mit denen man sich sonst später vielleicht herumschlagen müßte. Im allgemeinen genügt eine Abschirmung, was z. B. auch für abgeschirmte Leitungen gilt. Arbeiten wir jedoch im Hf-Gebiet, also z. B. beim Bau eines Meßsenders, dann ist es überhaupt nicht mehr ungewöhnlich, daß über eine abgeschirmte Leitung eines Abschwächers, oder über die Zuleitung zu einer Ausgangsbuchse, ein Isolierschlauch gezogen wird und darüber ein zweites Abschirmgeflecht. Dafür gibt es dann auch die sogenannten doppelt abgeschirmten Leitungen zu kaufen. Die Abschirmung eines Kabels sollte niemals an beiden Seiten an Masse gelötet werden. Es gibt keine allgemein gültige Regel, welche Seite die bessere ist. Das muß man ausprobieren. Am besten geht es beim Meßsenderbau mit einem daneben gestellten empfindlichen UKW-Empfänger. Wird dann im Gerät der richtige Massepunkt gesucht, so ist dieser leicht durch das Störminimum festzustellen.

Werden Bereichsschalter gleich an den Ebenen mit den Teilerwiderständen bestückt, so ist das sinnvoller, als jeden Schalterkontakt an die Platine einzeln heranzuführen. Das findet aber sehr schnell seine Grenzen, wenn wir es mit Wechselspannungsteilern oder den sogenannten kompensierten Spannungsteilern zu tun haben, die oftmals mit Kondensator-Trimmern noch abgeglichen werden. Hier sollten wir den Platinenaufbau und die Montage der Platine so planen, daß der Bereichsschalter auf der Platine montiert werden kann... also ein sogenannter Printschalter. Ist ein Printschalter in der Form nicht erhältlich, so wird der vorhandene, möglichst kleine Stufenschalter (Foto Abb. 1.6.2-1b) mit einem Befestigungswinkel direkt auf die Platine in unmitelbare Nähe der Bauelemente montiert. Die Achse des Schalters kann dann über eine Verlängerung an die Frontplatte zum Schalterknopf geführt werden. Nun ist auch dabei noch etwas zu bedenken. Wird die Metallachse über die Mechanik des Schalters mit dem Massepotential der Platine verbunden, so besteht eine zweite Masseverbindung – sogar als Wackelkontakt – an der Durchführungsstelle der Metallfrontplatte mit der Metallachse. Das ergibt die meisten Störungen beim Schalten. Aus diesem Grunde ist es das beste, die Achse mit einer Isoliermuffe durch die Frontplatte zu führen. Oder es wird eine isolierte Achse oder eine isolierte Achsverlängerung benutzt.

Nun glaube ich nicht, daß wir uns hier noch über die Thermik im Meßgerät unterhalten sollten. Bauteile, die Wärme entwickeln, gehören an die Rückseite des Gerätes oder an die Oberseite von Platinen – alles weit genug entfernt von den

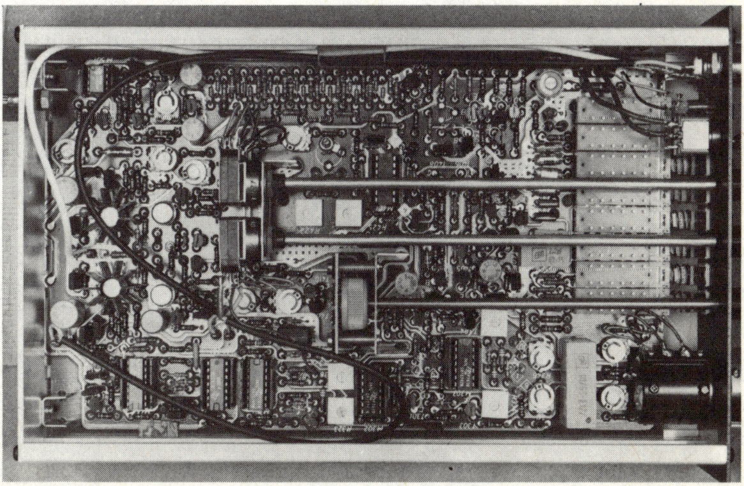

Abb. 1.6.5-3

empfindlichen Eingangsstufen, deren Arbeitspunkt „wärmeempfindlich“ ist. Weitere Planungsvorschläge gibt es im RPB 122 „Der Hobby-Elektroniker plant seine Schaltungen selbst“. Oft sind diese Informationen preiswerter als Fehlersuche und „Umfunktionieren“ des Aufbaues.

Das Foto der *Abb. 1.6.5-3* zeigt den Aufbau eines Funktionsgenerators. Potentiometer werden dort an der Platine montiert, wo geregelt werden soll. Damit erspart man sich störanfällige Leitungsführungen, auch wenn hier dann lange Potentiometerachsen bis zum Bedienfeld geführt werden müssen. Der Aufbau ist übersichtlich, hat aber viel Schweiß gekostet. Für die Aufbauten in diesem Buch sollten Sie auf einfache Art und Weise – wie besprochen – möglichst viele Baugruppen, sinnvoll geordnet, auf mehreren Platinen unterbringen.

1.6.6 Daten und Anschlüsse der wichtigsten Halbleiterbauelemente

Die in diesem Buch benutzten Halbleiter sind in den meisten Fällen universelle Typen, so daß sie einmal als bekannt vorausgesetzt werden dürfen. Dennoch sollen hier die Anschlußschemen und die wichtigsten Kurzdaten nicht fehlen. Ich sagte eben schon, daß es sich im Wesentlichen um Universaltypen handelt. Aus diesem Grunde brauchen Sie sich nicht an die hier vorgegebenen Typen zu halten. Es wird für Sie leicht, äquivalente Typen einzusetzen, wenn die Daten dann innerhalb der angegebenen Werte der vorliegenden Tabelle liegen. Die dort angegebenen Spannungs- und Stromwerte sind maximale Werte. Die Betriebswerte liegen ca. um 50 % niedriger. Stromwerte liegen oft um den Faktor 0,1 niedriger.

Bei Schaltungen mit Komplementärendstufen sollten Sie unabhängig von den nicht immer greifbaren Typen vorerst solche aussuchen, die laut Hersteller auch als Komplementärtypen ausgewiesen sind. Die Daten – außer der Leistung – stehen hier nicht im Vordergrund.

Transistoren

Typ	Art	Kurzbeschreibung	Gehäuse	max. Leistung [W]	Strom-verstärkung B ⊗	max. Kollektor-spannung U_C [V]	maximaler Kollektorstrom I_C [A]	maximaler Diodenstrom I_D [A]	maximale Sperrspannung $-U_D$ [V]
AA 144	/	Germanium Universaldiode	DO 7	0,08	/	/	/	0,045	90
1N 4148	/	Silizium Universaldiode	DO 35	0,5	/	/	/	0,15	75
BC 107 B	NPN	Silizium Universal Transistor	TO 18	0,3	330	45	0,1		
BC 109 C	NPN	rauscharmer Transistor	TO 18	0,3	330	25	0,1		
BC 108 B	NPN	Universal-Transistor	SOT 25	0,3	330	25	0,1		
BC 148	NPN	-"-	SOT 25	0,3	200	30	0,1		
BC 158	PNP	-"-	TO 92	0,3	200	30	0,1		
BC 182 B	NPN	rauscharm	TO 92	0,3	300	50	0,2		
BC 213	PNP	Komplementär zu BC 182	TO 92	0,3	250	40	0,2		
BC 360	PNP	-"- zu BC 340 mittlere Leistung	TO 39	0,8	60	40	0,5		
BSY 90	NPN	-"-	TO 39	0,8	300	25	0,5		
BSY 86	NPN	-"-	TO 39	0,9	140	64	1		
BF 256 B	N-Kanal	Sperrschicht FET	SOT 54	0,3	/	30	0,01		
BF 224	NPN	Hf-Transistor	SOT 54	0,25	300	30	0,05		
BF 198	NPN	-"-	SOT 54	0,5	67	30	0,025		
BF 199	NPN	-"-	SOT 54	0,5	115	25	0,025		
BF 240	NPN	-"-	SOT 54	0,25	65...220	40	0,025		
2N 3055	NPN	Leistungstransistor	TO 3	115	45	60	15		
BD 136	PNP	-"-	SOT 32	8	40...250	45	1,5		
BD 332	PNP	Darlington	SOT 82	60	>750	60	10		

⊗ erreichbare Werte

Integrierte Schaltungen

Typ	Kurzbeschreibung	max. Betriebs-spannung [V]	max. Strom [A]	stabilisierte Ausgangsspannung [V]	slew-rate [μs/V]
MC 78 M05C	Positiv-Spannungsregler	7 ... 35	0,5	5	
MC 7705C	-"-	7 ... 35	0,75	5	
MC 7712C	-"-	14 ... 35	0,75	12	
MC 7715C	-"-	17 ... 35	0,75	15	
MC 7812C	-"-	14 ... 35	1,5	12	
MC 7815C	-"-	17 ... 35	1,5	15	
MC 7912C	Negativ-Spannungsregler	-14 ... 35	1,5	-12	
MC 7915C	-"-	-17 ... 35	1,5	-15	
TBA 281 (723)	Universal-Spannungsregler x				
Typ 7490	Dezimalzähler x				
MIC 74124	universeller Impulsgenerator x				
FLH 101	entspricht 7400 x				
Typ 7400	4 fach NAND x				
Typ 741	Operationsverstärker x				0,5
NE 530	-"- x	±18			25
TAA 861	-"- x				10
TAA 761	-"- x				10
TDA 1037	Nf-Verstärker x				

4
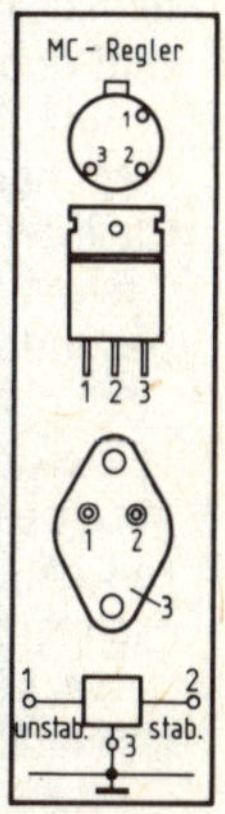

x genaue Daten, Hinweise und Schaltungen sind in dem Buch "Der Hobbyelektroniker greift zum IC" (Nührmann-Franzis-Verlag)
Hinweise zu den Daten der Operationsverstärker auch in dem Buch "Operationsverstärkerpraxis" (Nührmann-Franzis Verlag)

1
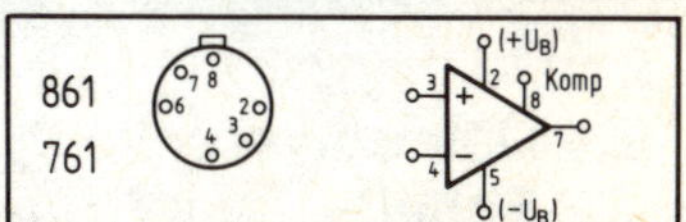

3
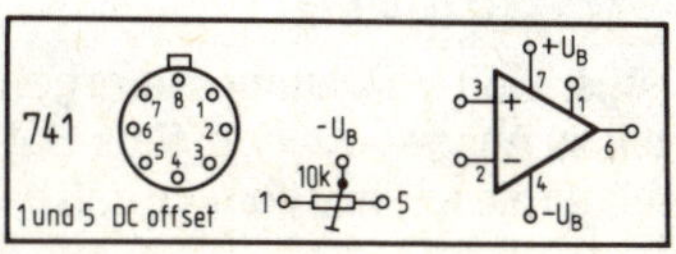

2
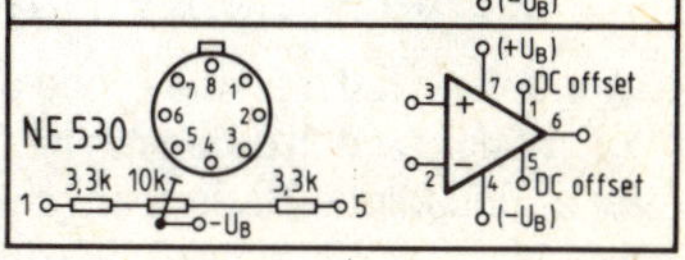

2 Erprobte Nachbauschaltungen für Meßgeräte

Sicher sind die nun folgenden Beschreibungen der interessantere Teil des Buches. Dennoch sollten wir vor dem „take off" eines Nachbaues uns vorerst über Probleme und Fragen des Aufbaues, der Mechanik und natürlich über die Funktion der Schaltung im klaren sein. Diese Fragen können nun nicht immer ausführlich mitbehandelt werden, schon aus Platzgründen. Am Schluß des Buches wird noch einmal auf mögliche Spezialliteratur hingewiesen.

Auch die Auslegung von Platinen sollte in eigener Regie erfolgen. Nicht nur, weil das Problem in dem RPB 56 „Der Hobby-Elektroniker ätzt seine Platinen selbst" beschrieben wurde, sondern weil auch bereits in den Kapiteln 1.5 und 1.6 darüber Vorschläge mit Universalplatinen gemacht wurden. Ganz besonders taucht bei Platinenzeichnungen zu einer Schaltung aber die Frage nach den gleichen Bauteilen auf – besonders bei Spezialbauteilen in der Meßtechnik. Dazu einmal ein Beispiel: Ein Printschalter, für eine Platine geplant, setzt deren Layout fest. Nun können weder ein Lieferant noch ich dafür garantieren, daß Sie diesen Printschalter erhalten, wenn Sie ihn brauchen. Also wäre die Platinenzeichnung bereits in Frage gestellt.

Wir fangen jetzt mit zunächst einfachen Nachbauschaltungen an, so zum Beispiel mit dem Diodentestgerät.

2.1 Das universelle Diodentestgerät für Gleichrichter-, Schalt-, Zener- und Lumineszenzdioden

...und dann hat man die Diode auf dem Tisch liegen und die Ohmmesserei geht los. Wirklich nachzudenken ist über die Anschlüsse Anode – Katode, Plus-Batterie- und Minus-Batterieanschluß des Ohmmeßgerätes. Hinzu kommt, daß bei

Abb. 2.1-1

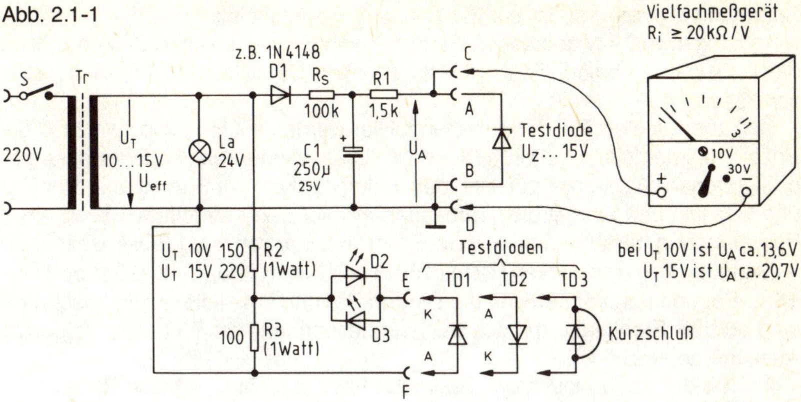

den meisten Vielfachmeßgeräten die „+/–" Buchsenbezeichnungen bei der Ohmmessung vertauscht sind. Weiter ist oft nur eine Batteriespannung von 1,5 V vorhanden, wodurch die Prüfung von LED nicht möglich ist, da diese meist erst ab 1,5 V ihren Geist leuchten lassen. Von der Prüfung der Z-Dioden ganz zu schweigen.

Diesen Problemen abzuhelfen, ist mit der Schaltung nach *Abb. 2.1-1* möglich. Zuerst brauchen wir einen Trafo mit stabilem (VDE) Netzschalter und eine 24-V-Kontrolleuchte, es soll ja alles ein bißchen professionell aussehen. So, und dieser Trafo kann nun eine Sekundärspannung – in Abb. 2.1-1 mit U_T (T nach Trafo) bezeichnet – zwischen 10...15 V haben. Das ist ein handelsüblicher Wert. In der Schaltung wird nun mit den Spitzenwerten dieser Effektivspannung gerechnet.

Bei $U_{T\,eff}$ 10 V ist $U_S = 14{,}14$ V und
bei $U_{T\,eff}$ 15 V ist $U_S = 21{,}21$ V.

Das Testgerät nach Abb. 2.1-1 kann mit dem oberen Teil der Schaltung U_T = 15 V Z-Dioden mit Z-Spannungen bis 15 V messen. Dazu ist lediglich ein Voltmeter nötig, so z. B. unser Vielfachmeßgerät. Eine elegante Möglichkeit ist es auch, ein Voltmeter direkt in das Meßgerät mit einzubauen. Die Z-Dioden werden nun folgendermaßen getestet: mit der Diode D 1 und dem Kondensator C 1 entsteht eine Einweggleichrichterschaltung, die eine Ausgangsleerlaufspannung von $U_A = 13{,}6$ V (bei U_T 10 V) oder $U_A = 20{,}7$ V (bei U_T 15 V) bereithält. Das zeigt das Vielfachmeßgerät an den Buchsen C und D an. Wird nun eine Z-Diode an die Buchsen A und B angeschlossen, so zeigt bei richtiger Polung das Instrument die Z-Spannung sofort an. Damit liegt die Zenerspannung fest. Werden nur etwa 0,7 V abgelesen, so ist die Diode falsch gepolt. Ändert sich die

Spannung U_A nicht, so ist die Z-Spannung wahrscheinlich > 20 V, wenn bei Umpolung etwa 0,7 V gemessen werden... oder es ist eben keine Z-Diode. Zeigt das Instrument in beiden Fällen 0 V an, so ist die Diode kaputt, nämlich kurzgeschlossen.

Nun zum zweiten Teil der Schaltung. Hier werden mit Hilfe von zwei LED als Anzeigeelemente alle weiteren Dioden für Gleichrichter- und Schaltzwecke geprüft, ebenso LED-Anzeigen. Und das funktioniert so: der Spannungsteiler R 2 und R 3 teilt erst einmal die Trafospannung auf den vernünftigen Wert einer Prüfspannung herab, um nicht dem Grenzsperrbereich von LED-Anzeigen zu nahezukommen. Wir wählen R 2 mit 150 Ω bei U_T = 10 V und mit 220 Ω bei U_T = 15 V. So, und nun können uns die Dioden D 2 und D 1 – die richtig beschriftet sind auf der Frontplatte mit der Buchsenbeschriftung an E und F – folgende Auskunft geben:

A ... Beide Dioden leuchten. Testdiode hat Kurzschluß, ist also defekt.

B ... D 2 leuchtet. Testdiode ist heil (TD 2 ist mit Anode an E und Katode an F angeschlossen).

C ... D 3 leuchtet. Testdiode ist heil (TD 1 ist mit Katode an E und Anode an F angeschlossen).

D ... Beide Dioden leuchten nicht. Diode ist defekt (kein Durchgang)... oder es ist keine Diode, sondern ein hochohmiges Bauelement, wozu auch Widerstände oder Kondensatoren gehören können.

Das Gleiche, was unter A bis D gesagt wurde, gilt auch bei der Prüfung von LED. Nur, daß diese beim Prüfvorgang unter B und C zusätzlich mitleuchten.

So ist es denn auch recht einfach, mit Hilfe der Signaldioden D 2 und D 3 eine unbekannte Diode „auszupolen", also festzustellen, wo sich Anode und Katode befinden. Die Diode D 2 kann hierzu die Bezeichnung „Anode" erhalten. Sie leuchtet dann auf, wenn die unbekannte Diode mit ihrem Anodenanschluß (TD 2 in Abb. 2.1-1 an Punkt E liegt.

Dieses einfache Prüfgerät ist, so meine ich, preiswert und hochaktuell. Dioden mit dem bewußten Fragezeichen „was ist denn das für eine?" wird es immer geben.

2.2 Ein Prüfgerät für Kleinsignaltransistoren und Operationsverstärker

Eine einfache Prüfung erfolgt über die Größe der Stromverstärkung B. Diese Stromverstärkung – als B bezeichnet – schwankt bei Kleinsignaltransistoren zwischen B = 80...800. Allgemein können wir sagen, daß die Stromverstärkung bei bestimmten Typen mit A-B-C angegeben wird. Die ungefähren Grenzen sind bei Kleinsignaltypen:

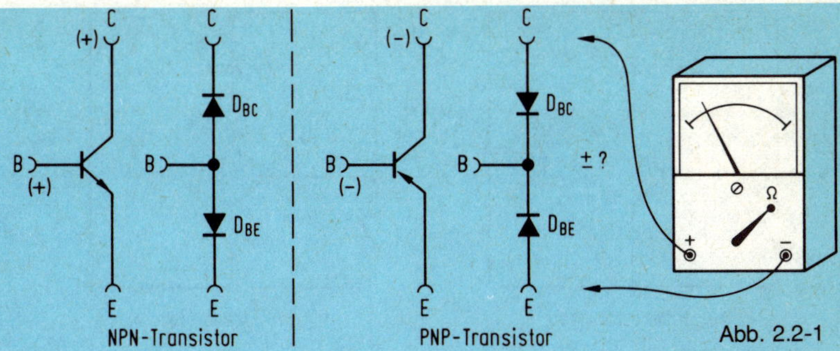

Abb. 2.2-1

A = 80...200, typisch 150
B = 150...400, typisch 250
C = 400...800, typisch 550.

Nun aber zu den Prüfungen, die vorerst noch das Wissen um den NPN- und PNP-Transistor erfordern. Die NPNs erhalten eine positive Betriebsspannung an Basis und Kollektor – gegen Emitter bezogen. Die PNPs bekommen ihre Betriebsspannung negativ an Basis und Kollektor – gegen Emitter bezogen. Das zeigt auch *Abb. 2.2-1* mit den dazugehörigen Dioden-Ersatzbildern. Und wenn wir nun gesehen haben, daß der Transistor für das Ohmmeter je zwei Dioden zur Prüfung „bereithält" – dann kann's ja eigentlich losgehen? Richtig, aber bitte noch eines bedenken: Die Polarität der Ohmmeßschaltung.

Setzen wir beim NPN-Transistor den Pluspol der Meßschaltung an die Basis, dann können wir die Emitterdiode D_{BE} und die Kollektordiode D_{BC} auf Durchlaßrichtung prüfen. Der Minuspol an die Basis angeschlossen, ergibt folgerichtig (Sperrichtung) zum Emitter und Kollektor keine Verbindung. Das Instrument muß ∞ anzeigen. Von Kollektor zum Emitter gemessen, muß bei beiden Polaritätsmöglichkeiten ∞ gemessen werden. Beim PNP vertauschen sich die Polaritäten der Dioden.

Das war also eine einfache Prüfung mit einer klaren Aussage über den Transistor. So läßt sich übrigens auch ein unbekannter Transistor mit seinen Anschlüssen E-B-C auspolen. Wem das nun nicht elektronisch genug ist, der soll ruhig die Schaltung nach *Abb. 2.2-2* benutzen. Das läßt sich gut alles in einem Gehäuse unterbringen mit zwei Sockeln für die PNPs und NPNs.

Es funktioniert nun folgendermaßen: Ist der Schalter S geschlossen, dann ist die Spannung U_{BE} = Null. Es fließt kein Kollektorstrom und die LED muß dunkel sein. Wird hingegen der Schalter S geöffnet, so fließt je nach Größe von U_B, z. B. 3 V Batterie oder 4,5 V-Batterie, ein Basisstrom, der bei 0,1 mA liegt. Bitte, bei einer Berechnung von R daran denken, daß 0,6 V von U_B als U_{BE} dann fehlen. Je nach Stromverstärkung z. B. 100...200fach ist der Kollektorstrom jetzt ca. zwischen 10...20 mA groß. Die LED leuchtet auf, einfacher geht's nicht!

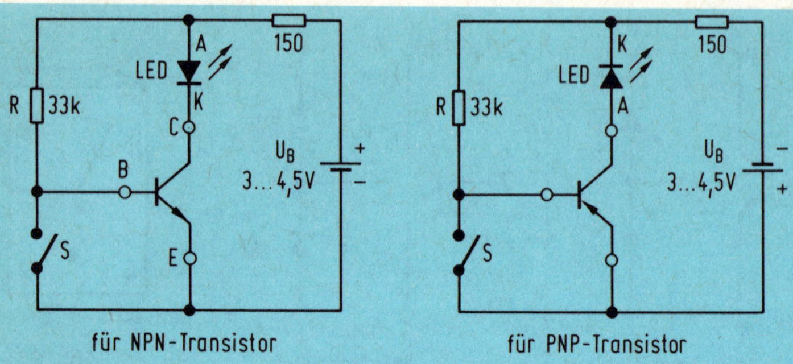

Abb. 2.2-2

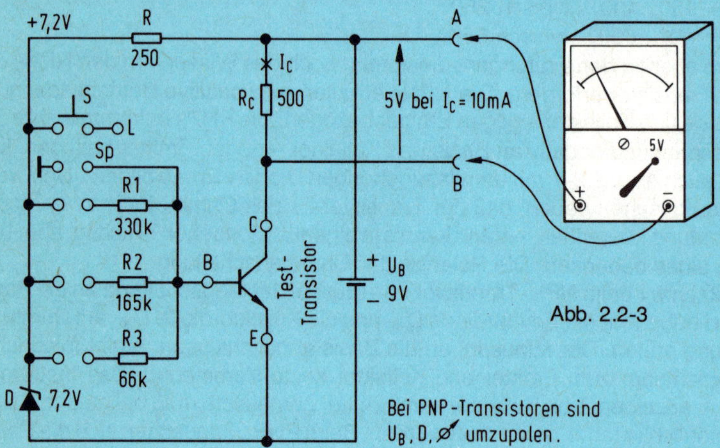

Abb. 2.2-3

Wichtig ist es aber nun, für bestimmte Anwendungsfälle die Größe der Stromverstärkung etwas genauer zu untersuchen. Auch das ist nicht sehr schwierig nach *Abb. 2.2-3.* Dort ist ein einfacher B-Tester (B = Stromverstärkung des Transistors als $B = \frac{I_C}{I_B}$) gezeigt. Wir gehen davon aus, daß wir unser Spannungsmeßgerät mit dem 5 V- oder 10 V-Bereich an die Buchsen A und B anschließen. Der Tester ist so aufgebaut, daß 10 mA Kollektorstrom fließen mit R 1 = 330 kΩ bei B = 500fach, sowie 10 mA mit R 2 = 165 kΩ bei B = 250fach und schließlich 10 mA mit R 3 = 66 kΩ bei B = 100fach. Damit läßt sich nun sehr viel anfangen. Die 10 mA – I_C – bedeuten 5 V Spannungsabfall an $R_C = 500\ \Omega$. Damit steht der Zeiger auf 5 V:

Stellung S auf R 1 für B = 500fach
Stellung S auf R 2 für B = 250fach
Stellung S auf R 3 für B = 100fach.

Steht der Zeiger (S auf Stellung R 1) z. B. auf 2, so entspricht das einer Stromverstärkung des Transistors von B = 200. Schalten wir auf den Bereich R 2, dann würde bei diesem Transistor der Zeiger auf 4 – das entspricht B = 200 – für diesen Bereich stehen. Somit läßt sich genau genug die Stromverstärkung eines Testtransistors bestimmen.

Allgemein gilt für diese Schaltung für die abgelesene Stromverstärkung:

$$B_T = \frac{B_B \cdot A\,[V]}{5\,[V]}$$

Darin ist:
B_T die gemessene Stromverstärkung des Testtransistors
B_B die Stromverstärkung des Bereiches 1...3, also 500 oder 250 oder 100, sowie
A die abgelesene Anzeige zwischen 0 V...5 V.

Noch etwas zu den Widerständen R 1...R 3. Dabei ist R 1 ein Normwert. R 2 ergibt sich aus der Serienschaltung von 150 kΩ + 15 kΩ sowie R 3 aus der Serienschaltung von 47 kΩ + 18 kΩ = 65 kΩ ≈ 66 kΩ. Die Stellung L (Leck) ist nicht unwichtig. In dieser Stellung darf das Instrument nichts anzeigen, sonst besteht der Verdacht, daß der Sperrstrom (I_{CB}) zu groß ist. Auch dann sollte der Transistor aussortiert werden. Wird der Schalter S in Abb. 2.2-3 auf die Stellung Sp geschaltet, so ist der Transistor gesperrt. Der Kollektorstrom muß dann Null sein.

Wichtig ist noch, zu wissen, daß die Batteriespannung möglichst 9 V oder größer sein sollte, weil sonst die stabilisierende Wirkung der Zenerdiode aufhört und sich ungenaue Anzeigen ergeben.

Die Kollektorspannung darf hingegen nach *Abb. 2.2-4* ruhig schwanken, ohne daß sich ein merkbarer Einfluß auf den Kollektorstrom ergibt. Das gilt bis zur maximal zulässigen Kollektorspannung. So können wir ohne weiteres die Spannung U_B bis 15 V erhöhen, was den Vorteil einer besseren Basisstromstabilisierung ergibt. Dann bitte den Widerstand R (250 Ω) entsprechend vergrößern, so daß I_Z ca. 5 mA bleibt. Aus der Kennlinie Abb. 2.2-4 ist die Stromverstärkung leicht zu entnehmen.
Beispiel:

$$B = \frac{2{,}2\ \text{mA}}{10\ \mu\text{A}} = 220.$$

Wer einen Transistor dynamisch, also unter Schwingbedingungen, prüfen möchte, der soll ruhig die Schaltung nach Abb. 2.26-1 benutzen.

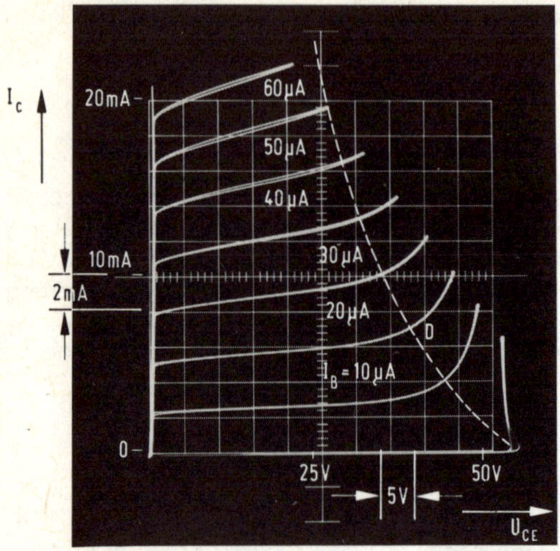

Abb. 2.2-4

Das einfache Prüfgerät für den Operationsverstärker

Bei dem Operationsverstärker werden in der folgenden Schaltung *Abb. 2.2-5* verschiedene Messungen vorgenommen, die eine ausreichende Aussage über seine Funktionen ergeben.

Bei eingeschaltetem Operationsverstärker bleibt zunächst der Schalter S 1 geöffnet. Das Ruhestrominstrument wird Werte um 5 mA anzeigen – Genaueres sagen die jeweiligen Tabellenwerte an. Mit dem Potentiometer P wird bei geschlossenem Voltmeter (S 2 an Schleifer S) die Spannung $\frac{U_B}{2}$ eingestellt.

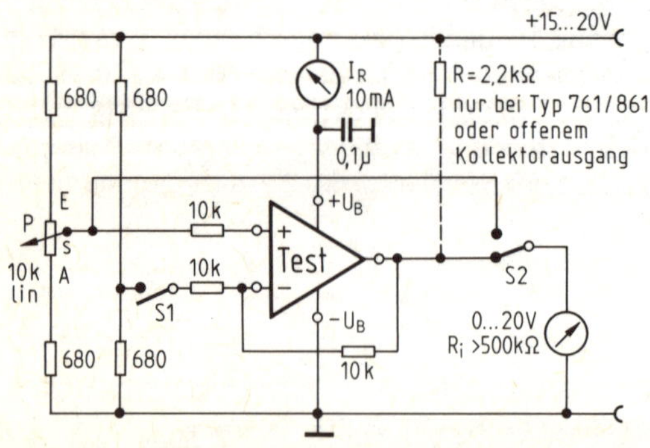

Abb. 2.2-5

Wird das Instrument mit S 2 jetzt wieder mit dem Schalter an den Ausgang angeschlossen, so wird die gleiche Spannung gemessen. Das Potentiometer P kann jetzt zwischen A und E geregelt werden, wobei die Ausgangsspannung diesen Änderungen folgen muß. Die Verstärkungswirkung wird zusätzlich mit dem Schalter S 1 geprüft. Im geschlossenen Zustand ändert sich die Ausgangsspannung um den Wert der Verstärkung.

Dieser ist $V_u = \frac{R1 + R2}{R_2}$, also in unserem Falle ändert sich der Wert um den Faktor 2. Näheres dazu in dem Buch ,,Operationsverstärker-Praxis" (Franzis-Verlag – Nührmann).

2.3 Der Signalverfolger und Logiktester

Was ist ein Signalverfolger und was soll er?

Zunächst zur Anwendung. Ein Signalverfolger soll Signale verfolgen, (das ist die einfachste Erklärung für seine Anwendung). Dabei wird nun folgendermaßen vorgegangen: Ist auf einer Platine der Signalverlauf mehrerer Stufen gestört oder unterbrochen, dann wird mit einer Tastspitze mit abgeschirmtem Kabel vom Eingang zum Ausgang hin ,,abgetastet", wo das letzte Signal war und wo die Unterbrechung ist. Dabei ist natürlich Voraussetzung, daß ein Eingangssignal vorhanden ist, welches bereits im Nf-Bereich liegt, oder als amplitudenmoduliertes Hf-Signal im Signalverfolger entsprechend demoduliert werden muß. Denken Sie da einmal als Beispiel an ein CB-Funkgerät. Wie eng ist da der Aufbau, wenn an eine Reparatur gedacht wird. Ja, und wie einfach wird die ganze

Abb. 2.3-1

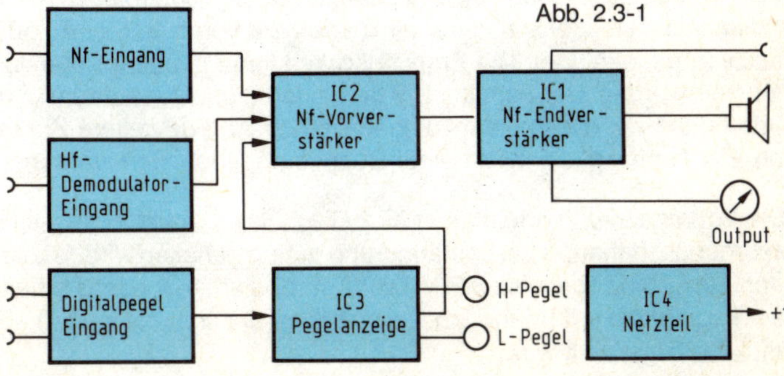

Sache nun, wenn der Signalverfolger an der Stelle „stehen" bleibt, wo die „Verstopfung" ist.

Wichtig ist es nun auch noch, daß ein Signal nicht nur akustisch erkannt wird, sondern auch in der Amplitude von Meßpunkt zu Meßpunkt festgehalten werden kann – dazu dient das Output-Meter. Das erweist sich übrigens als sehr sinnvoll, wenn der Meßton unser Ohr beleidigt und wir den Lautsprecher abschalten.

Um das Ganze nun abzurunden, bietet eine Digitalpegelanzeige die Möglichkeit der H-L-Pegelerkennung und darüber hinaus auch noch eine erste Bestimmung der Impulsform – die genauere Aussage überlassen wir dem Oszillografen. Dann läßt sich das Digitalsignal auch noch über den Lautsprecher kontrollieren – das setzt eine Pegelumschaltung im Hörfrequenzbereich voraus.

Nun zur Funktion des Gerätes nach *Abb. 2.3-1.* Das Blockschaltbild zeigt uns folgende Stufen: zunächst einmal die drei Eingänge mit den möglichen Eingangssignalen. Wer oft mit Hf zu tun hat, sollte den Hf-Demodulatoreingang nach *Abb. 2.3-2* in einem kleinen Tastkopf unterbringen – kurze Leitungen sind da wichtig. Die Eingangsspannungen können nun wahlweise im Nf-Vorverstärker (IS 2) vorverstärkt werden. Die integrierte Schaltung (IS 1) versorgt die Endverstärkung für den Lautsprecher und das Pegelanzeigegerät.

Der Digitaleingang steuert eine als Komparator geschaltete Schaltung (IS 3) an. Am Ausgang sind zwei LED als Signalanzeige untergebracht. Und was auch nicht vergessen werden soll: das 12-V-Netzteil mit der IS 4.

Der Nf-Verstärker

Nach Abb. 2.3-2 besteht der Nf-Verstärker aus den IS-Stufen IS 1 und IS 2. Die Stufe IS 1 – hier eine TDA 1037 (es kann jede andere Nf-IS benutzt werden; siehe dazu das Buch „Der Hobbyelektroniker greift zum IC", Nührmann, Franzis-Verlag) – sorgt für die kräftige Ansteuerung des Kontrollautsprechers und der in Spannungsverdopplung geschalteten Gleichrichterdioden AA 143 für die Pegelanzeige. Übrigens ist dafür ein Instrument von z. B. 50 μA...500 μA Endausschlag gut geeignet. Die Empfindlichkeit kann mit dem Potentiometer P 2 eingestellt werden. Der Schalter S 2 trennt den Signalverlauf zum Lautsprecher so, daß dann nur die Pegelanzeige in Betrieb ist. Für weitere Kontrollzwecke kann das Ausgangssignal an einer Buchse abgenommen werden.

Die Vorverstärkung erfolgt über IS 2 (Typ 741). Damit die Beeinflussung der Versorgungsspannung bei Laständerung gering gehalten wird, ist die Betriebsspannung für IS 2 über eine 8,2-V-Diode stabilisiert. – Übrigens arbeitet die IS 2 mit einer zehnfachen Spannungsverstärkung, die über die beiden 100-kΩ-Widerstände eingestellt wird.

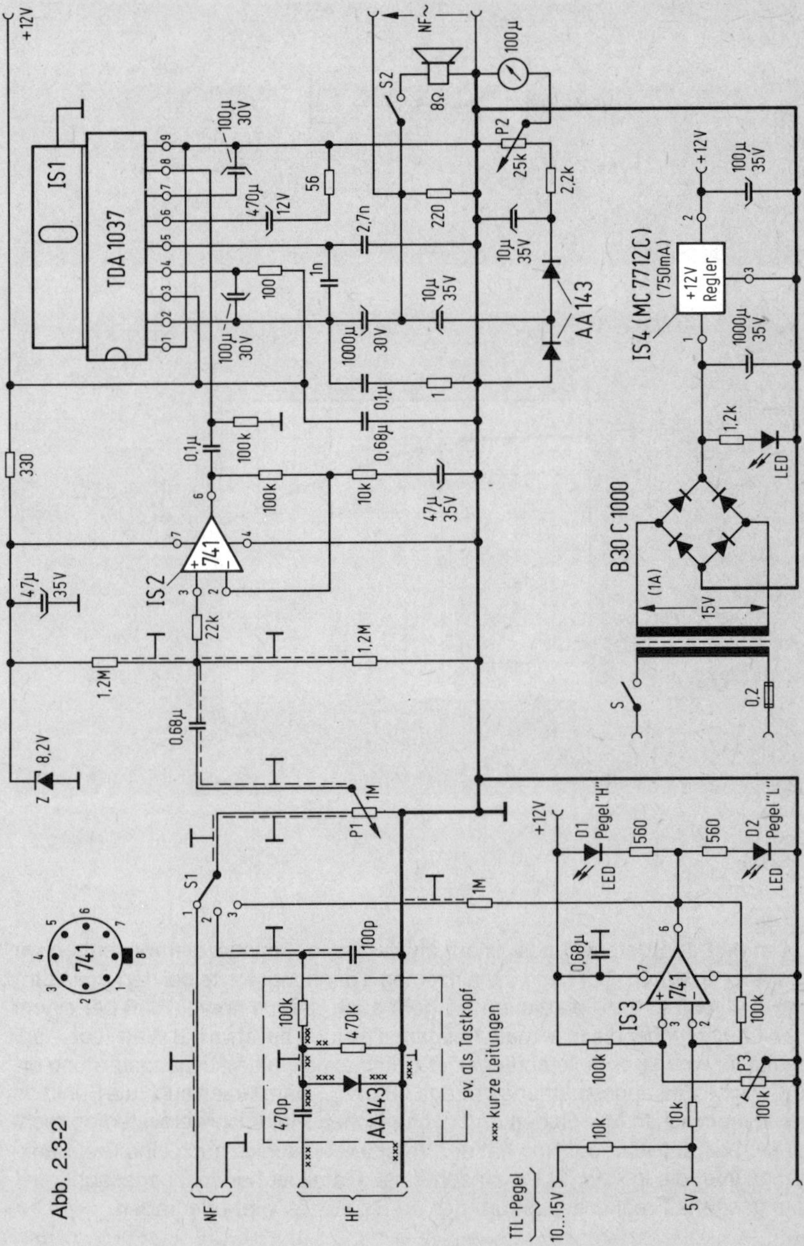

+12V
IS1
TDA 1037
IS2
741
IS3
IS4 (MC 7712C)
(750mA)
+12V
Regler
B30 C 1000
(1A)
15V
0,2
S
S1
S2
P1
1M
P2
25k
P3
100k
NF~
8Ω
100µ
AA143
D1
Pegel "H"
D2
Pegel "L"
LED
8,2V
Z
NF
HF
ev. als Tastkopf
xxx kurze Leitungen
TTL-Pegel
10...15V
5V

Abb. 2.3-2

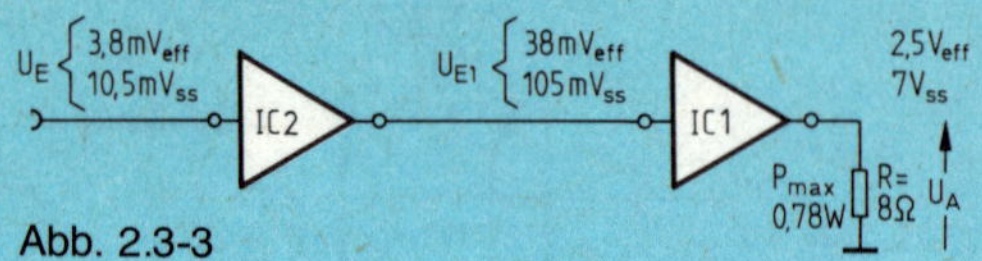

Abb. 2.3-3

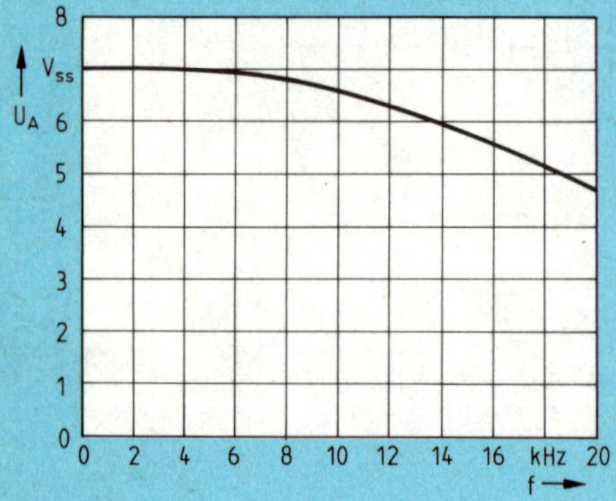

Abb. 2.3-4

Um nun den Verstärkungsverlauf etwas besser kennenzulernen, sehen wir uns *Abb. 2.3-3* an. Dort sind die einzelnen Spannungswerte bei den Schaltungen IS 1 und IS 2 zu erkennen. Es geht auch daraus hervor, daß bei einem 8-Ω-Lautsprecher die maximale Ausgangsleistung bei etwa 0,8 Watt liegt – laut genug für einen Kontrollempfänger. Die für die maximale Ausgangsleistung erforderliche Eingangsspannung beträgt 3,8 mV$_{eff}$. Damit kann auch die Funktion von dynamischen Mikrofonen und dynamischen Plattenspielersystemen recht einfach geprüft werden. Nun hat der Verstärker natürlich auch eine Frequenzgangkurve, die in *Abb. 2.3-4* zu sehen ist. Damit ist bereits ausgesagt: das gesamte Frequenzspektrum des Nf-Bereiches wird übertragen.

Die Nf-Eingänge

Die Empfindlichkeit (Lautstärke) ist mit dem Potentiometer P 1 stetig einstellbar. Der Stufenschalter S 1 wählt die verschiedenen Eingänge an. Da diese aus praktischen Erwägungen heraus – geringe Belastung des Meßobjektes – recht hochohmig sind, ist die Gefahr der Einstreuung von Fremdsignalen – vor allem Brummen – recht groß. Deshalb ist es wichtig, den ganzen Eingangskreis sorgfältig abzuschirmen – also ein Aufbau mit abgeschirmter Leitungsführung. Für den Hf-Demodulator wiederum ist es wichtig, daß die in Abb. 2.3-2 mit kleinen Kreuzen versehenen Leitungen recht kurz ausgeführt werden. Sinnvoll ist es ferner, den gestrichelten Teil von Abb. 2.3-2 in einem kleinen Tastkopf unterzubringen, um somit zum Zweck kürzester Leitungsführung direkt an den Hf-Generator heranzukommen.

Prüfung und Kontrolle von Digitalsignalen

Dazu dient in Abb. 2.3-2 die Schaltung IS 3. Diese ist als Komparator geschaltet, wobei das Potentiometer P 3 die Vergleichsspannung einstellt. Das ist übrigens recht einfach. An den 5-V-TTL-Eingang wird eine Spannung von + 2,5 V angelegt und P 3 so eingestellt, daß beide LED-Anzeigen gleichmäßig hell leuchten. Zur Prüfung digitaler Informationen ist nun folgendes zu sagen: Leuchtet D 1 auf, so liegt H-Pegel vor. Leuchtet D 2 auf, so haben wir es mit einem L-Pegel zu tun. Wenn nun beide Dioden gleich hell leuchten, so liegt entweder am Eingang eine – verbotene – digitale Information, die zwischen H und L liegt, oder nach *Abb. 2.3-5a* ein symmetrisches Rechtecksignal. Leuchtet die Diode D 2 heller als D 1, so kann ein Digitalsignal nach *Abb. 2.3-5b* vorliegen. Leuchtet D 1 heller als D 2, so ist mit einem unsymmetrischen Rechtecksignal nach *Abb. 2.3-5c* zu rechnen.

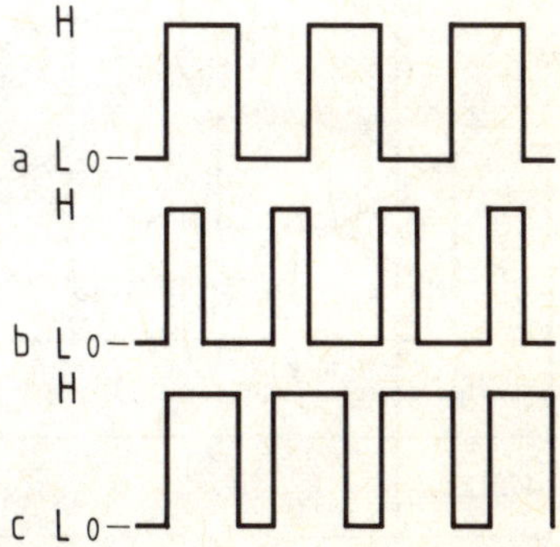

Abb. 2.3-5

Das Netzteil

Ebenfalls in Abb. 2.3-2 ist das Netzteil mit der Schaltung IS 4 aufgebaut. Es ist ein 12-V-Dreipunktregler, wobei mit einem maximalen Dauerstrom (mit etwas Reserve) von 500 mA zu rechnen ist. Als Beispiel ist dort der Typ MC 7712 C angegeben. Ein kleiner Trafo mit einer Verlustleistung kleiner als 20 VA genügt.

Die einzelnen Stufen lassen sich problemlos auf einer kleinen Platine unterbringen – denken Sie bitte an die Abschirmung. Das fertige Gerät bildet im Hobby-Labor eine wertvolle Ergänzung der Prüfgeräte bei der Fehlersuche... denn Fehler tauchen ja auch bei sorgfältiger Planung und Aufbau auf.

2.4 Ein Labornetzteil mit Profidaten darf nicht fehlen

Stabilisierte Netzteile benötigen oft eine Strombegrenzungsschaltung, um einmal den Versuchsaufbau zu schützen und zum anderen das Netzteil kurzschlußsicher zu bekommen.

Die Schaltung eines derartigen Netzgerätes ist in *Abb. 2.4-1* gezeigt. Der Operationsverstärker Typ 741 erhält in seinem invertierenden Regelzweig eine Referenzspannung von 5,1 V. Diese aus einer Zenerdiode gewonnene Spannung wird dem Fußpunkt des Regelkreises zugeführt. Das Potentiometer stellt stufenlos die Spannung zwischen 0 V und der Höhe der Betriebsspannung des Operationsverstärkers ein. Für eine genaue Betrachtung sind ca. 1 V in Abzug zu bringen (Betriebsspannungsdifferenz des Operationsverstärkers).

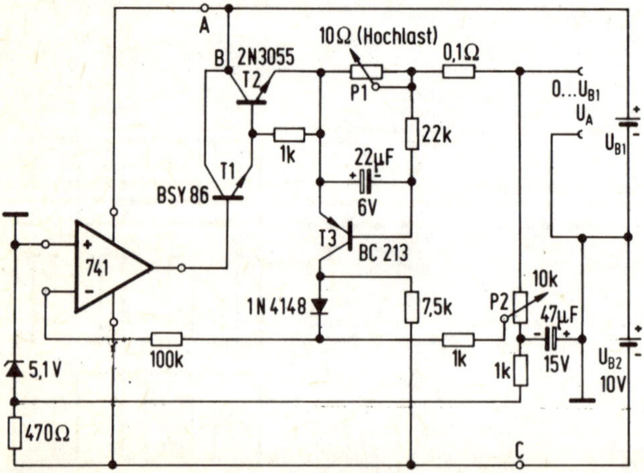

Abb. 2.4-1

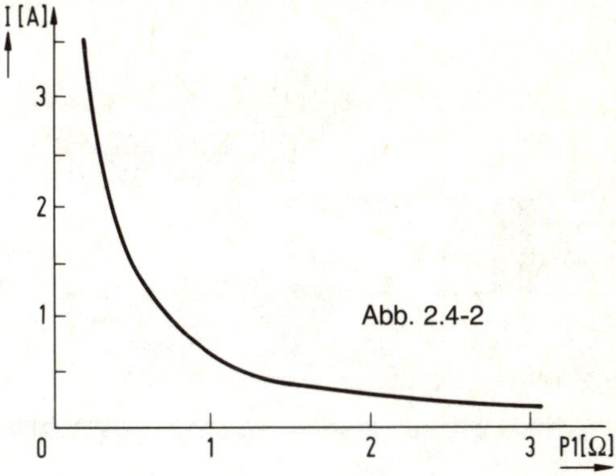

Abb. 2.4-2

Der Ausgang des Operationsverstärkers, an dem bereits die geregelte Gleichspannung zur Verfügung steht, steuert die Darlingtonstufe T1 und T2 an. Hier kann auch ein Leistungsdarlington-Transistor eingesetzt werden.

Der Ausgang der Darlingtonstufe ist über einen Hochlastwiderstand P1 von 10 Ω an den Verbraucher geführt. An diesem Widerstand P1 entsteht ein Spannungsabfall, der einmal von der augenblicklich eingestellten Größe von P1 und zum anderen von dem Laststrom abhängt. Wird dieser Spannungsabfall > 0,5 V, so schaltet er den PNP-Transistor T3 durch, der über die Diode den Regelkreis und damit die Spannung am invertierenden Eingang schlagartig positiv werden läßt. Durch diesen Vorgang steuert der Operationsverstärker durch die positiver werdende Spannung am invertierenden Eingang seine Ausgangsspannung auf nahezu 0 V – in das kurzschlußfeste Gebiet.

Der Regler P1 muß ein Hochlastregler sein, da der gesamte Laststrom in diesem Zweig fließt. Soll die Schaltung ebenfalls für kleinere einstellbare Begrenzungsströme dimensioniert werden, so empfiehlt sich ein zusätzlicher Regler von ca. 50 Ω, der über einen Schalter zwischen P1 und dem 0,1-Ω-Widerstand geschaltet wird. Der Widerstand 0,1 Ω begrenzt den Ausgangsstrom, bei P1 auf 0 Ω geregelt, auf ca. 5 A.

Den Zusammenhang zwischen Ausgangsstrom und eingestelltem Widerstand erkennen wir in der *Abb. 2.4-2.* Die Kurve zeigt den Verlauf der Strombegrenzung. Aus der Gleichung

$$R \approx \frac{0{,}6\,[V]}{I_L\,[A]}$$

läßt sich auch der Bereich kleinerer Begrenzungsströme zeichnen. Darin bedeutet R den eingeregelten Widerstand P1 und I_L der fließende Laststrom.

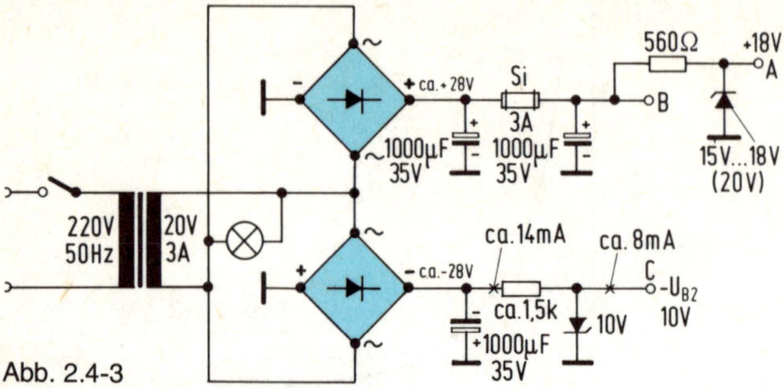

Abb. 2.4-3

Mit Spannungs- und Strommeßgerät ist diese Schaltung ausbaufähig und erfüllt viele Anforderungen an ein stabilisiertes Netzteil.

In der *Abb. 2.4-3* ist für die eben besprochene Regelschaltung ein Stromversorgungsteil gezeigt. Es werden drei Spannungen benötigt. Die Spannung Punkt A – mit einer Zenerdiode stabilisiert – bildet die positive Betriebsspannung für den Operationsverstärker. Die Grenzdaten der Betriebsspannung des Operationsverstärkers bestimmen die Wahl der Zenerdiode und zum anderen die Höhe der maximalen Ausgangsspannung. Die Spannung an Punkt B ist unstabilisiert und steht dem Darlingtontransistor für die Ausgangsleistung zur Verfügung. Die Spannung an Punkt C wird über einen zweiten Gleichrichterkreis gewonnen. Die Zenerdiode – 10 V – stabilisiert diese negative Betriebsspannung für den Operationsverstärker. Die in der Abb. 2.4-3 angegebenen Stromwerte sollten Mittelwerte darstellen, deren Größe im wesentlichen durch den 1,5-kΩ-Längswiderstand bestimmt werden.

Unter Benutzung des Netzstabilisierungs-IC TBA 281 (allgem. Typ 723) können Netzteile einfach und hochkonstant aufgebaut werden. Besondere Fragen, auch die der Spannungsumschaltung der Bereiche 0...7 V und 7 V...z. B. 20 V sollten dem Buch ,,Der Hobby-Elektroniker greift zum IC" (Nührmann – Franzis-Verlag) entnommen werden. Mit wenig Bauteilen ist die Schaltung der *Abb. 2.4-4* aufgebaut. Hier ist der Operationsverstärker mit dem Referenzelement bereits innerhalb eines Bausteines untergebracht. Diese Netzregel-ICs sind unter der Typenbezeichnung 723 bekannt, wobei je nach Hersteller ein Buchstabenschlüssel vorangesetzt wird, z. B. Siemens TDB 0 723. Bei der Firma Valvo heißt dieser Baustein TBA 281.

Die Ausgangsspannung in der gegebenen Schaltung ist stetig zwischen ca. 7 V und 18 V einstellbar. Die maximale Brummspannung ist kleiner als 2 mV. Der Widerstand R_K bewirkt in der Schaltung eine automatische Strombegrenzung. Mit seinem Wert von 2,2 Ω ist er so bemessen, daß bei Strömen oberhalb

0,3 A eine elektronische Begrenzung einsetzt und damit die Spannung reduziert wird. Somit ist diese Schaltung kurzschlußsicher. Der Widerstand R_K kann regelbar gemacht werden. Zur überschlägigen Ermittlung ist der Wert R_K festgelegt durch:

$$R_K \approx \frac{0{,}6\ \text{V}}{I_{max}}$$

Soll der maximale Strom 0,5 A betragen, so rechnen wir

$$R_K \approx \frac{0{,}6\ \text{V}}{0{,}5\ \text{A}} = 1{,}2\ \Omega.$$

Zu bedenken ist, daß der maximale Strom durch die Verlustleistung des Transistors BD 136 bestimmt wird. Für höhere Leistungen kann ein Darlington Leistungstransistor, z. B. (BD 332), benutzt werden. Es sind dann auch die Sicherungen im Wert zu ändern.

Abb. 2.4-4

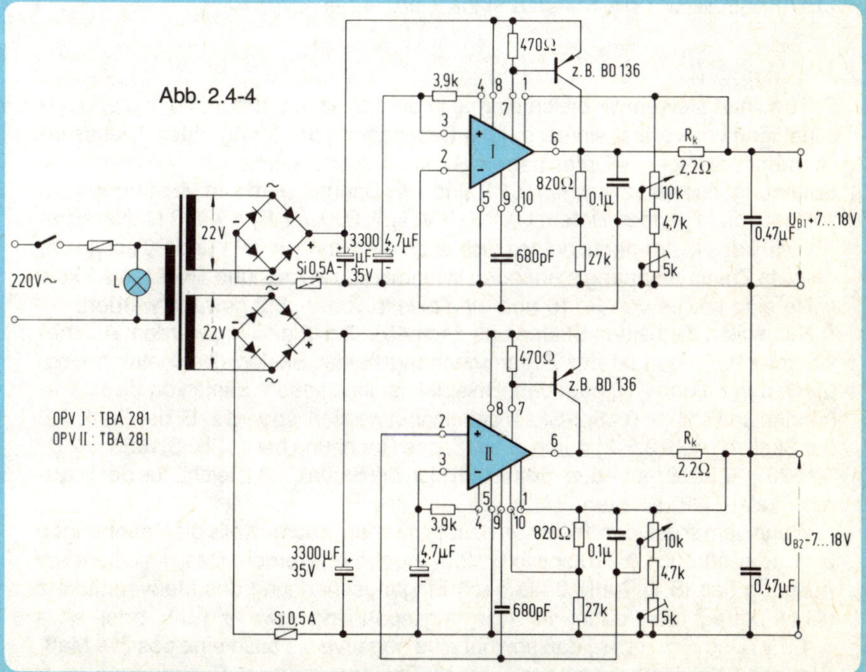

2.5 Das elektronische Multimeter mit automatischer Polaritätswahl

...und wenn man da mal so in das Labor des Profis schaut, wird man immer wieder feststellen, daß ein einfaches elektronisches Multimeter nicht fehlt. Im Gegenteil, es wird sogar als wichtiges Gerät sehr häufig benutzt. Es ist eben rund um die Uhr in Betrieb!
Diese Bauanleitung läßt mit wenig Aufwand ein Gerät entstehen, das – genaugenommen – in keinem Hobbylabor fehlen darf. Außerdem: es ist einfach im Nachbau und mit preiswerten Bauteilen und integrierten Schaltkreisen aufgebaut.

Ein Gedanke vorweg

Das Multimeter soll in unserem Labor für Spannungs- und Strommessungen herangezogen werden. Für die Nf-Technik sollen Nf-Spannungen gemessen werden können. Schließlich wollen wir auch auf die Messung von Widerständen nicht verzichten. Daneben soll das Gerät in der Bedienung recht einfach sein – da hilft uns dann die automatische Polaritätsumschaltung für das Meßwerk. Also, je nach angelegter Polarität wird das Meßgerät richtig „gepolt", wobei eine LED-Kontrolle uns die Polarität signalisiert.

Das Meßgerät

So, und nun steigen wir gleich einmal in die Schaltung *Abb. 2.5-1* ein und beschäftigen uns vorerst einmal mit der Beschaffung des Meßgerätes. Dieses Instrument soll folgende Daten haben: Stromendwert zwischen 0,1 mA und 1 mA, Spannungsendwert zwischen 0,1 V und 1 V. Benutzt wurde im Mustergerät ein solches mit folgenden Daten: $U_E = 0{,}8$ V; $I_E = 200$ µA; $R_i = 4000\ \Omega$. Nach der Auswahl des Instruments richten sich auch die Größe von P1 und P2 sowie der damit in Zusammenhang stehenden Widerstände 2,7 kΩ und 15 kΩ. Als Skala sollte eine solche von 0...10 und eine zweite von 0...3,2 gewählt werden.

Nun sollen die beiden Skalen uns nach *Abb. 2.5-2* geläufig werden. Aus bestimmten Gründen ist der Zusammenhang beider Skalen (Dezibelrechnung) durch den Faktor $\sqrt{10}$ gegeben. Beispiel: Ist eine lineare Skala von 0...10 vorhanden und soll die 0...3,2-Skala gezeichnet werden, so wird z. B. der Punkt 2,0 der Skala b (Abb. 2.5-2) durch die einfache Rechnung bei $a = b \cdot 3{,}1623 = 2{,}0 \cdot 3{,}1623 = 6{,}3246$ gefunden. Somit läßt sich die Skala 0...3,2 leicht aus der linearen Skala 0...10 ableiten.

Wenn dem so ist, dann müssen dem Instrument auch jeweils die Spannungen 0...1 oder oft auch 0...10 sowie 0...3,2 angeboten werden. Das geschieht am Ausgang des IS 1, Punkt 6. Je nach Eingangsspannung des Meßverstärkers (IS 1) beträgt dort dann die Ausgangsspannung etwa ±1,5 V oder etwa ±4,5 V. Das ± zeigt an, daß sowohl eine negative als auch eine positive Meßspannung gleich gut verarbeitet werden. Entsprechend den Spannungen 1,5 V

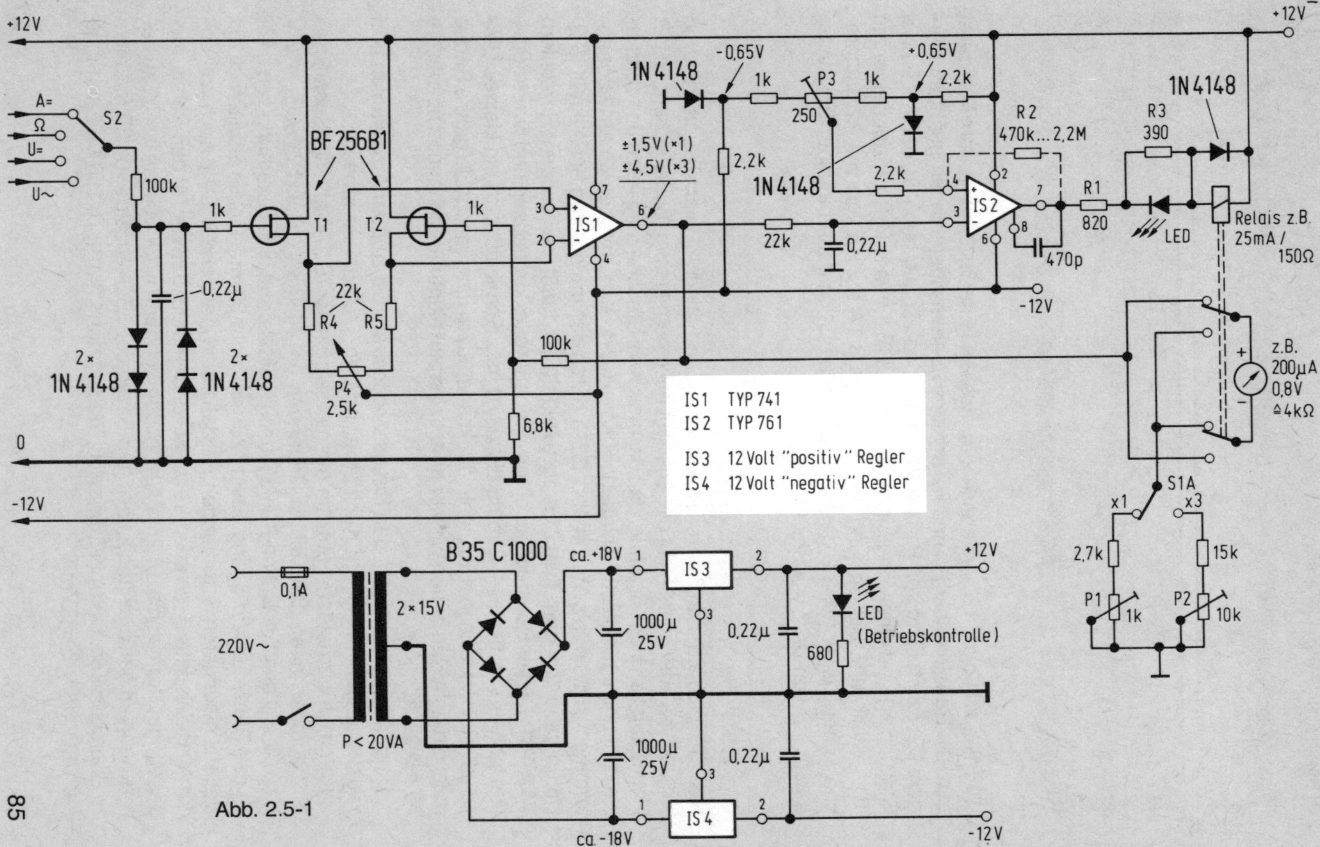
+12V
A=
Ω
U=
U~
S2
100k
1k
BF256B1
T1
T2
22k
R4
R5
P4
2,5k
0,22µ
2× 1N4148
2× 1N4148
0
-12V
6,8k
100k
IS1
±1,5V(×1)
±4,5V(×3)
1N4148
-0,65V
+0,65V
P3
250
2,2k
22k
IS2
R2
470k…2,2M
R1
820
470p
R3
390
LED
Relais z.B. 25mA / 150Ω
z.B. 200µA 0,8V ≙4kΩ
S1A
x1
x3
2,7k
15k
P1
1k
P2
10k
IS1 TYP 741
IS2 TYP 761
IS3 12 Volt "positiv" Regler
IS4 12 Volt "negativ" Regler
B 35 C 1000
220V~
0,1A
2×15V
P < 20VA
ca. +18V
ca. -18V
IS3
IS4
1000µ 25V
0,22µ
680
LED (Betriebskontrolle)

Abb. 2.5-1

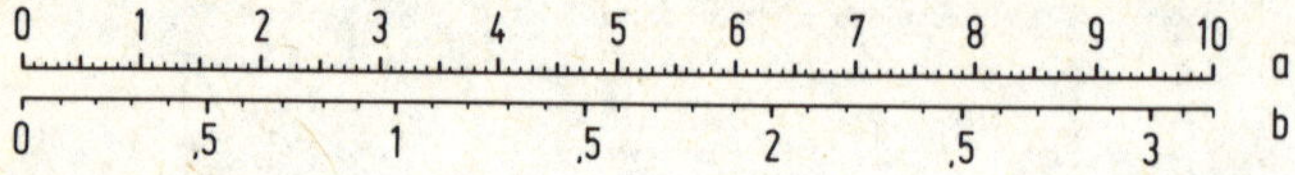

$$b = \frac{a}{\sqrt{10}} = \frac{a}{3{,}1623} \quad ; \quad a = b \cdot 3{,}1623$$

Abb. 2.5-2

(Bereich x 1) oder 4,5 V (Bereich x 3) müssen je nach vorhandenem Meßgerät evtl. die Bauelemente P1 und P2 mit ihren Serienwiderständen geändert werden. Die Einstellung von P1 und P2 erfolgt dann später auch so, daß mit P1 bei Stellung x 1 und einer Eingangsspannung an IS 1 von z. B. 0,1 V der Zeiger auf 10 gestellt wird. Bei Stellung des Schalters S 1A auf x 3 wird mit P2 entsprechend der Zeiger auf 3,2 gestellt und das natürlich dann bei einer Eingangsspannung von 0,32 V an IS 1.

Die automatische Polaritätsumschaltung

Nun läßt sich viel darüber reden, ob eine automatische Polaritätsumschaltung sinnvoll ist, oder ob es nicht genausogut mit einem kleinen Schalter geht. In der Praxis zeigt es sich oft genug, daß die manuelle Umschaltung lästig und zeitraubend ist und auch oft zu Fehlüberlegungen führt. Also, machen wir es lieber automatisch. Das erfolgt nun in Abb. 2.5-1 durch den integrierten Schaltkreis IS 2. Dafür habe ich den Typ 761 ausgewählt. Er heißt bei einigen Herstellern TAA 761. Dieser Baustein hat einen offenen Kollektorausgang und „verträgt" – das ist hier von Vorteil – Ströme bis zu 70 mA. Somit läßt sich ein kleines Umschaltrelais von diesem Baustein direkt ansteuern. Das macht die ganze Sache recht einfach. Nun gehen wir hier aber lieber auf Nummer Sicher und nutzen die 70 mA nicht voll aus.

Empfehlen möchte ich, den Relaisarbeitsstrom bis zu 50 mA zu wählen und gegebenenfalls mit einem Kühlkörper für den TAA 761 zu arbeiten.

Kommen wir zunächst auf den Ausgangskreis der IS 2. Wenn der Schaltkreis IS 2 durchschaltet, dann ist die Spannung am Ausgang (Punkt 7) etwa –12 V groß. Somit steht zwischen Punkt 7 und Punkt 2 dann eine Spannung von 24 V für das Relais zur Verfügung. Kleine 25-mA- oder 50-mA-Relais arbeiten oft mit weitaus niedrigeren Spannungen, so daß der Widerstand R 1 – je nach vorhandenen Relaisdaten – so ausgerechnet werden muß, daß der für das Relais vorgegebene Strom von z. B. 25 mA nicht überschritten wird. Ebenso ist R 2 zu berechnen, um den maximal zulässigen Strom der LED-Anzeige von 20 mA nicht zu überschreiten. Dafür ein Beispiel: Relaisdaten 25 mA; R_i 150 Ω. Spannung der LED 1,8 V bei 20 mA.

Dann ist zunächst $R\,1 = \frac{U_{R1}}{25\ \text{mA}}$. Der Wert von U_{R1} ergibt sich aus den oben zitierten 24 V abzüglich der LED-Spannung, abzüglich der Relaisspannung von $U = I \cdot R = 25\ \text{mA} \cdot 150\ \Omega = 3{,}75\ \text{V}$.

Also $R\,1 = \frac{18{,}45\ \text{V}}{25\ \text{mA}} = 738\ \Omega$. Wir wählen 820 Ω.

Für R 2 ist ein Strom von 25 mA – 20 mA = 5 mA bei einer Spannung von 1,8 V zu ermitteln, das sind dann $R\,2 = \frac{1{,}8\ \text{V}}{5\ \text{mA}} = 360\ \Omega$. Wir wählen 390 Ω.

Das Relais hat nach Abb. 2.5-1 einen zweipoligen Umschalter. Die LED leuchtet bei eingeschaltetem Relais auf und signalisiert die Minuspolarität der Meßspannung. Die IS 2 ist als Komparator geschaltet. Dieser vergleicht die Spannung an seinem Punkt 4 mit der Spannung am Punkt 3. Die Einstellung erfolgt nun so: Bei kurzgeschlossenem Meßeingang wird mit P4 am Punkt 6 der IS 1 eine Spannung von 0 V eingestellt – Anzeige mit dem Instrument. Das Potentiometer P3 wird nun so eingestellt, daß die IS 2 kurz vorm „Umkippen" – also Aufleuchten der LED – liegt. Wird jetzt mit P4 der Nullpunkt ins Negative gestellt, so muß der Schaltkreis IS 2 durchschalten, die LED muß „Minus" signalisieren und der Zeiger muß wieder ins positive Anzeigefeld der Skala wandern. Die Schalthysterese – Schaltsteilheit – läßt sich mit dem Widerstand R3 beeinflussen, der grundsätzlich jedoch nicht eingebaut werden muß.

Der Anzeigeverstärker

Dieser wird in Abb. 2.5-1 durch die IS 1 und die beiden FETs BF 256 B 1 gebildet. Im Gegenkopplungszweig liegen die Widerstände 100 kΩ und 6,8 kΩ, daraus ergibt sich eine Verstärkung von $V_U \sim 15$fach. Somit erhalten wir dann auch am Ausgang, Punkt 6, die Spannungen 1,5 V (bei 100 mV Eingangsspannung) und 4,5 V (bei 320 mV am Eingang). Auf genaue Werte der Verstärkung kommt es hier überhaupt nicht an, da alle Toleranzen sämtlicher Bauteile je nach Bereich mit P1 oder P2 bei der Eichung ausgeglichen werden. Die IS 1 ist übrigens der Typ 741, oft auch mit der Pro-Elektron-Angabe als z. B. TBA 221 benannt. Die beiden in Brückenschaltung angeordneten Feldeffekttransistoren machen, als Impedanzwandler geschaltet, die IS 1 hochohmig, so daß ein Eingangsspannungsteiler mit einem Längswiderstand von 10 MΩ leicht realisiert werden kann. Die FET haben den Nachteil, daß ihr Sourcestrom bei gleicher Gate-Source-Spannung nicht immer gleich ist. Das wird nach *Abb. 2.5-3* vorher kontrolliert. Die FETs werden, wie der Profi sagt, gepaart. Beschaffen wir uns gleich zwei bis drei mehr als benötigt, dann wird in der Prüfschaltung, Abb. 2.5-3, die jeweilige Sourcespannung festgestellt. Als T 1 und T 2 benutzen wir nun die FETs, die eine möglichst gleiche Sourcespannung aufweisen. Anschließend

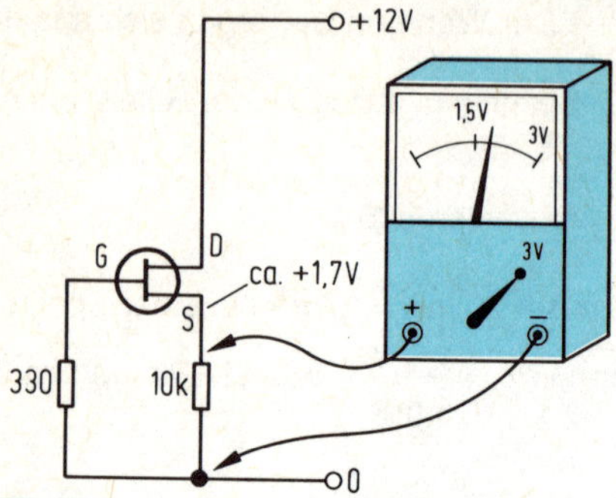

Abb. 2.5-3

werden sie eingebaut und P4 auf Mitte gestellt. Im günstigsten Fall zeigt der Zeiger dann bereits Null an. Ist das nicht der Fall, so wird R 4 oder R 5 so lange vergrößert, bis der Zeiger auf Null steht. Das kann dazu führen, daß z. B. R 5 = 22 kΩ und R 4 = 27 kΩ groß werden.

Ist das erfolgt, so wird die Meßanzeige geeicht. Dazu wird bei einer Eingangsspannung von 0,1 V an S 2 mit P1 der Zeiger auf 1 gestellt. Anschließend wird mit einer Eingangsspannung von 0,3 V an S 2 mit P 2 der Zeiger auf 3 gestellt. Damit ist der Meßverstärker voll funktionsfähig. Es fehlen jetzt nur noch die Eingangsstufen.

Der Gleichspannungsmeßteiler (Schaltebene S 3A)

Dieser ist in *Abb. 2.5-4a* gezeigt. Wichtig ist es schon, möglichst auf 0,5 % oder sogar 0,1 % tolerierte Meßwiderstände zu benutzen, wenn man nicht dazu übergeht, diese einzeln durch Serien- oder Parallelschaltung genau abzugleichen. Möglich ist es auch, die Summe der Serienschaltung von 10 MΩ auf z .B. 30 MΩ zu erweitern. Dann werden folgende Widerstände benötigt: 27 MΩ; 2,7 MΩ; 270 kΩ und 30 kΩ. So lassen sich bei Erweiterung des Spannungsteilers auch leicht zusätzliche Meßbereiche einfügen. Das steht näher beschrieben im RPB 4 ,,Der Hobbyelektroniker lernt messen". Für die maximale Spannung (Endausschlag des Meßgerätes) ist am Ausgang dann – je nach Schalterstellung von S 1A – eine Spannung von 0,1 V oder 0,32 V erforderlich.

Der Strommeßteiler (Schaltebene S 3B)

Ziemlich einfach, wenn ein 90-Ω-, 9-Ω-, 1-Ω-Widerstand mit einer Toleranz von 1 % oder noch genauer vorhanden ist. Das gibt es aber meistens nicht. Zumindest machen der 9-Ω- und 1-Ω-Widerstand Schwierigkeiten. Da hilft nur ein Abgleich mit einer genauen Widerstandsmeßschaltung, oder es wird ein bekannter (genauer) Strom eingespeist und dann bei Betrieb des Gerätes abgeglichen. Der 1-Ω-Widerstand kann durch einen z. B. 1 mm starken Widerstands-

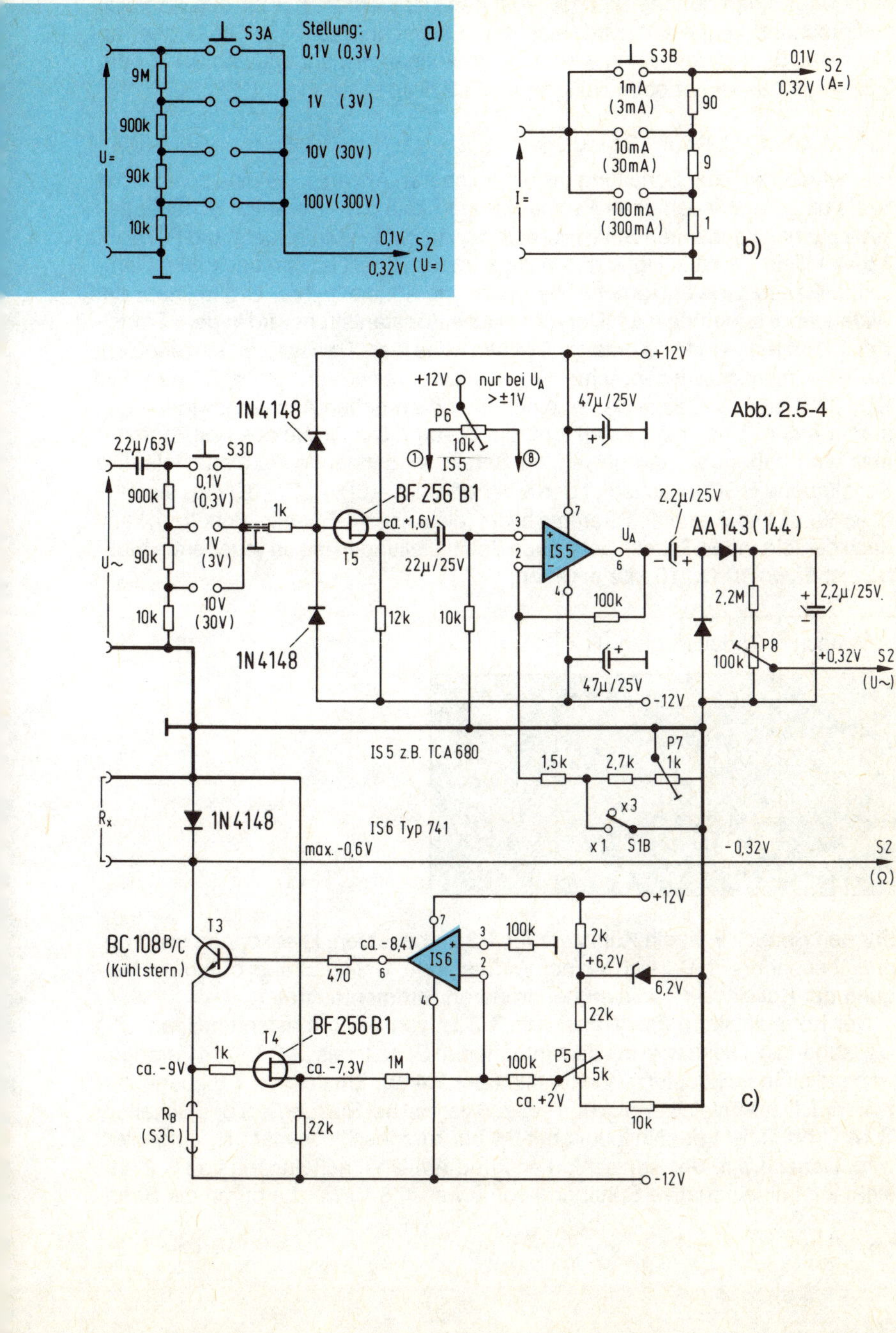

a)
S3A
Stellung:
0,1V (0,3V)
1V (3V)
10V (30V)
100V (300V)
9M
900k
90k
10k
U=
0,1V
0,32V
S2 (U=)
b)
S3B
1mA (3mA)
10mA (30mA)
100mA (300mA)
90
9
1
I=
0,1V
0,32V
S2 (A=)
c)
+12V
-12V
1N4148
2,2µ/63V
S3D
0,1V (0,3V)
1V (3V)
10V (30V)
900k
90k
10k
U~
1k
BF 256 B1
T5
ca. +1,6V
22µ/25V
12k
10k
+12V
nur bei U_A >±1V
P6
10k
IS5
47µ/25V
2,2µ/25V
AA 143 (144)
U_A
IS5
100k
2,2M
2,2µ/25V
P8
100k
+0,32V
S2 (U~)
IS5 z.B. TCA 680
1,5k
2,7k
P7
1k
x3
x1
S1B
-0,32V
R_x
1N4148
IS6 Typ 741
max. -0,6V
S2 (Ω)
T3
BC 108B/C (Kühlstern)
470
ca. -8,4V
IS6
100k
2k
+6,2V
6,2V
22k
T4
BF 256 B1
ca. -9V
1k
ca. -7,3V
1M
100k
P5
5k
ca. +2V
10k
R_B (S3C)
22k

Abb. 2.5-4

draht oder einen dünnen Blechstreifen gebildet werden, der für den Abgleich entsprechend „angefeilt“ wird, also sein Querschnitt an einer Stelle oder an mehreren Stellen verkleinert wird. Für die Ausgangsspannung von 0,1 V oder 0,32 V gilt das weiter oben Erklärte (*Abb. 2.5-4b*).

Die Ohmmeßschaltung (Schaltebene S 3C)

Hier wählen wir eine Schaltung mit einer linearen Anzeige, die eine zusätzliche Skala umgeht. Wir benutzen also die lineare Skala 0...1! Derartige Schaltungen setzen einen konstanten Strom voraus, der durch den Meßwiderstand R_x (*Abb. 2.5-4c*) fließt. Je nach Höhe des Widerstandes R_x fällt an ihm nach dem Ohmschen Gesetz eine entsprechende Spannung ab, die in ihrer Größe linear der Widerstandsänderung folgt. Der eigentliche Konstantstrom wird in dem Transistor T 3 im Kollektorkreis erzeugt. Wichtig ist es hier, Transistoren einzusetzen, die eine möglichst waagrechte U_{CE}-I_C-Kurve aufweisen. So z. B. den Typ BC 108 B oder C. Das bedeutet einen unendlich hohen Ausgangswiderstand, der für einen konstanten Kollektorstrom I_C sorgt. Die Größe des Kollektorstromes wird dabei über die gewählten Bereichswiderstände R_B eingestellt. Die Schaltebene S 3C, welche mit den Ebenen S 3A – 3B – 3C – 3D den eigentlichen Bereichsschalter des Gerätes bildet (also einen 4-Ebenen-Schalter), kann nach der folgenden Tabelle bei sieben Schaltstellungen die angegebenen Meßbereiche von 10 Ω...10 MΩ ergeben:

Bereich	Endausschlag (R_x)	R_B
1	10 MΩ	100 MΩ
2	1 MΩ	10 MΩ
3	100 kΩ	1 MΩ
4	10 kΩ	100 kΩ
5	1 kΩ	10 kΩ
6	100 Ω	1 kΩ
7	10 Ω	100 Ω

Für den Bereich 7 ist ein Kühlstern für T 3 zu benutzen. Hier können auch bereits, besonders im Bereich kleiner Widerstände, Unlinearitäten durch die Neigung der Kollektor-Kennlinien bei größeren Strömen auftreten.

Der Konstantstrom des Transistors T 3 ist von einer konstanten Spannung U_{BE} abhängig. Diese wird mit dem integrierten Schaltkreis IS 6 Typ 741 erzeugt, wobei die Gegenkopplung hochohmig über T 4 am Emitter von T 3 ausgekoppelt wird. Der Abgleich erfolgt nun so, daß vorerst bei Stellung X 3 des Schalters S 1A (Abb. 2.5-1) der Nullpunkt mit P4 bei kurzgeschlossenem R_x eingestellt wird. Danach wird der Kurzschluß entfernt. Am Ohmmeßeingang von S 2 entsteht jetzt eine negative Spannung von etwa –0,6 V, welche durch die Spannungsbegrenzung der in Durchlaßrichtung geschalteten Diode 1 N 4148 (parallel zu R_x) entsteht. Das ergibt zwar für das Instrument eine Verdopplung des Nennstromes, was jedoch für ein handelsübliches Meßwerk zu vertreten ist. Jetzt erfolgt die Eichung, die nur bei einem – beliebigen – Bereich erforderlich ist. Wichtig ist es jedoch, möglichst eng tolerierte Meßwiderstände zu benutzen. Nehmen wir den Bereich 5 nach der vorstehenden Tabelle, also $R_B = 10$ kΩ und $R_x = 1$ kΩ (beide möglichst 0,1 %...0,5 %). Dann wird P5 so eingestellt, daß der Zeiger auf 1 steht (bei S_{1A} auf Stellung x 3). Es gilt dann die Skala 0...1 für alle Ohmmeßbereiche. Die Meßspannung am R_x beträgt nun –0,32 V gegen Masse. Das besagt schon, daß bei Ohmmessungen die automatische Polaritätsumschaltung auf „Minus" schaltet. Wichtig ist es, besonders im Hinblick auf Bereich 1...3, die Schaltung T 3 – R_B – T 4 gut isoliert, eng und brummarm aufzubauen. Es empfiehlt sich bei starker Brummeinstreuung parallel zu R_B einen Kondensator von 0,1 µF...0,47 µF einzuschalten. Dieser muß gute Isolationseigenschaften aufweisen.

Wechselspannungsmessungen

Der Wechselspannungsteiler in Abb. 2.5-4c teilt die Eingangsspannung auf die Werte 0,1 V; 1 V; 10 V; oder bei eingeschaltetem Schalter S 1B auf 0,3 V; 3 V; 30 V. Die drei Teilerwiderstände (10 kΩ, 90 kΩ, 900 kΩ) sollen kapazitätsarm mit kurzen Anschlüssen direkt an die Kontakte der Ebene S 3D gelötet werden. Auf eine Frequenzkompensation wurde hier verzichtet, da sich bei gutem Aufbau das Nf-Einsatzgebiet bis zu 20 kHz leicht erreichen läßt. Zu bedenken ist, daß die Anschlußleitung vom Schalter S 3D zum Gate von T 5 möglichst kurz sein sollte, um die Kapazität der evtl. erforderlichen abgeschirmten Leitung klein zu halten. Die Dioden 1 N 4148 schützen den Gateeingang so, wie es für T 1 in Abb. 2.5-1 zu sehen ist. Der Schaltkreis IS 5 ist ein „schneller" Operationsverstärker mit hoher slew-rate, z. B. NE 530 von Valvo, um bei großer Aussteuerung noch ein breites Frequenzgebiet zu erreichen. Das Potentiometer P 6 ist nur dann erforderlich, wenn die Gleichspannung U_A (Punkt 6) außerhalb des Bereiches von ± 1 V liegt. Mit P 6 wird U_A dann auf Null gestellt. Die IS 5 arbeitet mit zwei verschiedenen Verstärkungsfaktoren, die mit S 1B eingestellt werden.

Bei offenem Schalter beträgt die Verstärkung V_u etwa 20fach und bei geschlossenem Schalter ist V_U etwa 66fach:

	Meß-spannung U	U_A (V_{eff})	U_A (V_{ss})	Schleifer P 8
Schalter offen:	0,1 V_{eff}	6,6 V	18,66 V	+ 0,32 V
Schalter geschlossen:	0,32 V_{eff}	6,6 V	18,66 V	+ 0,32 V

Daraus ergibt sich auch schon die Eichung, die bei S 1A in Stellung x 3 und bei kurzgeschlossenem Meßeingang erfolgt, wobei mit P 4 der Zeiger auf Null gestellt wird. Zunächst wird S 1B geschlossen und eine Sinusspannung von 0,1 V_{eff} an den Meßeingang gelegt. Mit P 8 wird der Zeiger auf Skalenende, also auf 1, gestellt. Danach werden S 1B geöffnet, eine Sinusspannung von 0,32 V angeschlossen und mit P 7 der Zeiger auf 1 gestellt... das ist es schon.

Da wir mit recht hohen Ausgangsspannungen des IS 5 von 0...18,6 V_{ss} für die beiden Gleichrichterdioden (AA 143 in Abb. 2.5-4c) arbeiten, erfolgt die Gleichrichtung weit außerhalb des unlinearen Kennlinienbereiches der Dioden, so daß sich eine recht genaue lineare Anzeige auf der vorgegebenen Skala ergibt.

Der Schaltersatz

Ein elektronisches Meßgerät bringt es oft mit sich, daß komplizierte Schalter benutzt werden müssen. Hier wurde nun Wert darauf gelegt, mit einfachen handelsüblichen Schaltern auszukommen. Deshalb ist zu bedenken, daß der Schalter S 1 mit seinen beiden Ebenen A und B bei Ohmmessungen immer auf x3 zu stehen hat. Je nachdem, wie viele Ohmbereiche wir wünschen, ergibt sich auch die Schaltstellenzahl des Schalters S 3 mit seinen vier Ebenen A-B-C-D. Das bedeutet eine Bereichsskala des Schalters nach *Abb. 2.5-5.* Somit kann es sinnvoll sein, nur einen 3-Ebenen-Schalter mit vier Stellungen für die Spannungs- und Strombereiche zu benutzen und für die Ohmmeßbereiche einen getrennten Schalter mit sieben Stellungen hinzuzufügen. Der Schalter S 1A–S 1B ist ein zweipoliger UM-Schalter. Der Schalter S 2 ist ein einfacher Rasterschalter mit vier Stellungen.

...und woher die genauen Abgleichspannungen?

Dazu dient das Kapitel 2.6.

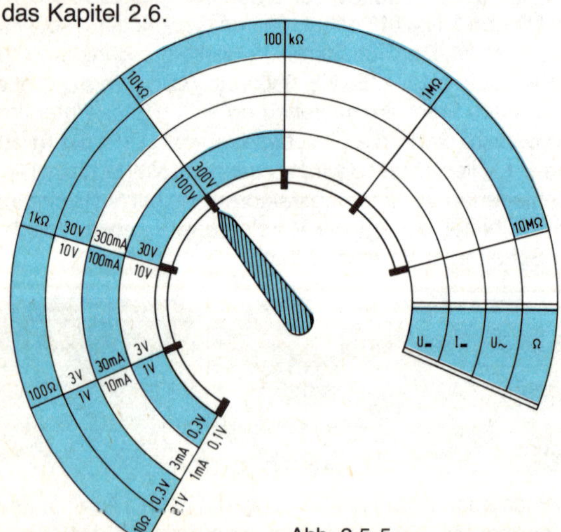

Abb. 2.5-5

2.6 Ein einfacher Minicalibrator für Gleich- und Wechselspannungen

... die einfache Art, sicher und genau genug Gleich- und Wechselspannungen zum Prüfen von Multimetern und Oszillografen zu erhalten, ist in unserer Hobbypraxis wichtig.

Das ist über ein hochgenau anzeigendes Vergleichsinstrument oder eben mit Hilfe eines „Calibrators" möglich. Nun ist leider letzteres Gerät für den Profi gedacht, schon allein wegen des Preises und wegen der Tatsache, daß die Dinger alle sechs Monate zum Nacheichen liebevoll vom Hersteller empfangen werden sollten (müssen).

Da ich nun, wie viele von uns, das gleiche Problem einer sicheren und schnellen Kontrollmessung oder Eichung in meiner täglichen Elektronik-Praxis habe, ist vor einiger Zeit bei mir so ein kleiner Calibrator entstanden, der recht vielseitig ist.

Was kann das Gerät nun?

Dieser Calibrator ist für Kontrollen sehr gut geeignet, denn er gibt ab:

- einstellbare Gleichspannungen von 20 mV...5 V (in 16 Stufen!)
- einstellbare Wechselspannungen 1 kHz und 50 Hz von 20 mV_{ss}...5 V_{ss} (in 16 Stufen!)
- einstellbare Wechselspannungen 1 kHz und 50 Hz von 10 mV_{eff}...2,5 V_{eff} (in 16 Stufen)
- saubere mäanderförmige Rechteckausgangsspannungen zum exakten Einstellen von Oszillografentastköpfen
- saubere mäanderförmige Rechteckausgangsspannungen zum exakten Einstellen des Oszillografenvertikalverstärkers.

Das hört sich nun so richtig nach Gerätewerbung an... ist es auch, denn mit diesem kleinen Gerät lassen sich

- Gleichspannungsmeßgeräte
- Wechselspannungsmeßgeräte und
- Oszillografen

überprüfen und „eichen". Wenn man bedenkt, daß die ganze Sache nicht mehr als 20 DM kostet, dann lohnt es sich schon jetzt, gemeinsam zu überlegen, was an Ideen in dieser Schaltung steckt. Doch vorerst:

Die Funktion

Für die Wechselspannungserzeugung arbeitet ein Multivibrator (*Abb. 2.6-1*), der aus den beiden Transistoren T1 und T2 besteht. Der Schalter S_2 bestimmt nun mit den dazu eingeschalteten Kondensatoren, wie schnell er „multivibriert". Also seine Schwingfrequenz. In Stellung A mit den 10-nF-Kondensatoren ist die Schwingfrequenz etwa 1000 Hz. In Stellung B, also mit den 0,22-µF-Kondensatoren, habe ich 50 Hz gemessen. Wozu die beiden Frequenzen? Die 1000 Hz

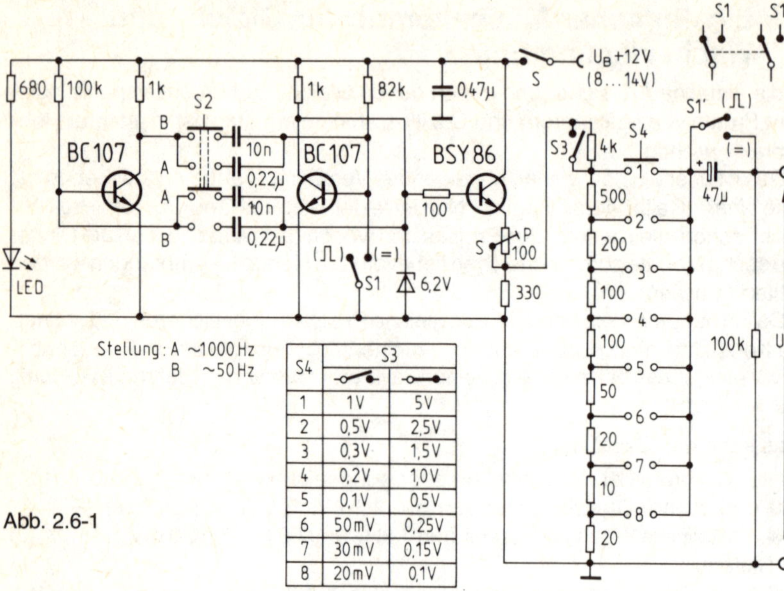

S4	S3	
1	1V	5V
2	0,5V	2,5V
3	0,3V	1,5V
4	0,2V	1,0V
5	0,1V	0,5V
6	50mV	0,25V
7	30mV	0,15V
8	20mV	0,1V

Abb. 2.6-1

werden zur Einstellung und Prüfung von Oszillografen benötigt. Es lassen sich damit sowohl die Tastköpfe abgleichen als auch der Vertikalverstärker eichen. Die 50 Hz benötigen wir zur Kontrolle der Wechselspannungsbereiche unserer Multimeter. Doch jetzt zur nächsten Frage:

Wie stabil ist die Ausgangsspannung?

Eben haben wir gemeinsam festgestellt, daß der Multivibrator zwei Frequenzen liefern kann. Die Ausgangsspannung ist in jedem Falle am Kollektor von T2 rechteckförmig, und zwar entsteht dort ein symmetrisches Rechtecksignal. Wie groß ist das nun in seiner Amplitude? Dazu denken wir uns die Z-Diode D einmal weg. Dann schaltet der Transistor T2 munter zwischen (fast) Massepotential (Transistor durchgeschaltet) und Betriebsspannung (Transistor gesperrt) hin und her. Somit ist die Ausgangsspannung ohne Z-Diode bei 12 V Betriebsspannung demnach 12 V_{ss}. Und wenn nun jemand die Betriebsspannung kleiner oder größer macht, vielleicht nur so ein Volt, dann folgt dem die Ausgangsspannung... und damit ist sie so eben nicht für unsere Zwecke geeignet. Sie muß stabilisiert werden! Das nun macht die 6,2-V-Z-Diode (0,5 Watt) hervorragend. Die Spannung am Kollektor von T2 kann jetzt nur noch zwischen 0 und 6,2 V liegen. Demnach ist die Ausgangsspannung konstant; es sind 6,2 V_{ss}. Wie sehr konstant sie geworden ist, zeigt eine recht genaue digitale Messung. Schwankt beispielsweise die Betriebsspannung von 12 V um 2 V (!), dann ist die Ausgangsspannungsänderung kleiner als 0,3 %. Also genau genug für uns, da wir die 12 V ohnehin einem stabilisierten Netzteil entnehmen.

Jetzt taucht die Frage auf, wie kompliziert oder nicht kompliziert ist nun das Gerät einzustellen? Es folgt also:

Die einfache Eichung des Gerätes

Die besprochene sehr genaue Wechselspannung von 6,2 V_{ss} wird dem Emitterfolger, Transistor T3, zugeführt. Der sorgt für die erforderliche, kräftige Ansteuerung des niederohmigen Ausgangsspannungsteilers. Damit wären wir jetzt bereits am Ausgang. In Abb. 2.6-1 finden wir eine Tabelle, welche die möglichen Ausgangsspannungen zeigt, die über den Stufenschalter S 4 einstellbar sind. Das ist in Verbindung mit dem Bereichsschalter S 3 zu sehen. Da stehen nun 13 verschiedene Werte von 20 mV...5 V zur Verfügung. Die zugehörigen Teilerwiderstände müssen aber recht genau sein. Gegebenenfalls kombinieren wir sie als Serien- oder Parallelschaltung aus vorhandenen Widerständen der E-24-Reihe und messen sie mit dem Ohmmeter aus.

Es lassen sich auch leicht andere Teilerverhältnisse wählen. Das funktioniert recht einfach nach der Gleichung

$$U_A = U_E \cdot \frac{R2}{R1 + R2}$$

Darin ist: U_E = die am Schleifer von P (Abb. 2.6-1) eingestellte Größe der Eingangsspannung des Teilers;
U_A = die gewünschte Größe der Ausgangsspannung des Teilers;
R2 = der untere nach Masse bezogene (Summen)-Teilerwiderstand;
R1 = der vom Teilerpunkt zum Schleifer S1 gezogene (Summen)-Teilerwiderstand.

Ich empfehle, den sich ergebenden Gesamtwiderstand aus R1 und R2 der Serienschaltung aller Teilerwiderstände nicht kleiner als 750 Ω zu wählen.

Nun jedoch zu dem Thema Eichen. Die gesamte Schaltung mit ihren 13 Ausgangsspannungen wird durch eine (!) Vergleichsmessung geeicht. Dazu ist ein Multimeter erforderlich, auf das wir uns im Gleichspannungsbereich verlassen können. Weiter entspricht die Genauigkeit der einzelnen Teilspannungen eben der ausgesuchten Genauigkeit der eingesetzten und ausgemessenen Widerstände.

Der Arbeitsgang ist nun folgender: mit S 1 wird die Basis von T2 an Masse gelegt, gleichzeitig wird mit S1' der Ausgang galvanisch mit dem Teiler verbunden. Der Transistor T2 ist jetzt gesperrt, an seinem Kollektor ist die vorher erwähnte konstante Z-Spannung von 6,2 V zu messen.

Das Vergleichsgerät wird an den Ausgang angeschlossen. Mit dem Potentiometer P (100 Ω) und dem Vergleichsmeßgerät wird jetzt bei geschlossenem Schalter S 3 eine Gleichspannung von 5 V am Ausgang eingestellt. Das ist alles. Damit ist das Gerät sowohl in der Gleichspannung als auch in den Wechselspannungsbereichen geeicht und betriebsbereit. Ich möchte noch ein Wort zum Netzteil sagen. Am einfachsten ist für uns ein Trafo mit ungefähr 12 bis 15 V_{eff} Ausgangsspannung. Ferner ein passender Brückengleichrichter und ein 12-V-„Dreibeinregler“. Der Strom dieses Gerätes liegt bei 25 mA – kaum eine merkbare Belastung für ein kleines 12-V-Netzteil.

Nach soviel Theorie wollen wir das Gerät natürlich auch richtig anwenden und ausnutzen können. Auf zur nächsten Frage:

Wie messen wir?

● Gleichspannungen:
der Schalter S 1 wird auf (=) Gleichspannung gestellt. Mit S 4 und S 3 können jetzt folgende Gleichspannungen zur Kontrolle von Gleichspannungsmultimetern oder Gleichspannungs-Oszillografenverstärkern eingestellt werden:
5 V; 2,5 V; 1,5 V; 1,0 V; 0,5 V; 0,3 V; 0,25 V; 0,2 V; 0,15 V; 0,1 V; 50 mV; 30 mV; 20 mV.
Das sind 13 Werte, die viele Unsicherheiten beim Messen lösen helfen.

● Wechselspannungen:
(Effektivwert – Anzeige des Multimeters) viele Multimeter lassen sich in den Wechselspannungsbereichen hier kontrollieren. Wir berücksichtigen den Formfaktor von 1,11 und werten das 50-Hz-(symmetrische)Rechtecksignal als Effektivwert. Dazu wird der Multivibrator mit S 2 auf Stellung B (etwa 50 Hz) gebracht. Es stehen folgende Wechselspannungswerte für die Anzeige des Multimeters zur Verfügung:

$$U_{eff} = 1{,}11 \cdot \frac{U_{ss}}{2}$$

2,775 V; 1,3875 V; 0,8325 V; 0,555 V; 0,2775 V; 0,1665 V; 0,13875 V; 0,111 V; 83,25 mV; 55,5 mV; 27,75 mV; 16,65 mV; 11,1 mV.

● Wechselspannungen U_{ss}:
(Spitze-Spitze-Wert) diese Werte werden für die genaue Einstellung bei Oszillografen benötigt. Folgende Werte lassen sich in V_{ss} einstellen: 5 V; 2,5 V; 1,5 V; 1,0 V; 0,5 V; 0,3 V; 0,25 V; 0,2 V; 0,15 V; 0,1 V; 50 mV; 30 mV; 20 mV. Dabei ist der Schalter S 2 auf Stellung A (etwa 1000 Hz) zu stellen.

● Kompensation von Tastköpfen bei Oszillografen:
hinsichtlich der Einstellung an Geräten sowie der möglichen zur Verfügung stehenden Spannungen gilt das gleiche wie bei der Wechselspannung – U_{ss}-Messung.

Nun ist zur Erklärung der Kompensation eines Tastteilers folgendes zu sagen (dazu ein Blick auf die *Abb. 2.6-2*): Die Bauelemente R_E (Eingangswiderstand 1 MΩ) sowie C_E (Eingangskapazität etwa 40 pF), finden wir im Oszillografeneingang wieder. Die Bauelemente R1 (Teilerwiderstand 9 MΩ) sowie C1 (Trimmer 2...10 pF) sind im Tastkopf eingebaut. Richtig abgeglichen ist der

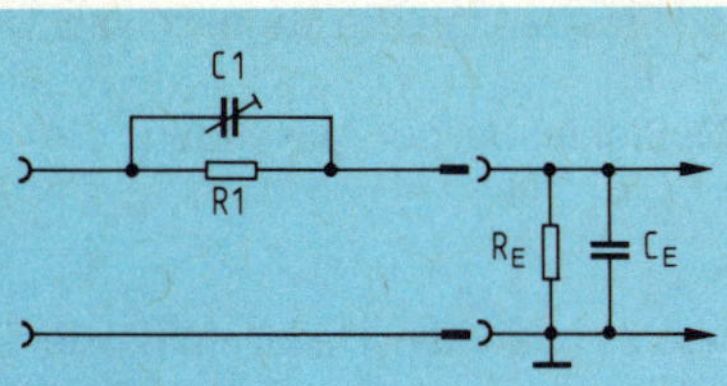

Abb. 2.6-2

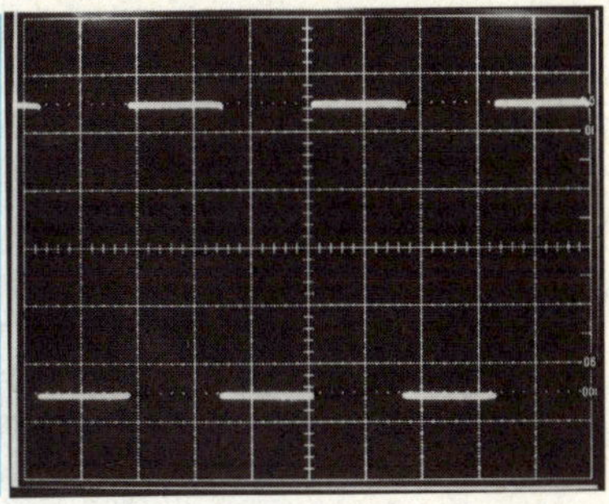

Abb. 2.6-3

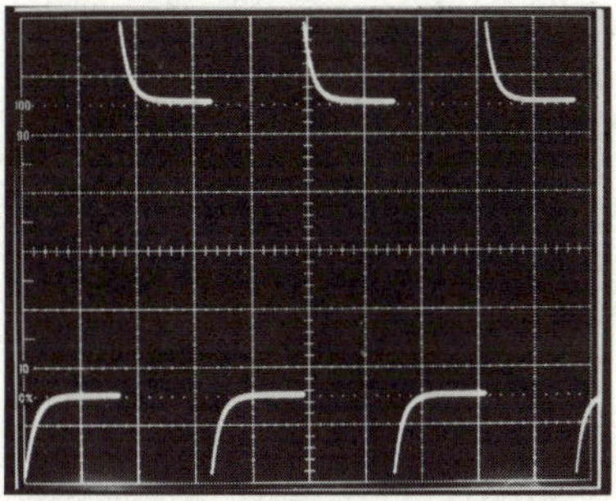

Abb. 2.6-4

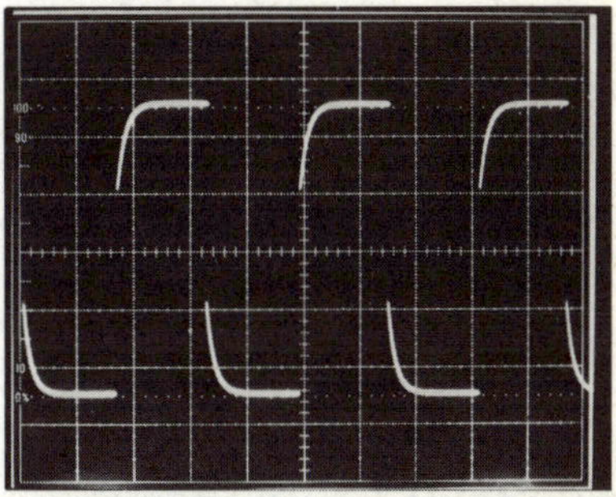

Abb. 2.6-5

Tastteiler nun, wenn die beiden Zeitkonstanten $R1 \cdot C1 = \tau_1$ sowie $R_E \cdot C_E = \tau_E$ gleich groß sind. C1 muß also um den gleichen Faktor kleiner sein, um den R1 größer als R_E ist. Das ergibt dann für C1 den Wert 4,44 pF.

Natürlich ist das alles graueste Theorie. Davon hält weder der Profi noch der Hobby-Elektroniker sehr viel. Wir machen es anders. So, wie es in der Praxis geschieht. Dazu ist in *Abb. 2.6-3* das Rechtecksignal am Ausgang des Calibrators gezeigt. So wie hier soll es auch auf dem Bildschirm beim richtigen Kondensator-Abgleich des Tastkopfes aussehen. *Abb. 2.6-4* zeigt es bei einem zu groß eingestellten Trimmer; das Signal wird – wie der Profi sagt – differenziert. Es werden die höheren Frequenzanteile des aus vielen Oberwellen bestehenden Rechtecksignales bevorzugt gegenüber den tiefen Frequenzen übertragen. Die höheren Frequenzanteile bei Impulsen bilden die steilen Flanken des Signales. Schließlich ist in *Abb. 2.6-5* zu erkennen, wie es aussieht, wenn der Trimmer auf einen falschen, zu kleinen Wert eingestellt wurde. Das Signal wird integriert, wie der Elektroniker sagt. Hier werden die höheren Frequenzanteile abgeschwächt übertragen.

Nun bleibt noch die Frage der möglichen Meßfehler bei der Anwendung dieses universellen Calibrators, also:

Die richtige Anwendung:

Für die richtige Anwendung sind nur zwei Dinge zu beachten. Da ist einmal der Innenwiderstand des Verbrauchers mit seiner Einwirkung als Parallelschaltung zu dem jeweils wirksamen Teilerwiderstand zu berücksichtigen. Das ist bereits bei Meßgeräten > 10 kΩ/V hier praktisch ohne Bedeutung. Sollen Vielfachmeßgeräte im Wechselspannungsbereich kontrolliert werden, so kann es vorkommen, daß einmal ein vorliegendes Gerät die steilen Schaltflanken des 50-Hz-Signales nicht verträgt und ein völlig undefinierbares Ergebnis anzeigt. Reihenmessungen an mehreren Geräten haben aber ergeben, daß die Rechteckausgangsspannung mit dem erwarteten 10 % bis 11 % größeren Wert angezeigt wird.

Beispiel: wird der Spannungsteiler auf 1 V Ausgangsspannung eingestellt, so muß die angezeigte Spannung auf dem Multimeter den Wert 1,1 V haben.

Weiter müssen wir bei der Einstellung von Tastköpfen nun so vorgehen, daß der Tastkopfeingang direkt an den Ausgang des Spannungsteilers angeschlossen wird. Eine zu lange Leitung würde die Impulsflanken verschleifen, was dann wieder zu einer unsicheren Anzeige führt.

Viel Erfolg bei dem Bau dieses einfachen Gerätes, das stets einsatzbereit Ihr Hobby-Labor schnell und sicher auf „richtige Spannung" prüft.

2.7 Spannungen werden in dB-Stufen geteilt

Sogenannte Eichteiler werden in der Meßtechnik benutzt um Verstärkungs- oder Signalwerte in definierten dB-Schritten zu teilen. Und da sind wir dann gleich beim Dezibel (dB). Ein Dezibel ist ein Zehntel Bel. Und ein Bel ist die Kennzeichnung des Verhältnisses zweier Leistungswerte als Brigg'scher Logarithmus. Das zur theoretischen Definition eines Bel. Da ein Bel nun etwas unhandlich ist für unsere Mikroelektronik, rechnet der Profi fast nur mit dB.

Jetzt gleich einmal zu dem oben erwähnten Verhältnis – das ist für alle Betrachtungen der dB-Rechnung unerläßlich. In *Abb. 2.7-1a* ist das Blockschaltbild eines Nf-Verstärkers gezeigt, die *Abb. 2.7-1b* zeigt dazu die Durchlaßkurve. So, und nun mal mitdenken! Diese verflixten dB bezieht der Profi immer und ohne Ausnahme auf eine ihm in der Schaltung bekannte Spannung. Das ist seine Bezugsgröße. Die tauft er: 0 dB. Das kann nun die Eingangsspannung sein, die Ausgangsspannung oder irgendeine – sinnvolle – Signalspannung innerhalb des Verstärkers. Nun vergleicht er natürlich nicht Äpfel mit Birnen, also auch nicht eine Signalspannung mit irgendeiner Versorgungsspannung, son-

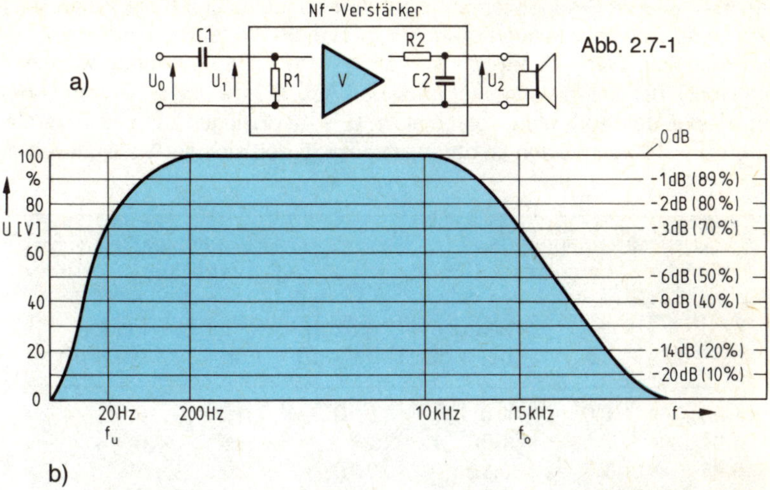

Abb. 2.7-1

dern er hält sich fest an ein Signal und kennzeichnet die Amplitudenänderungen dieses Signals mit dB-Werten zu einem von ihm vorher ernannten 0 dB (Null-) Pegel. Wird nun von diesem Nullpegel aus die Spannung größer, so sprechen wir von Verstärkung – das sind positive dB-Werte. Wird die Spannung geringer, so sprechen wir von Abschwächung – das sind negative dB-Werte.

Normalerweise setzt der Profi die Eingangsspannung als Nullpegel – 0 dB – fest und kennzeichnet dann im Signalverlauf die Spannungsänderungen mit positiven oder negativen dB-Werten.

Doch nun zurück zu Abb. 2.7-1a. Die Generatorspannung des Tongenerators U_o mit irgendeinem beliebigen Wert, z. B. 35 mV, setzen wir also jetzt mit 0 dB (100 %) fest. Dann ergibt sich eine Durchlaßkurve des Verstärkers, z. B. nach Abb. 2.7-1b. Der Abfall im unteren Frequenzbereich ist bedingt durch die R-C-Kopplung C1, R1 im Eingang der Schaltung. Es ist ein Hochpaß. Hingegen wird der Abfall an der höher frequenten Seite durch den R-C-Tiefpaß R2, C2 erfolgen. Dieser Tiefpaß wird durch die im Verstärker immer gegebenen schädlichen Schaltkapazitäten gebildet. Recht interessant ist jetzt der Kurvenverlauf in Abb. 2.7-1b. Bei den Eckfrequenzen 200 Hz und 10 kHz ist der Spannungsabfall 0 dB, es wird also die volle Eingangsspannung übertragen (angenommene Verstärkung = 1 ≙ 0 dB). Bei der oberen und unteren Grenzfrequenz f_o und f_u ist der Spannungsabfall 0,71. Das gilt sowohl für die Ausgangsspannung als auch für den Ausgangsstrom. Somit ist bei den f_o- und f_u-Werten die Leistung nur noch 0,71 V · 0,71 A = 0,5 W, also die Hälfte der maximalen Leistung. Das ist z. B. schon die Definition von f_o und f_u als Frequenzabstand zwischen zwei Punkten halber Leistung. Aus der Kurve der Abb. 2.7-1b sind jetzt verschiede-

nen dB-Werte für Frequenzen ablesbar. Wir benutzen gleich die folgende Tabelle, in der sowohl positive als auch negative dB-Werte aufzufinden sind. Die eingekästelten Werte benötigen wir häufig – die sollten wir immer wissen.
Nun sieht's bei einem Verstärker nach den Abb. 2.7-1a und b insofern anders aus, als daß der 0-dB-Wert, von 1b auf z. B. +40 dB liegen kann, also Verstärkung Vu = 100fach. Dann ist damit ausgesagt, daß sich der Maximalwert der

dB/Spannungsverhältnis			dB/Spannungsverhältnis		
Faktor bei −dB	dB	Faktor bei +dB	Faktor bei −dB	dB	Faktor bei +dB
1,0	0,0	1,0	0,125	18	8,0
0,94	0,5	1,06	0,11	19	8,9
0,89	1	1,12	0,10	20	10,0
0,84	1,5	1,19	0,089	21	11,2
0,8	2	1,25	0,08	22	12,5
0,75	2,5	1,33	0,071	23	14,1
0,71	3	1,41	0,063	24	16,0
0,67	3,5	1,5	0,056	25	17,8
0,63	4	1,6	0,050	26	20,0
0,6	4,5	1,67	0,045	27	22,4
0,56	5	1,78	0,04	28	25,0
0,53	5,5	1,88	0,035	29	28,2
0,5	6	2,0	0,032	30	31,6
0,47	6,5	2,12	0,028	31	35,5
0,45	7	2,24	0,025	32	40
0,42	7,5	2,37	0,022	33	45
0,4	8	2,5	0,020	34	50
0,38	8,5	2,66	0,018	35	56
0,35	9	2,82	0,016	36	63
0,33	9,5	3,0	0,014	37	71
0,32	10	3,16	0,0125	38	80
0,28	11	3,55	0,011	39	89
0,25	12	4,0	0,01	40	100
0,22	13	4,5	0,0056	45	178
0,2	14	5,0	0,0032	50	316
0,18	15	5,62	0,0018	55	562
0,16	16	6,3	0,001	60	1000
0,14	17	7,1	0,0001	80	10000

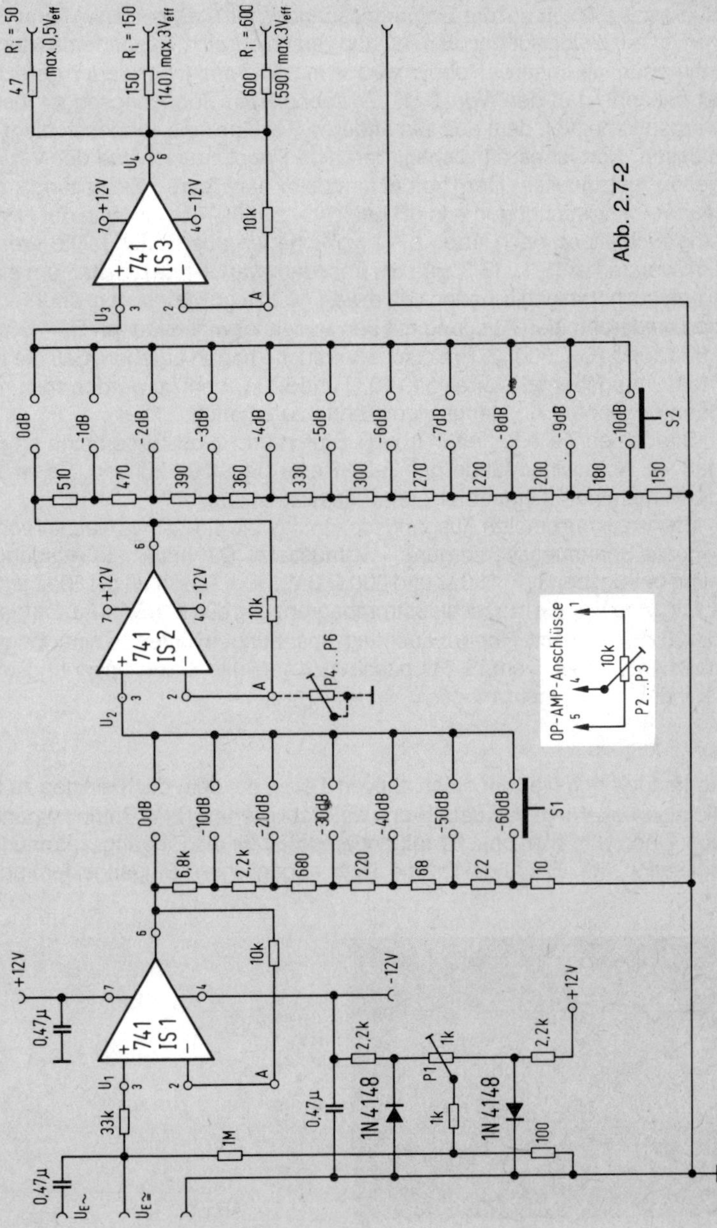
741
IS 1
741
IS 2
741
IS 3
U1
U2
U3
U4
+12V
-12V
0,47µ
33k
1M
10k
2,2k
1k
P1
1N4148
100
6,8k
680
220
68
22
10
0dB
-10dB
-20dB
-30dB
-40dB
-50dB
-60dB
S1
P4...P6
510
470
390
360
330
300
270
200
180
150
-1dB
-2dB
-3dB
-4dB
-5dB
-6dB
-7dB
-8dB
-9dB
S2
47
Ri = 50
max.0,5Veff
Ri = 150
(140) max.3Veff
600
Ri = 600
(590) max.3Veff
UE~
UE≅
OP-AMP-Anschlüsse
P2...P3

Abb. 2.7-2

Kurve mit + 40 dB auf die Eingangsspannung mit 0 dB beziehen kann. Der Kurvenverlauf bleibt, nur der dB-Maßstab verschiebt sich. Besonders in der Nf-Verstärkertechnik unseres Hobbys wird oft mit dB-Spannungswerten gerechnet. Es ist bekannt, daß der Wert 0 dB für irgendeinen Spannungspegel festgesetzt werden kann, von dem aus alle anderen Pegelbezugswerte festgelegt werden müssen. Nun ist es oft wichtig, derartige Pegelunterschiede der Verstärkung genau festzustellen. Der Profi nimmt dazu eine teure „Eichleitung", die definierte Abschwächungen – in dB geeicht – zuläßt. Für uns ist in der Nf-Technik eine Eichleitung nach *Abb. 2.7-2* vollkommen ausreichend. Die drei Operationsverstärker IS 1...IS 3 sind als Impedanzwandler geschaltet, um einerseits einen hochohmigen Eingang von etwa 1 MΩ zu gewährleisten, andererseits einen niederohmigen Ausgang mit den Ausgangswiderständen R_i = 50 Ω, R_i = 150 Ω und R_i = 600 Ω. Praktische Versuche haben ergeben, daß die in Klammern angegebenen Werte von 140 Ω und 590 Ω benutzt werden sollten, um die oben genannten Ausgangswiderstände zu erhalten.

Die beiden Teilerketten in 10-dB-Stufen und 1-dB-Stufen sind so gewählt, daß wir Normwiderstände der E-24-Reihe benutzen können. Es ist sinnvoll, diese mit einem Ohmmeter genau auszumessen.

Etwas zur maximalen Ausgangsspannung, die ein kleines Netzteil von ± 12 V – duale Spannungsversorgung – voraussetzt. Die maximale Ausgangsspannung beträgt bei R_1 = 150 Ω und 600 Ω 3 V_{eff}. Bei Abschluß mit 50 Ω jedoch nur 1,5 V_{eff}, da hier die Kurzschlußstrombegrenzung des IS (IS 741 lt. Datenangabe bei 20 mA) einsetzt. Höhere Ausgangsspannungen führen zu einer Begrenzung nach *Abb. 2.7-3*. Dem IS 741 passiert zwar nichts – eine Spannungsmessung ist jedoch nicht mehr möglich.

Der Abgleich

Es handelt sich hier um einen aktiven Teiler, bei dem doch einiges zu berücksichtigen ist. Wir gehen dabei von zwei stabilisierten 12-V-Betriebsspannungen aus. Dann wird zunächst P1 folgendermaßen für die Eingangsspannungskompensation der Eingangsklemme U_E≅ abgeglichen: Eingangsklemmen kurz-

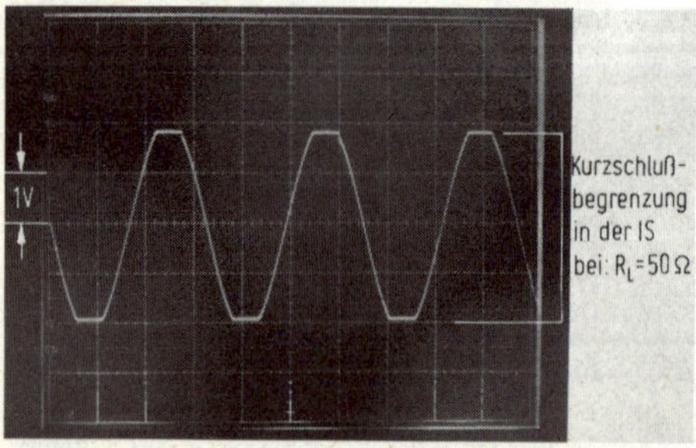

Abb. 2.7-3

schließen und die Spannung an Punkt 6 – IS 1 – messen. Eingang öffnen und mit P1 die vorherige Spannung an Punkt 6 wieder einstellen. Damit ist der offene Eingang $U_E = 0$ V. Für weiteren genauen Abgleich ist es wichtig, für jede IS ein Potentiometer P2...P3 (IS-Pins 1-4-5) anzuordnen. Damit wird an jedem Ausgang 6 die Spannung getrennt auf Null gestellt. Um den Verstärkungsverlauf zu korrigieren, kann es erforderlich werden, drei weitere Potentiometer P4...P6 anzuordnen und nach Ausmessen diese durch einen Festwiderstand zu ersetzen. Das wird wie folgt gemacht: Am Eingang wird eine genau bestimmte Gleichspannung von z. B. + 1 V angelegt. Dann wird an jeder IS einzeln, von IS 1 nach IS 3 fortlaufend, bei Stellung von S 1 und S 2 auf 0 dB, die Ausgangsspannung an den drei Punkten 6 ebenfalls auf + 1 V gestellt. Das ist schon alles.

Noch ein Wort zum Eingang. Dieser kann im Bedarf natürlich dem Generatorinnenwiderstand von 600 Ω, 50 Ω, 8 Ω oder z. B. 4 Ω durch Parallelschalten eines Widerstandes angepaßt werden.

Damit die Dezibelrechnung uns nicht zuviel Kopfzerbrechen macht, ist in der vorstehenden Tabelle die Ausrechnung für dB-Werte bis 60 gleich erfolgt, so daß wir jederzeit leicht ablesen können, was mit den Stellungen von S 1 und S 2 in Abb. 2.7-2 nun erreicht wurde. – Übrigens, dB-Werte werden einfach addiert oder subtrahiert, steht also der Schalter S 1 auf –40 dB und S 2 auf –3 dB, so hat die eingestellte Dämpfung den Wert 43 dB. Somit vereinfacht sich dann doch einiges, wenn wir nun wissen, daß sich die dB-Werte addieren und subtrahieren lassen. Wichtig ist es nur, daß alle Pegelwerte auf einen Pegel-(dB-)Bezugsspannungswert bezogen werden.

2.8 Der Frequenz- und Zeitcalibrator

Das ist recht einfach mit dem Zählerbaustein, Typ 7490. Dieser Baustein, ein asynchroner 4-Bit-Zähler, enthält vier Flipflops. Diese sind so aufgebaut, daß durch externe Programmierung nach *Abb. 2.8-1a* ein Zähler „durch 2" – „durch 5" entsteht, oder nach *Abb. 2.8-1b* ein Zähler „durch 5" – „durch 2". Im ersten Fall entstehen zwei Ausgangssignale, die einmal der halben und einmal der einem Zehntel der Eingangssteuerfrequenz entsprechen. Bei der zweiten Möglichkeit nach Abb. 2.8-1b wird gemäß dem oben Gesagten zuerst durch 5 divi-

Abb. 2.8-1

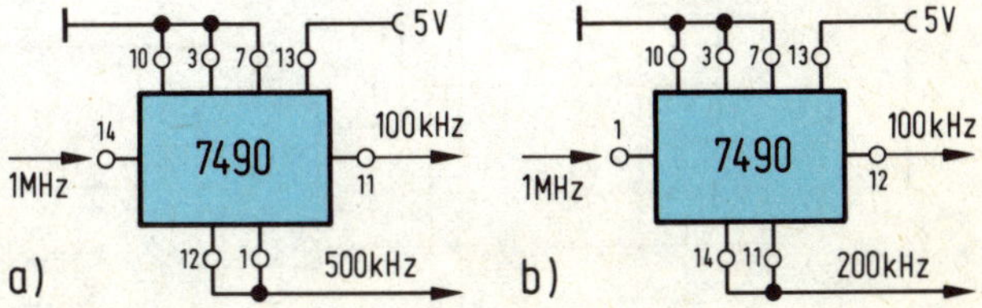

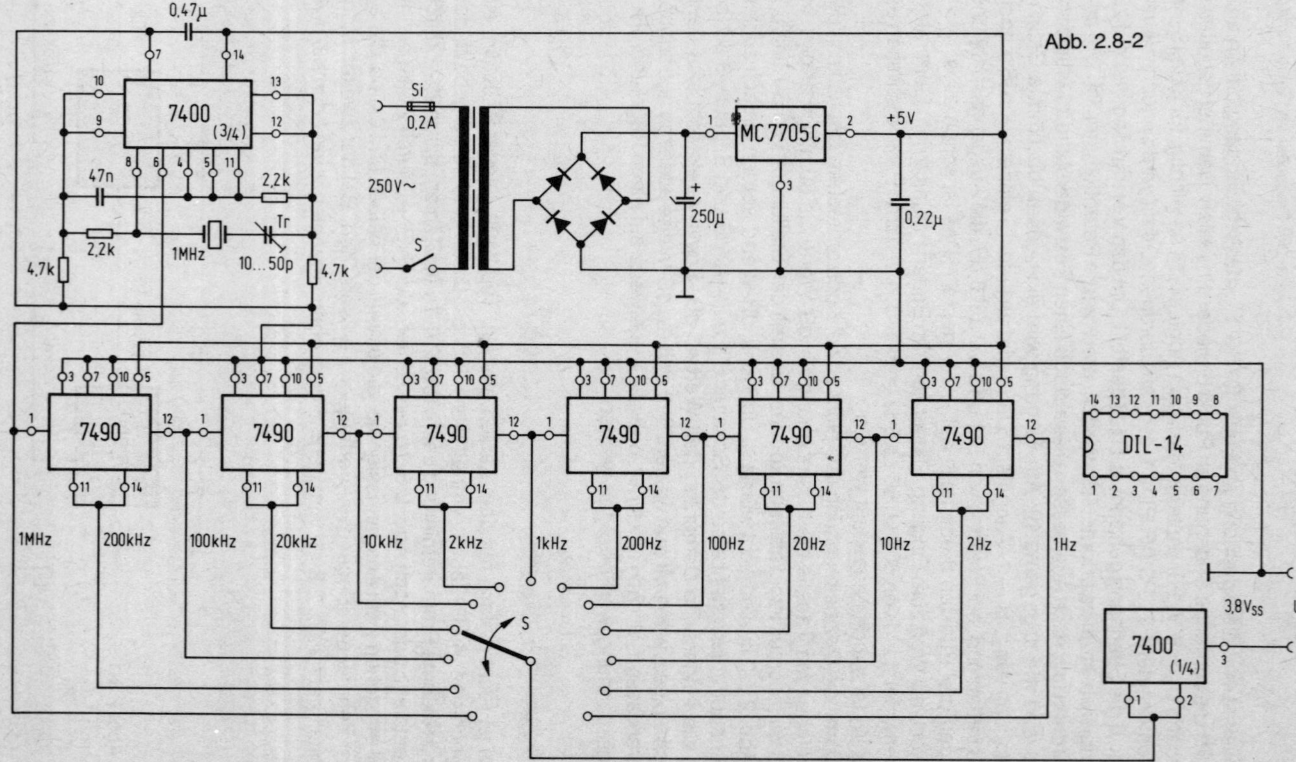
0,47µ
7400
(3/4)
Si
0,2A
250V~
S
MC 7705C
+5V
250µ
0,22µ
47n
2,2k
2,2k
1MHz
Tr
10...50p
4,7k
4,7k
7490
DIL-14
1MHz
200kHz
100kHz
20kHz
10kHz
2kHz
1kHz
200Hz
100Hz
20Hz
10Hz
2Hz
1Hz
3,8V_{SS}
U_A
7400
(1/4)

Abb. 2.8-2

diert – also entsteht eine Frequenz von $^2/_{10}$ der Steuerfrequenz –, und dann wird durch 2 geteilt, so daß wieder die $^1/_{10}$-Ausgangsfrequenz herauskommt.

Diese beiden Beispiele sind deshalb angeführt, weil für dieses Gerät verschiedene Anwendungsfälle vorliegen können, denen entsprechend in der Schaltung (*Abb. 2.8-2)* die Teiler 7490 dann auch nach Abb. 2.8-1a oder b aufgebaut werden. So wird man bei Zeitmessungen in der Elektronik, z.B. bei der Zeitbasis in einem Oszillografen, oftmals auf die 1-2-1-2 Sequenz zurückgreifen.

Die Zeitbasis

Als Zeitbasis wird ein Quarzgenerator mit zwei NAND-Gliedern der IS 7400 benutzt. Es sind die Glieder mit den Anschlüssen 9, 10 und 8 sowie 13, 12 und 11. Das dritte NAND-Glied mit den Anschlüssen 5, 4 und 6 soll entkoppeln und die IS 7490 ansteuern. Schließlich wird das vierte NAND-Glied der IS 7400 mit den Anschlüssen 1, 2 und 3 das Signal auskoppeln. Das Ausgangssignal ist ein Rechteck mit einer Amplitude (TTL) von etwa 3,8 V_{ss}. Dabei ist der 1-MHz-Quarz das frequenz- und zeitbestimmende Glied. Genaues Einstellen ist mit dem Trimmer T_r möglich. Das macht sich in der Praxis recht gut mit einem Langwellen- oder Mittelwellensender. So gibt es bei 200 kHz den Sender Droitwich, der oft gut empfangen werden kann. Dazu wird das 200-kHz-Signal des Generators in der Nähe der Antennenbuchse mit einer Leitung lose angekoppelt und mit T_r dann der Pfeifton auf Schwebungsnull abgeglichen.

Der Teiler

Dieser besteht aus sechs IS vom Typ 7490, so daß sich nach Abb. 2.8-2 folgende Frequenzen und Zeiten für eine ganze – und für eine halbe – Rechteckschwingung ergeben:

Schalter S Stellung:	Frequenz	Schwingungsdauer	$^1/_2$ Schwingung	Schwingungsdauer positiver Anteil	Schwingungsdauer negativer Anteil
1	1 MHz	1 µs	0,5 µs		
2	200 kHz	5 µs		1 µs	4 µs
3	100 kHz	10 µs	5 µs		
4	20 kHz	50 µs		10 µs	40 µs
5	10 kHz	100 µs	50 µs		
6	2 kHz	500 µs		100 µs	400 µs
7	1 kHz	1 ms	500 µs		
8	200 Hz	5 ms		1 ms	4 ms
9	100 Hz	10 ms	5 ms		
10	20 Hz	50 ms		10 ms	40 ms
11	10 Hz	100 ms	50 ms		
12	2 Hz	500 ms		100 ms	400 ms
13	1 Hz	1 s	500 ms		

Diese Tabelle gibt eine gute Übersicht über die Einsatzmöglichkeit in der Digitaltechnik. Aber auch für Zeitmessungen und Vergleiche in der Analogtechnik ist der Zeitplan gut geeignet.

Ausgangsspannung

Die Ausgangsspannung hat TTL-Pegel von etwa 3,8 V_{ss}. Sie ist somit geeignet, TTL-Kreise direkt anzusteuern. Hier sei noch darauf hingewiesen, daß die Frequenzen der Zweier-Teilung, bedingt durch die Teilerschaltung, ein unsymmetrisches Rechteckaussehen haben. Für eine Schwingung entfallen 20 % der Zeit auf die positive Rechteckwelle und 80 % auf den negativen Anteil der Schwingung. (Siehe dazu die Tabelle und die *Abb. 2.8-3a* und *b.)* Für allgemeine Anwendungen empfiehlt sich ein zweiter Ausgang mit Kondensatorkopplung. Der Kondensator muß dann jedoch wegen der unteren Grenzfrequenz von 1 Hz sehr groß gewählt werden. Bei einem Lastwiderstand von > 100 kΩ sollte bereits mit 100 µF gearbeitet werden, wobei der positive Pol des Kondensators mit dem Punkt 3 des IS 7400 zu verbinden ist.

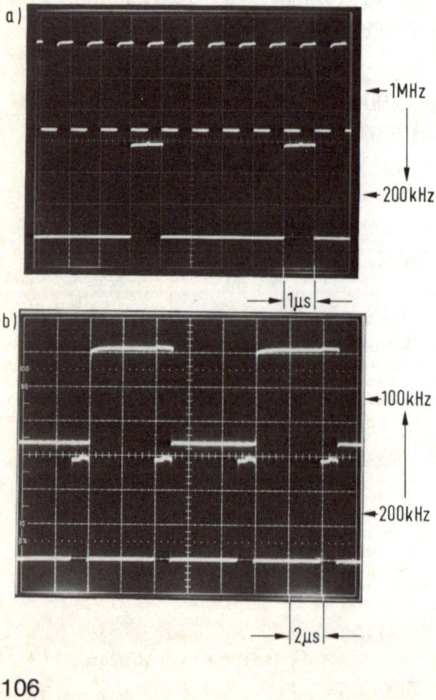

Abb. 2.8-3

2.9 Die Spannungsmessung von Niederfrequenzspannungen – ein Zusatzgerät für Sinusgeneratoren

So etwas läßt sich heute nach *Abb. 2.9-1* mit einem Operationsverstärker einfach machen. Zudem hat die Schaltung den Vorteil, daß es einfach funktionieren muß. Eben, weil's so einfach ist. Doch zur Sache selbst. Für die Verstärkung der kleinen Wechselspannungssignale wird ein Operationsverstärker herangezogen. Ein Operationsverstärker weist eine enorm hohe Spannungsverstärkung von z. B. 100 000fach auf, die durch geeignete Maßnahmen einer Gegenkopplung gedrosselt werden muß. Das ist erforderlich und sinnvoll, um ein stabiles Arbeitsverhalten zu erreichen. Der Profi arbeitet bei einem Operationsverstärker mit Verstärkungswerten zwischen 1...1000fach, in der Praxis meist zwischen 20...200fach. So auch in Abb. 2.9-1, wo die Gegenkopplung vom Ausgang (Punkt 6) des Verstärkers über den Gleichrichterkreis auf den invertierenden Eingang (Punkt 2) zurückgeführt wird. Das Potentiometer P bestimmt dabei den Grad der Gegenkopplung und somit den Endausschlag, also die Empfindlichkeit der Anordnung.

Somit fließt über das Potentiometer P auch der Instrumentenstrom, wobei die so über P als I · R entstehende Spannung die gegengekoppelte Spannung für den invertierenden Eingang des Operationsverstärkers ist. Der unlineare Bereich der Schwellspannung der Dioden wird hier nicht wirksam, da für diesen Fall im Bereich des Null-Durchganges der Sinusspannung dann auch die Gegenkopplung gleich Null ist. Der Operationsverstärker arbeitet hier sofort mit voller Verstärkung, wodurch dieser Bereich so schnell durchlaufen wird, daß er in der Anzeige der vorliegenden Schaltung kaum zu merken ist. Benutzen wir ein Meßinstrument mit einem Endausschlag, der z. B. bei 100 μA oder evtl. 200 μA liegt und mit einer linearen Zehnerteilung, so können Spannungen im Wert bis 100 mV linear zur Anzeige gebracht werden. Um ein stabiles und linea-

Abb. 2.9-1

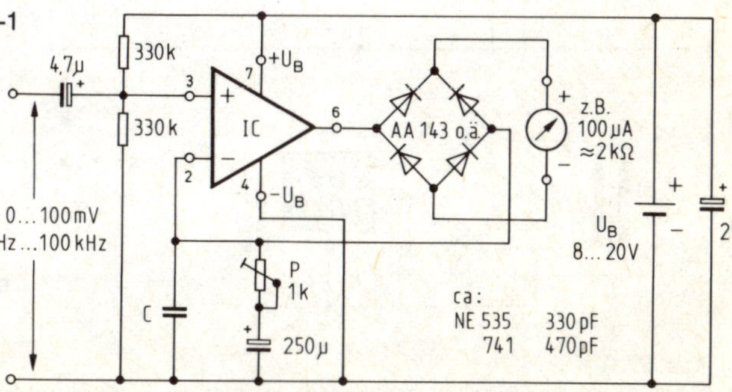

res Verhalten zu erreichen, empfiehlt es sich, die Anordnung für den Endausschlag nicht kleiner als 100 mV auszulegen.

Noch ein paar Worte zum Frequenzgang, der natürlich nach dem oben Gelesenen für den Einsatz im Nf-Gebiet nicht unwesentlich ist. Der Frequenzgang ist im wesentlichen von dem Typ des benutzten Operationsverstärkers abhängig. Ein ,,langsamer" Operationsverstärker vom Typ TBA 221, der dem international bekannten Typ 741 entspricht, kann bis 20 kHz ohne störende Fehler benutzt werden, wenn der Kondensator C in Abb. 2.9-1 mit 470 pF gewählt werden.

Besser ist es, den Kondensator C in Abb. 2.9-1 entfallen zu lassen und einen Operationsverstärker mit hoher Slew-Rate > 10 V/μs zu benutzen. So z. B. den Typ NE 530.

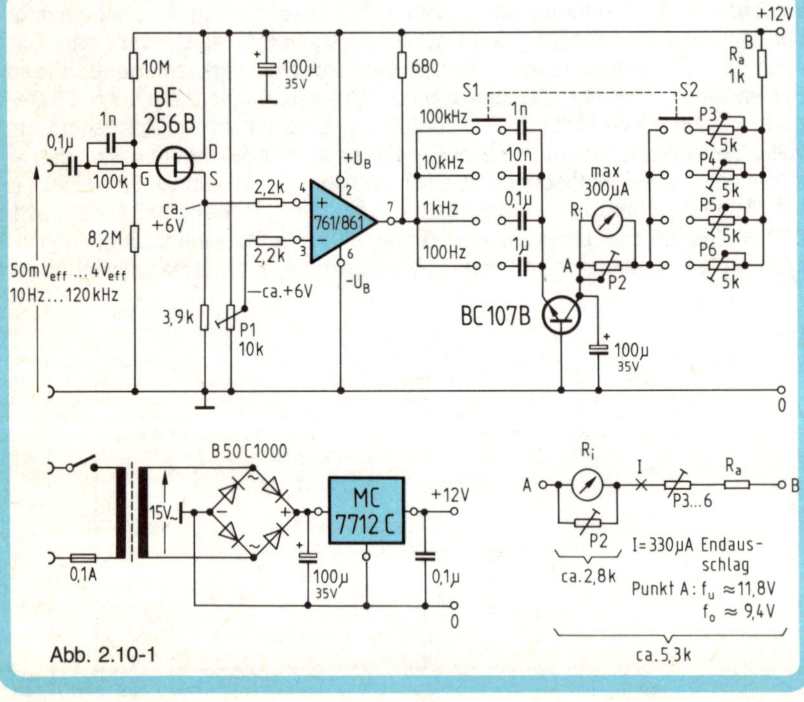

Abb. 2.10-1

2.10 Die Frequenzmessung im Niederfrequenzbereich – ein Zusatzgerät für Sinusgeneratoren

Nun sollte man nicht gleich laut ausrufen: wer denn wohl Frequenzen noch analog mißt. Zugegeben, bei genaueren – digitalen – Messungen gibt's Vorteile, besonders aber für die Hersteller der Bauelemente, denn dort steckt ein Vielfaches an DM gegenüber der einfachen Schaltung von *Abb. 2.10-1* drin.

Die Anwendung

So, und damit wären wir schon mitten drin. Das vorliegende Gerät ist besonders für den Nf-Meßbereich gedacht. Ich habe es beispielsweise mit dem Sinusgenerator in Kapitel 2.11 in einem Aufbau benutzt. Dabei entfallen dann die Probleme wie Skalenzeichnen usw., denn hier in Abb. 2.10-1 wird die lineare Skalenteilung 0...10 eines üblichen Drehspulmeßgerätes benutzt. Das ergibt klare, übersichtliche Verhältnisse.

Die technischen Daten

Zunächst jetzt einmal die Daten. Der Eingangsspannungsbereich, in welchem das Gerät einwandfrei arbeitet, hat die Grenzen 50 mV_{eff}...4 V_{eff}. Der Frequenzbereich geht von 10 Hz...100 kHz in vier Bereichen. Zur Erklärung sei für einen Bereich folgendes angegeben: Das Instrument hat die Teilung 0...10. Dann liegt im 1-kHz-Bereich bei Skalenzahl 1 die Frequenz 100 und bei Skalenzahl 10 die Frequenz 1 kHz.

Oftmals schlagen die vorhandenen Instrumente noch etwas weiter über die 10 aus. Machen Sie sich dann ruhig bei einer noch nicht „vorhandenen Zahl 11" einen Skalenstrich für die 11. Dann überlappen sich die Skalen ideal.

Der Frequenzbereich kann erweitert werden mit einer 5. Stellung des Kombidrehschalters S 1 und S 2. Dafür ist dann ein 100-pF-Kondensator erforderlich. Dafür brauchen wir aber kurze, kapazitätsarme Verbindungen von Punkt 7 (761) über den Schalter zum Emitter (BC 107). In diesem Fall sind Meßmöglichkeiten bis ca. 500 kHz gegeben.

Noch ein Wort zu der Eingangsspannung. Wir hatten uns bereits über die Grenzen von 50 mV und 4 V, jeweils Effektivwerte, unterhalten. Das entspricht einem Wert U_{ss} von 141 mV resp. 11,3 V. Wer noch kleinere Spannungen messen möchte, schaltet einen einstufigen Transistorvorverstärker ein. Bei höheren Spannungen erhält der Eingang einen Eingangsteiler. Die Spannungsformen, die zur Messung kommen können, müssen ein symmetrisches Aussehen haben. Also, z. B. Sinusspannungen, Rechteckspannungen und Dreieckspannungen. Wie schon gesagt, eignet sich die Schaltung ideal als Ergänzung für einen Tongenerator. „Mißbrauch" als Drehzahlmesser für's Auto ist ebenfalls möglich.

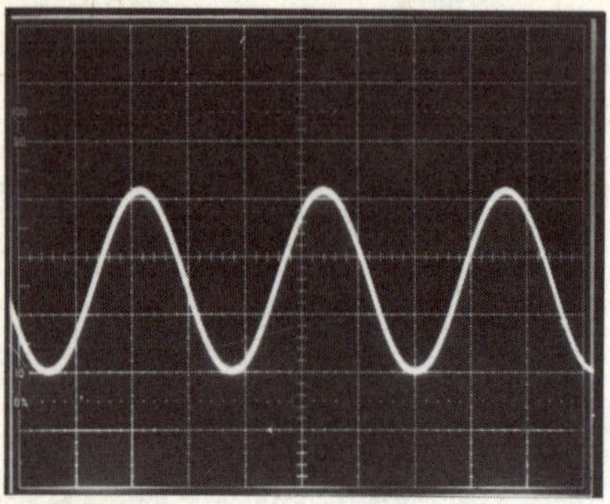

Abb. 2.10-2

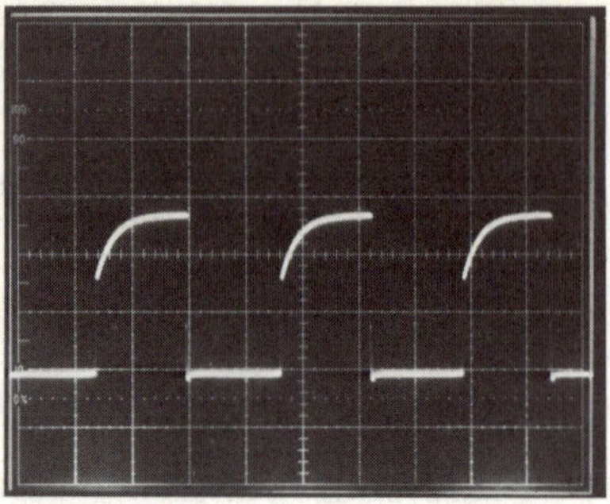

Abb. 2.10-3

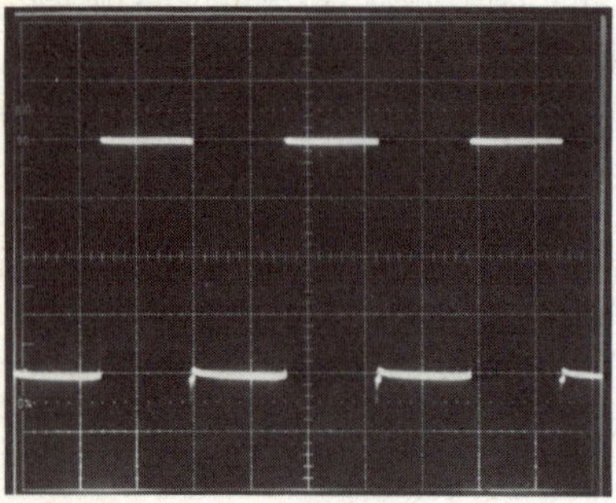

Abb. 2.10-4

Die Schaltung und ihre Signalverarbeitung

Nun zur Schaltung nach Abb. 2.10-1. Der Sourcefolger BF 256 hat zwei Aufgaben. Einmal für einen hochohmigen Eingang (ca. 4,5 MΩ) zu sorgen und zum anderen den folgenden, als Schmitt-Trigger arbeitenden Operationsverstärker TAA 761 oder 861 niederohmig anzusteuern. Der Ausgangskreis des Operationsverstärkers steuert über die vier Bereichskondensatoren den als Integrator geschalteten Transistor BC 107 B an, in dessen Kollektorkreis bereits das Anzeigeinstrument liegt. Ein Netzteil mit 12-V-Dreipunktregler ergänzt die Schaltung. Die folgenden Oszillogramme erläutern noch einmal die Wirkungsweise. Die Spannung der *Abb. 2.10-2* – ein 15 kHz Sinussignal – liegt am Eingang des Feldeffekttransistors mit einer Amplitude – hier – von 6 V_{ss}. Das gleiche Signal ist am Sourceanschluß und somit am Eingang des Operationsverstärkers zu messen. Die Amplitude kann dort um ca. 10 % niedriger sein als am Eingang. Abhängig von der Höhe der Betriebsspannung – hier in Abb. 2.10-1 mit 12 V gewählt – beträgt die Rechteckspannung am Ausgang des Operationsverstärkers (also am Punkt 7 gemessen) ebenfalls 12 V_{ss}. Das Aussehen ist in *Abb. 2.10-3* zu erkennen. Charakteristisch ist hier die obere Dachform: Integrationsvorgang durch Stromübernahme des Transistors. Die Abb. 2.10-3 ist im nicht kalibrierten Spannungsmaßstab aufgenommen. Die *Abb. 2.10-4* zeigt das Signal am Emitter des BC 107 B. Es ist ein symmetrisches Rechtecksignal von 8 V_{ss}. Die Amplitude ändert sich nicht bei Spannungsänderungen des Signales von Abb. 2.10-3, also, wenn sie z. B. mit anderen Betriebsspannungen als den angegebenen 12 V arbeiten.

Die Einstellung des Gerätes

Zunächst schalten Sie ein Vielfachmeßgerät, auf dem 10 V oder höheren Gleichspannungsmeßbereich, an den Punkt 7 (Ausgang) des Operationsverstärkers. Das Potentiometer P 1 wird jetzt so eingestellt (ca. Mittenstellung), daß das Spannungspotential an Punkt 7 gerade am Umkippen ist. Jetzt kommt nur noch die Frage des Kalibrierens. Auch das ist einfach, wenn Sie an den Zeitkalibrator von Kapitel 2.8 denken. Aber es geht auch ohne dem, mit einem anderen Frequenznormal zwischen 10 Hz...100 kHz.

Wer das nicht hat, hilft sich folgendermaßen. Zunächst einmal sollten die Bereichskondensatoren möglichst genau den angegebenen Werten entsprechen. Dann wird im Bereich 100 Hz (1 μF) eine 50-Hz-Trafospannung von z. B. 2 V an den Eingang gelegt und mit P 6 auf ca. Mittenstellung Instrument und dann mit P 2 auf Mitte – Anzeige 5 = 50 Hz – eingestellt. Damit stimmt der unterste Bereich. Stellen Sie jetzt mit dem Tongenerator den Zeiger auf 100 Hz ein – also eine 100-Hz-Frequenz – und gehen auf den nächst höheren Bereich. Dort wird dann mit P 5 der Zeiger auf Skalenzahl 1 (100 Hz) eingestellt und so fort. Sicherlich nicht die genaueste Methode, aber für den Anfang reicht es. Besser ist es natürlich, für jeden Bereich 1 bis 2 Sollfrequenzen bei z. B. Skaltenteil: 5 und 10, zur Verfügung zu haben. Das ist der ideale Fall. Eine ähnliche Schaltung wird übrigens in Kapitel 2.19 als Zähldiskriminator benutzt.

Meßwerte und Instrumentedaten

Nun zu den praktischen Meßwerten der Schaltung. Zunächst einmal, wer's kontrollieren will: An Punkt 7 des Operationsverstärkers ist ein symmetrisches Rechtecksignal von ca. 10 V_{ss} zu messen (Abb. 2.10-2). Charakteristisch daran ist das integrierte Aussehen der positiven Anstiegsflanke im oberen Teil. (Stromübernahme BC 107 B). Viel wichtiger scheinen mir die Gedanken zum Meßkreis zu sein. Verwenden Sie hier bitte Drehspulmeßgeräte mit großer Skala von 0...10, die einen Endausschlag von nicht mehr als 300 μA aufweisen, also z. B. solche mit 100 μA oder 200 μA. Die Größen von Ri, P 2, Ra und P 3...P 6 bestimmen den fließenden Strom für das Instrument. Dafür nachstehend Anhaltswerte, wenn Sie aus gegebenen Gründen von der Schaltungsdimensionierung in Abb. 2.10-1 abweichen. Bei den vorgegebenen Widerstandsgrößen in Abb. 2.10-1 von zusammen 5,3 kΩ und einem – worst case – eingestellten Endausschlag von 330 μA mit P 2 für das Instrument wurden am Kollektor von dem BC 107 B folgende Werte gemessen:

Ausschlag Instrument	Frequenz	Kollektorspannung
0	0	12 V
1	1 kHz	11,84 V
5	5 kHz	10,79 V
10	10 kHz	9,44 V

Diese Werte verhalten sich in den anderen Bereichen genau so. Sollten sie jetzt hiervon abweichen, so macht es nichts, wenn Sie folgendes berücksichtigen: Die unterste Kollektorspannung sollte – bei Endausschlag des Instrumentes – den Wert 5 V nicht unterschreiten. Somit steht Ihnen die Wahl und Größe von Ri, P 2, Ra sowie P 3...P 6 in weiten Grenzen frei. Vielleicht ein Vorschlag: Sie haben ein Instrument mit $I_E = 200$ μA (P 2 kann sogar entfallen), dann wird gegenüber Abb. 2.10-1 Ra erhöht werden müssen. Wie hoch? Nun, die 50-Hz-Netzfrequenz im 100-Hz-Bereich anlegen. P 6 auf Mitte regeln und Ra (z. B. 5 kΩ) regelbar machen, bis der Zeiger auf 5 (50 Hz) steht. Dann Ra ausmessen und als Festwiderstand einlöten. Kontrolle: Bei max. Ausschlag sollte $U_C \geqq 5$ V sein.

2.11 Der Sinus-Rechteckgenerator

So ein Sinus-Rechteckgenerator ist ein fester Bestandteil im Labor des Profis – also gehört er eigentlich auch in unser Labor, in das Hobby-Labor. Das ist ganz richtig, denn viele Aufgaben in der Elektronik setzen eine genau definierbare Signalquelle voraus. – Und dafür soll der Sinus-Rechteckgenerator der folgenden Beschreibung dienen. Zusätzliche Meßschaltungen sind in den Kapiteln 2.9 und 2.10 beschrieben.

Das Gerät sollte Forderungen erfüllen, die bei manchen Geräten, die uns angeboten werden, fehlen. Forderungen, die das Arbeiten mit dem Gerät einfach und sicher machen sollen, wie

- konstante Ausgangsspannung bei Frequenzänderungen
- klirrarmes Ausgangssignal
- regelbare Ausgangsspannung
- 50-Ω-Ausgangswiderstand
- steiles Rechtecksignal
- großer, praxisnaher Frequenzbereich
- hohe Ausgangsspannung.

Kommen wir nun zum Gerät selbst. Grundbaustein ist eine mit einem Operationsverstärker aufgebaute Wienbrücke. Das Prinzip zeigt *Abb. 2.11-1.* Darin sind R 1, C 1 sowie R 2, C 2 die beiden Wienglieder. Die Widerstände R 3 und R 4 bilden den Gegenkoppelzweig und stellen die Verstärkung des Wiengenerators ein. Die Verstärkung darf nicht konstant sein, denn bei Frequenzänderungen ändert sich die Güte der beiden R-C-Glieder. Die Frequenzänderung wird dadurch herbeigeführt, daß entweder R 1 und R 2 oder C 1 und C 2 geändert werden. Wichtig ist bei allen Einstellungen, daß immer die Bedingung R 1 = R 2 und C 1 = C 2 erfüllt bleibt. Durch die Änderung der Güte wird die Ausgangsspannung U_A größer oder kleiner. Um diese nun konstant zu halten, ist es erforderlich, den Gegenkoppelzweig regelbar zu machen. Das ist durch den Widerstand R 4 angedeutet. Wird durch schlechtere Güte die Ausgangsspannung kleiner, so muß der Widerstand R 4 ebenfalls im Wert sinken, um so den Verstärkungsverlust durch die dann kleiner werdende Gegenkopplung auszugleichen. Einfachere Geräte haben hier oft Kaltleiter (Glühbirnen) eingebaut, deren Schaltung jedoch erhebliche Nachteile aufweist.

Deshalb ist bei unserer Schaltung das Regelglied – also der Widerstand R 4 in Abb. 2.11-1 – durch eine elektronische Schaltung ersetzt worden. Benutzt wird hier der D-S-Widerstand (Drain-Source-Widerstand) eines Feldeffekttransistors, der im Bereich kleiner U_{DS}-Werte bis etwa 300 mV nahezu linear verläuft. Das ist in *Abb. 2.11-2* gezeigt, wobei mit kleinerer Gate-Source-Spannung auch der Kanalwiderstand kleiner wird und umgekehrt. Die typischen Einstellbereiche liegen zwischen 50 Ω...25 kΩ. Für die Nachregelung des Wien-

Abb. 2.11-1

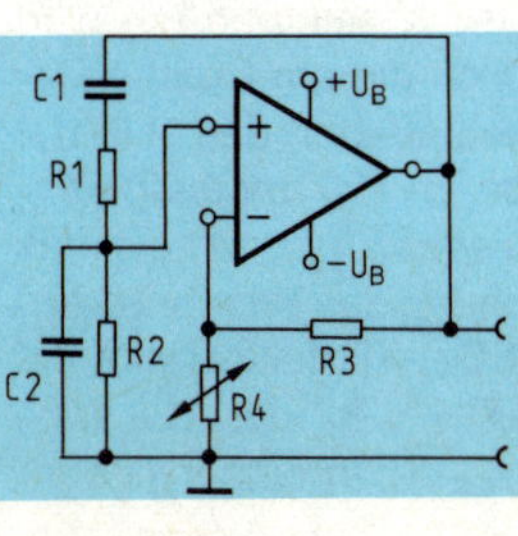

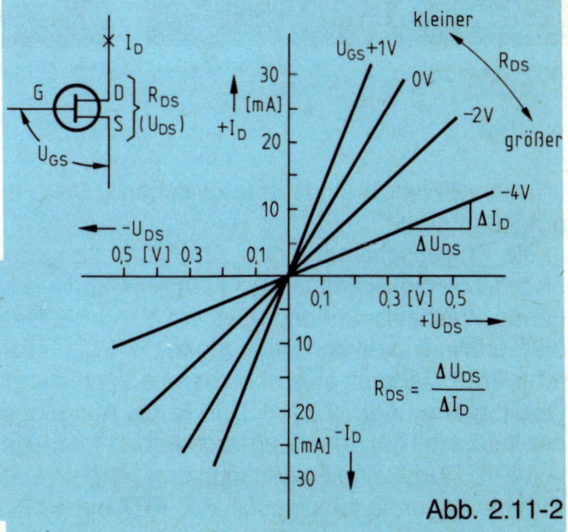

Abb. 2.11-2

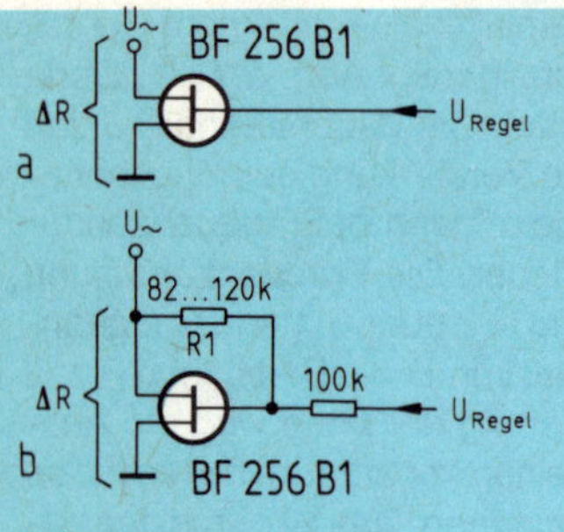

Abb. 2.11-3

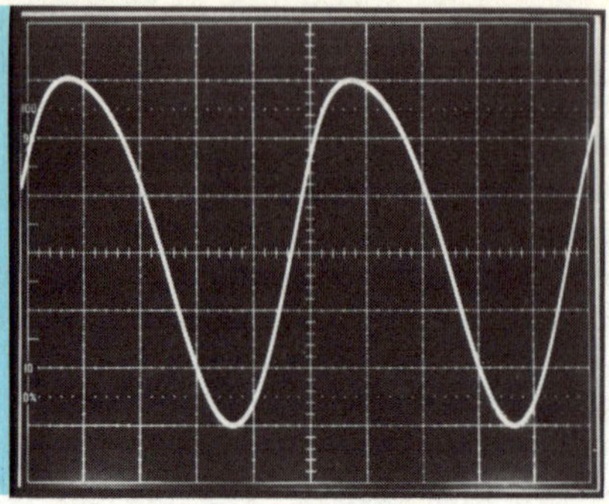

Abb. 2.11-4

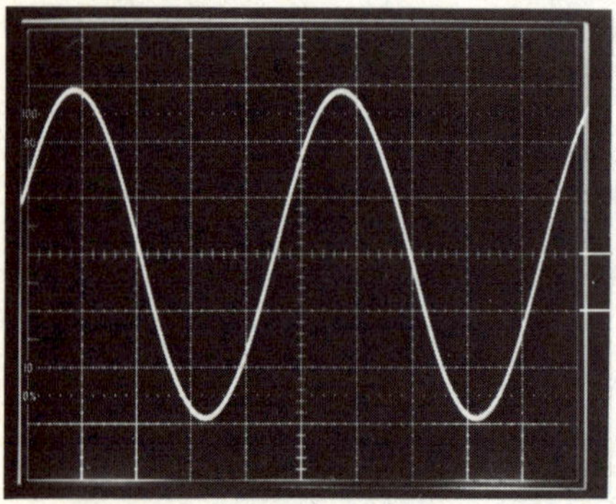

Abb. 2.11-5

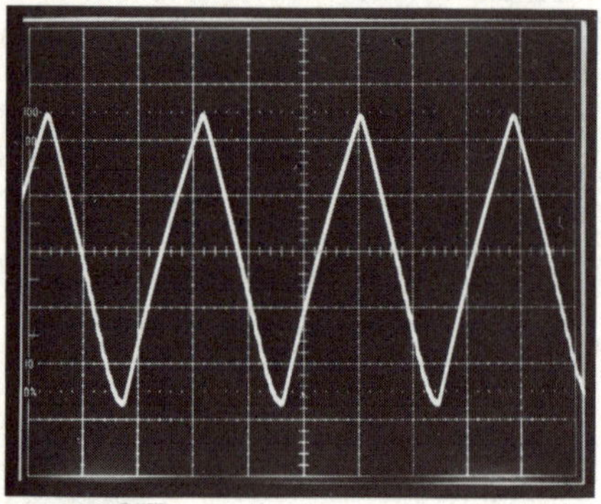

Abb. 2.11-6

brückenoszillators sind Werte zwischen 150 Ω...300 Ω erforderlich, die leicht zu erreichen sind.

Die Prinzipschaltung ist in *Abb. 2.11-3a* gezeigt. Der Widerstand R 4 wird also durch die Schaltung 2.11-3a ersetzt. Nun ist jedoch die am Drain anliegende Wechselspannung etwa 1,4 V_{ss} groß. Das bedeutet aber, daß in Bild 2 die Kennlinie in beiden Richtungen der U_{DS}-Polarität bis zu 700 mV ausgefahren wurde. Dadurch entstehen bereits Verzerrungen. Dieses Ergebnis zeigt das Oszillogramm *Abb. 2.11-4*. Dort ist die Ausgangsspannung des Wienbrückenoszillators mit der Schaltung nach Abb. 2.11-3a gezeigt. Der Klirrfaktor beträgt K = 14 %! Durch eine Gegenkopplung (*Abb. 2.11-3b*) – R 1 = 82 kΩ...120 kΩ – wird die Widerstandskennlinie des FET bei größeren U_{DS}-Spannungen linearisiert. Als Ergebnis präsentiert sich das einwandfreie Sinussignal nach *Abb. 2.11-5* mit einem Klirrfaktor von ≦ 0,1 %! Die erforderliche Steuerspannung für das Gate wird – wie später zu besprechen ist – in einem Regelverstärker erzeugt.

Noch etwas zum Frequenzbereich des Oszillators. Die Schwingfrequenz errechnet sich recht einfach nach der Gleichung

$$f = \frac{1}{2 \cdot \pi \cdot R \cdot C}$$

Dabei ist für R und C einzusetzen: R 1 oder R 2 sowie C 1 oder C 2.

Erinnern wir uns an die Forderungen, daß R 1 = R 2 sowie C 1 = C 2 sein muß. Das ist nicht nur für die sichere Schwingbedingung, sondern auch für einen kleinen Klirrfaktor notwendig. Nach dieser Gleichung werden in der Schaltung die Werte für R 1, R 2 sowie C 1, C 2 berechnet. Die untere Grenze liegt sinnvoll bei etwa 8 Hz, und die obere Grenze ist unter anderem durch den kapazitätsarmen Aufbau der Brückenglieder gegeben. Weiter spielen da aber noch die Kenndaten des Operationsverstärkers eine große Rolle. Für eine hohe Schwingfrequenz ist ein OP-Amp mit hoher Slew-rate erforderlich – eingesetzt wurde der Typ NE 530. Damit wird eine Frequenz bis 100 kHz erreicht, und das bei einer Ausgangsamplitude von 12 V_{ss}. Versuche haben ergeben, daß mit C 1 = C 2 = 220 pF die Frequenzgrenzen f_u = 30 kHz und f_o = 320 kHz sind. Der Klirrfaktor bei 100 kHz liegt bei ≦ 0,2 %! Mit C 1 = C 2 = 100 pF wurden Werte für f_o und f_u von 52 kHz bis 500 kHz erreicht. Hier setzt allerdings ab etwa 250 kHz die auf Klirrarmut gezüchtete Amplitudenregelung nicht mehr voll ein, so daß am oberen Frequenzbereich ein Amplitudenabfall von 1 dB zu verzeichnen ist.

Wird der Typ 741 benutzt, so liegt die Grenzfrequenz bei etwa 10 kHz. Bei höheren Frequenzen wird das Sinussignal zum Dreiecksignal nach *Abb. 2.11-6.* Da der Übergang vom Sinus zum Dreieck innerhalb des benutzten Frequenzbereiches fließend ist, läßt sich der steigende Klirrfaktor nicht definiert kontrollieren. Nach diesem Abschweifen in einige Grundlagen jetzt aber zu der Schaltung selbst. Diese ist in *Abb. 2.11-7* zu sehen. Kurz die Beschreibung: IS 1 (NE 530) bildet den Wienbrückenverstärker, T 1 (BF 256 B) das Regelglied. IS 2 (741) ist der Nachregelverstärker für T 1, wobei das Ausgangssignal von Punkt 6 der IS 1 über die Diode AA 143 gleichgerichtet und in IS 2 mit einer an P 3 eingestellten Sollspannung verglichen wird. Die verstärkte Differenzspannung an Punkt 6 der IS 2 steuert den FET T 1. Die integrierten Schaltungen IS 3 und IS 4 bilden das Netzteil für die erforderlichen Betriebsspannungen + 12 V und – 12 V. Es können hier verschiedene Typen eingesetzt werden mit Spannungswerten von 12 V sowie Stromwerten ≧ 1 A. Die Transistoren T 2 bis T 4 (BC 107 B) bilden einen Schmitt-Trigger, der das Sinussignal in ein Rechtecksignal umwandelt. Darin ist T 2 als Emitterfolger geschaltet, der den Eingangskreis vom eigentlichen Schmitt-Trigger trennt. Die LED zeigt den Betriebszustand des Schmitt-Triggers an, wenn S 2 auf Rechteckbetrieb gestellt ist. T 5 bis T 8 bilden einen breitbandigen Meßverstärker mit einer niederohmigen Ausgangsimpedanz von 50 Ω. Es sollten komplementäre NPN-PNP-Typen benutzt werden. Wird für T 7 als Beispiel der Typ BC 360 benutzt, so sollte dann für T 8 der NPN-Typ BC 340 gewählt werden. Es läßt sich aber auch mit etwas mehr an Klirrgrad mit einem nichtkomplementären Typ BSY 90 arbeiten.

Das war die „Kurzbeschreibung". Jetzt jedoch zu den Einzelheiten. Wichtig ist zunächst der Wienbrückenkreis. Die erforderlichen Widerstände werden durch das Tandempotentiometer P 1 (2x 25 kΩ lin.) in Reihe mit R 2 und R 3 gebildet. S 1 schaltet die Kondensatoren für die Frequenzbereiche. Nach der Gleichung

$$f = \frac{1}{2 \cdot \pi \cdot R \cdot C}$$

wird der Widerstand R nach Abb. 2.11-1 mit 27,2 kΩ oder, hier als Teilwiderstand von R, mit 2,2 kΩ eingesetzt, denn gleichgültig, ob P 1 voll aufgedreht ist oder nicht, addieren sich zu dem jeweils eingestellten Potentiometerwert immer R 2 und R 3 als Serienschaltung. Somit werden die Bereichsfrequenzen von z. B. $f_u = 585$ Hz und $f_o = 7230$ Hz erreicht. Damit erhalten wir eine hinreichende Überlappung der einzelnen Bereiche. Wer will, kann R 2 und R 3 anders dimensionieren und somit maßgeschneiderte „Eckfrequenzen" für f_o und f_u erhalten. Jedoch sollten R 2 und auch R 3 nicht kleiner als 1,5 kΩ gewählt werden, da sonst der Klirrfaktor im Bereich von f_o unzulässig hoch ansteigt. Sollen Frequenzen bis 100 kHz erreicht werden, so kann S 1 fünfstellig ausgeführt werden. Die beiden zusätzlichen Kondensatoren sind dann im Wert mit 220 pF zu wählen. Bei der Auswahl der Kondensatoren ist es sinnvoll, diese aus mehreren Exemplaren so auszusuchen, daß C 1 möglichst gleich C 2 ist.

In der Schaltung nach Abb. 2.11-1 ist der Widerstand R 1 mit 100 kΩ angegeben. Dieser Wert hat sich nach mehreren Versuchen als optimal erwiesen. Daraus resultiert dann der günstige Klirrfaktor von kleiner als 0,1 % – typisch 0,08 %! Praktische Werte für R 1 liegen zwischen 82 kΩ und 120 kΩ. In diesem Zusammenhang soll nicht unerwähnt bleiben, daß auch der eingestellte Wert von P 2 erheblichen Einfluß auf den Klirrfaktor hat. Optimal etwa 1 kΩ. Der Wert von P 2 stellt den sicheren Schwingeinsatz ein.

Nun zu den Einstellwerten von IS 1 und IS 2. Stellen Sie zunächst P 2 auf etwa 1 kΩ ein und P 1 in Mittenstellung sowie den Schalter S 1 auf 10 nF. Mit P 3 wird die Ausgangsspannung am Punkt E eingestellt. Diese soll etwa 4 V_{eff} entsprechend 11,3 V_{ss} betragen. Dafür wird mit P 3 eine Gleichspannung von etwa +4 V am Punkt A eingestellt. Im eingeregelten Zustand entspricht die Spannung am Punkt B dann ebenfalls dem Wert von etwa +4 V. Die Regelspannung am Punkt F liegt je nach Stellung von P 1 zwischen ±500 mV und beträgt in Bereichsmitte von P 1 etwa null Volt. Die Höhe dieser Spannung hängt von den Exemplarstreuungen des verwendeten FET ab. Im Mustergerät betrug

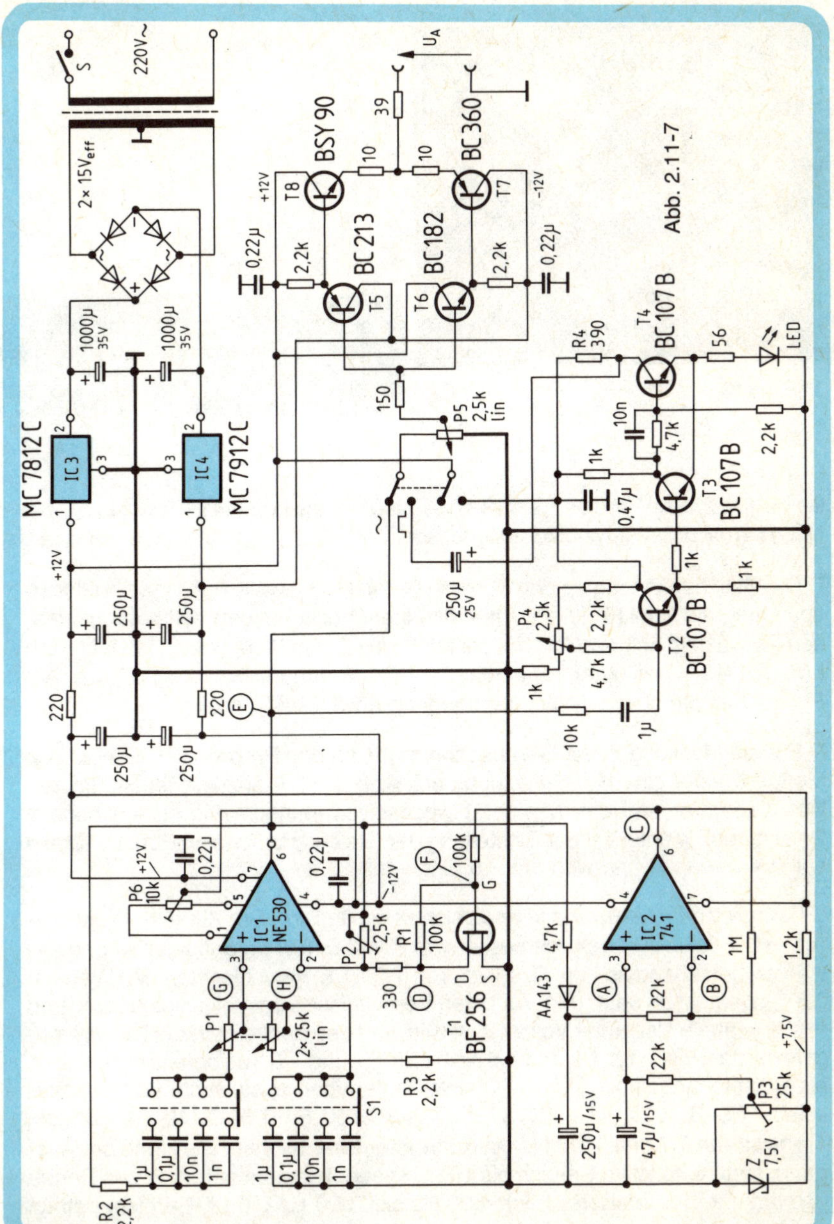
220V~
S
2×15V eff
1000µ 35V
1000µ 35V
MC 7812 C
IC3
MC 7912 C
IC4
+12V
250µ
220
E
BSY 90
T8
BC 360
T7
BC 213
T5
BC 182
T6
0,22µ
2,2k
10
39
U A
150
P5 2,5k lin
R4 390
T4 BC 107 B
56
LED
10n
4,7k
1k
0,47µ
T3 BC 107B
250µ 25V
P4 2,5k
2,2k
4,7k
T2 BC107 B
10k
1µ
P6 10k
IC1 NE530
P2 2,5k
R1 100k
330
F
100k
T1 BF 256
D
G
S
4,7k
AA143
IC2 741
22k
1M
1,2k
A
B
C
P1 2×25k lin
R3 2,2k
S1
1µ
0,1µ
10n
1n
R2 2,2k
250µ/15V
47µ/15V
P3 25k
+7,5V
Z 7,5V
Abb. 2.11-7

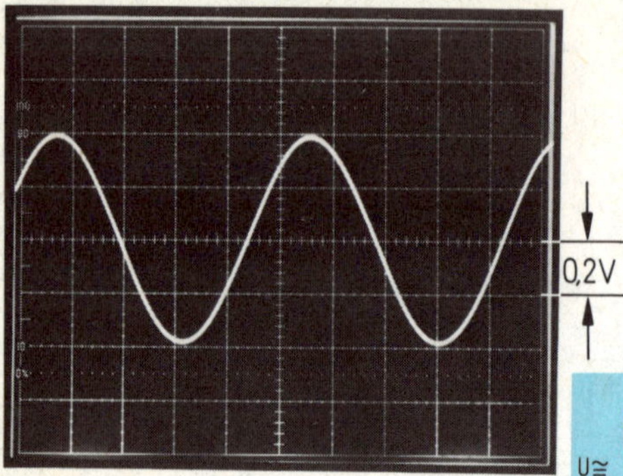

Abb. 2.11-8

Abb. 2.11-9

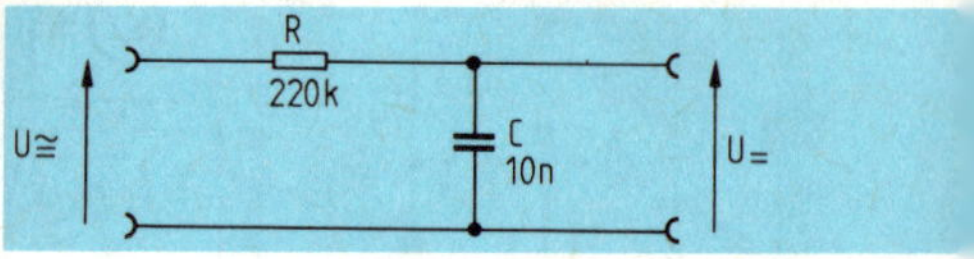

sie bei f_u +255 mV und bei f_o −113 mV. Entsprechend konnte ich am Punkt C bei f_u +474 mV und bei f_o −228 mV messen.

Die Gleichspannung an den Punkten G und H ist jeweils 0 V. Und die Gleichspannung am Punkt F entspricht – mit einem hochohmigen Voltmeter gemessen – etwa dem halben Wert von der am Punkt C. Am Meßpunkt F entsteht nach *Abb. 2.11-8* (Oszillogramm) eine reine Sinusspannung von etwa 0,8 V_{ss}. Am Punkt D ist die gleiche Wechselspannung etwa 1,4 V_{ss} groß.

Für die Messungen der Gleichspannungen an den Punkten E-F-G-H ist das Meßgerät über eine R-c-Schaltung nach *Abb. 2.11-9* anzuschließen, um den Wiengenerator und das Meßgerät wechselspannungsmäßig zu entkoppeln. Das ist auch wichtig bei der Einstellung der Gleichspannung an Punkt E. Diese soll 0 V betragen und wird mit P 6 eingestellt.

Die erreichten Meßwerte können sich sehen lassen. Der Klirrfaktor liegt zwischen 0,1 % und 0,15 %, gemessen am Punkt E. Der darauffolgende Endverstärker, bestehend aus den Transistoren T 5...T 8, verschlechtert den Wert um 0,3 %, gemessen unter ungünstigsten Verhältnissen bei Vollaussteuerung und mit $R_L = 50\ \Omega$, also unter Vollast. Der Klirrgrad des Endverstärkers kann verringert werden, wenn für T 5 und T 6 sowie für T 7 und T 8, wie bereits weiter oben als Beispiel angeführt, jeweils Komplementärtypen ausgesucht werden. Beispiel: T 5–BC 327; T 6–BC 337; T 7–BC 160-6; T 8–C 140-6. Für die Transistoren T 7 und T 8 ist je ein Kühlsystem vorzusehen. Die Höhe der Ausgangsspannung ist im Bereich bis 100 kHz sehr konstant aufgrund des Regelverstärkers IS 2. Im Bereich von 680 Hz bis 7000 Hz (10-nF-Bereich) beträgt die Ausgangsspannungskonstanz:

Frequenz	Ausgangs-spannung	Spannung an Punkt C
600 kHz	4,00 V	ca. + 170 mV
1 kHz	4,00 V	–
3 kHz	4,02 V	–
5 kHz	4,05 V	–
6 kHz	4,05 V	–
7 kHz	4,05 V	ca. – 600 mV

Der Betriebsstrom des Sinusgenerators mit Endverstärker ist bei Vollast mit $R_L = 50\ \Omega$ – jedoch ohne Schmitt-Trigger – in beiden Speiseleitungen etwa 35 mA.

Für die Regelung der Ausgangsspannung ist das Potentiometer P 5 vorgesehen. Sehr sinnvoll ist es, den in Kap. 2.7 beschriebenen dB-Teiler direkt an den Ausgang anzuschließen. Das ergibt definierbar genaue Ausgangsspannungswerte.

Über den Schalter S 2 wird die Betriebsart Sinus- oder Rechteckspannung gewählt und der Schmitt-Trigger T 2...T 4 eingeschaltet. Das erhaltene Rechtecksignal weist nach *Abb. 2.11-10* extrem kurze Schaltzeiten auf. Mit dem Potentiometer P 4 ist es möglich, die Symmetrie des Rechtecksignals nach *Abb. 2.11-11* zu ändern. Dabei können sowohl die positiven als auch die negativen Signalanteile beeinflußt werden. Für normale Anwendungsfälle wird P 4 als Trimmpotentiometer ausgeführt und ein symmetrisches Rechtecksignal eingestellt.

Abb. 2.11-10

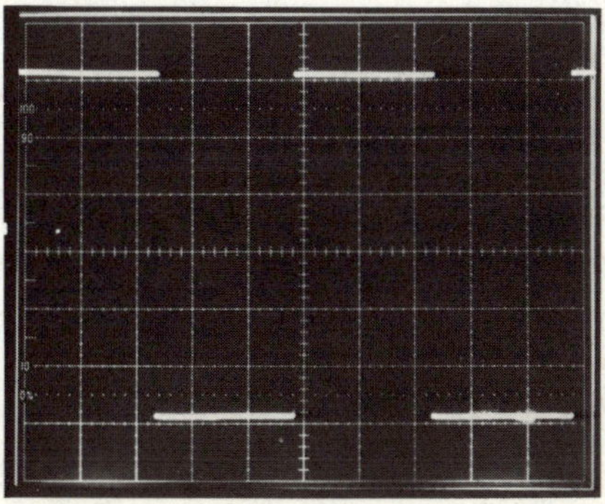

Abb. 2.11-11

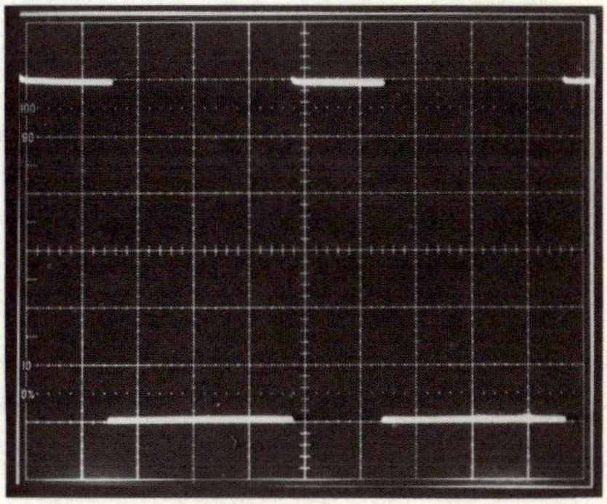

Nun kann noch die Frage entstehen: Weshalb denn für den Schmitt-Trigger keine IS? Dem steht – besonders bei Nachbauschaltungen – meine Erfahrung gegenüber, daß Schmitt-Trigger in IS-Technik, z. B. aus TTL-Komparatoren aufgebaut, bei unsachgemäßer Verdrahtung innerhalb der Umschaltzeiten – also der Flanken – zu Hf-Störungen neigen, so daß sich ein unsauberes Rechtecksignal ergibt. Der Grund ist in der extrem hohen Schleifenverstärkung und hohen oberen Grenzfrequenz während der Umschaltzeiten zu suchen, wodurch kleinste Hf-Signale – auch solche des Ortssenders oder durch Eigenschwingen angeregte – auf den Flanken erscheinen. Deshalb der Rat: „diskret" aufbauen. Und nicht vergessen: Der Innenwiderstand des Breitbandverstärkers ist 50 Ω klein, also bei Anschluß mit $R_L = R_i = 50\ \Omega$ fällt die Ausgangsspannung auf 2 V_{eff}.

2.12 Ein Funktionsgenerator mit Sinus-Rechteck-Dreieck-Sägezahnsignalen

Ein einfacher Funktionsgenerator ist recht nützlich in unserem Hobby-Labor. Aber auch wenn er einfach im Nachbau sein soll, wollen wir doch nahe an die Daten eines Profigerätes herankommen. Sehen wir von den Transistoren des Endverstärkers einmal ab, so erhalten wir durch diesen Schaltungsvorschlag mit zwei Operationsverstärkern und einem FET ein recht gutes Ergebnis. Zumal der Aufbau ziemlich unkritisch ist.

Nun, zunächst einmal, was soll ein Funktionsgenerator? Er hat nicht die Aufgabe, ein brillantes, klirrarmes Sinussignal zu liefern. Auch an das Rechtecksignal werden hinsichtlich der Flankensteilheit keine zu hohen Forderungen gestellt. Er soll vielmehr Prüfsignale verschiedener Spannungsformen für aktive oder passive Baugruppen erzeugen. Unser Funktionsgenerator ist da nicht kleinlich, er liefert:

- Ein Sinussignal 2,5 V_{ss} oder 10 V_{ss} $K \approx 3{,}5\ \%$
- Ein Rechtecksignal (symmetrisch) 10 V_{ss}
- Ein Rechtecksignal unsymmetrisch (positiver Bereich)
- Ein Rechtecksignal unsymmetrisch (negativer Bereich)
- Ein Dreiecksignal 10 V_{ss}
- Ein Sägezahnsignal (ansteigende Flanke lang)
- Ein Sägezahnsignal (abfallende Flanke lang)

Also immerhin schon 7 Signale und diese dazu in einem praktikablen Frequenzbereich von 0,3 Hz...30 kHz. Die Signalamplitude ist regelbar. Zusätzlich ist ein Gleichspannungsoffset einstellbar ... und das alles an einem 50-Ω-Leistungsausgang.

Betrachten wir jetzt gemeinsam die Schaltung *Abb. 2.12-1*. Zunächst das,

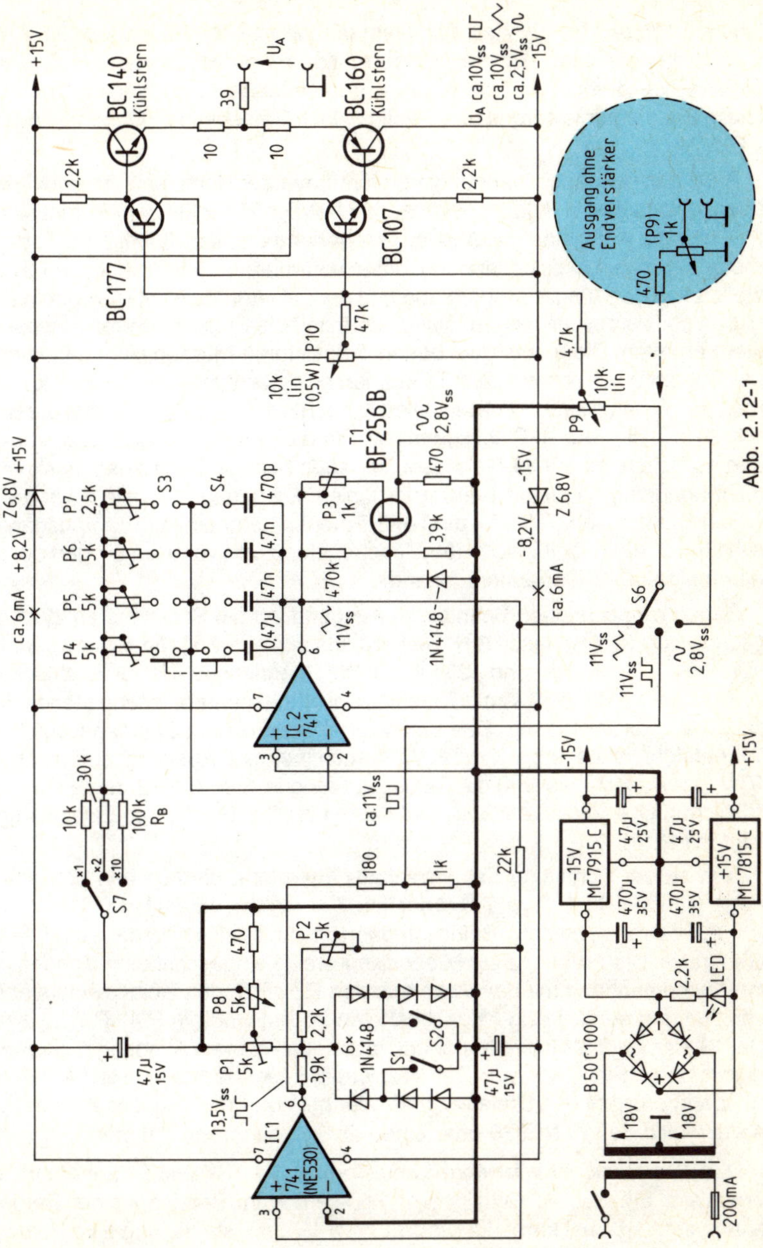

BC 140 Kühlstern
BC 160 Kühlstern
BC 177
BC 107
BF 256 B
T1
IC 2 741
IC1 741 (NE530)
MC 7915 C
MC 7815 C
B 50 C 1000
Ausgang ohne Endverstärker
U_A ca. 10 V_ss
ca. 10 V_ss
ca. 2,5 V_ss
+15V
-15V
Z 6,8V
1N4148
6× 1N4148
S1
S2
S3
S4
S6
S7
P1 5k
P2 5k
P3 1k
P4 5k
P5 5k
P6 5k
P7 2,5k
P8 5k
P9 10k lin
P10 10k lin (0,5W)
R_B
LED
200mA
18V

Abb. 2.12-1

was einfach ist: das Netzteil. Ein Trafo mit zwei 18-V-Wicklungen (0,5 A), ein Brückengleichrichter, der hier mit den beiden Trafowicklungen als Zweiweggleichrichter arbeitet und ein positiver und ein negativer Spannungsregler-IC. Diese Bauelemente sorgen u. a. für die beiden Betriebsspannungen +15 V und –15 V.

Auch der Ausgangsspannungsverstärker mit der Komplementärendstufe ist übersichtlich. Seine Ausgangsimpedanz beträgt 50 Ω. Mit dem Potentiometer P 9 wird die Amplitude der Ausgangsspannung eingestellt. Mit dem Potentiometer P 1 ist ein Gleichspannungsoffset von rund ±1,5 V einstellbar. Die Einstellbarkeit der Ausgangsspannung und der Offsetgröße ist etwas voneinander abhängig. Vergessen werden sollte nicht, daß die Endtransistoren einen Kühlstern erhalten. Die hier angegebenen Transistoren müssen nicht unbedingt in der Endstufe benutzt werden. Es können selbstverständlich ähnliche komplementäre Typen gewählt werden. Die beiden BC 107 und BC 177 sind dann solche im TO 18- oder im Plastikgehäuse. Für die Ausgangstransistoren verwenden wir solche im TO 39-Gehäuse. Der eben beschriebene Ausgangskreis ist nicht unbedingt in dieser Form erforderlich. Es genügt für viele Zwecke, P 9 – gestrichelt in Abb. 2.12-1 – als 1-kΩ-Potentiometer direkt in den Ausgang zu schalten ... dann fehlt jedoch die Offsetregelung und vor allen Dingen der niederohmige 50-Ω-Generatorausgang!

Gehen wir noch einen Schritt vom Ausgang auf die Schaltung zu, dann begegnen wir dem Schalter S 6. Dieser Umschalter wählt die Signalspannung „Dreieck“, „Rechteck“ und „Sinus“ an. Die Spannung dort ist für Rechteck und Dreieck ca. 11 V_{ss} groß. Am unbelasteten Komplementärausgang stehen dann ca. 10 V_{ss} zur Verfügung. Das Sinussignal, welches am Sourceanschluß von T 1 entsteht, ist ca. 2,8 V_{ss} groß. Wird auch hier eine Ausgangsspannung von 10 V_{ss} gewünscht, so wird die Sinusspannung in *Abb. 2.12-2* durch einen zusätzlichen Operationsverstärker auf diesen Wert gebracht. Die Einstellung erfolgt mit P 11.

Nun zu der Schaltung des Funktionsgenerators, die aus den drei aktiven Bauelementen IS 1 (Typ 741 oder NE 530 Valvo), IS 2 (Typ 741) und T 1 (BF 256 B Valvo) besteht. Beide integrierte Schaltkreise bilden zusammen den Generator. Die Frequenz wird über den jeweilig eingeschalteten Kondensator im Zusammenhang mit den Widerständen P 1, P 8, den Reihenwiderständen von S 5 und den jeweilig eingeschalteten Potentiometern P 4...P 7 bestimmt. Der IS 1 arbeitet als Komparator und erzeugt an seinem Ausgang 6 ein Rechtecksignal von ca. 13,5 V_{ss}. Der IS 2 ist als Integrator geschaltet. An seinem Ausgang entsteht das Dreiecksignal. Wer mit höheren Frequenzen liebäugelt, sollte gleich den IS NE530 oder einen ähnlich schnellen nehmen.

Das Dreiecksignal wird dem Impulsformer T 1 (BF 256 B) zugeführt. Der Transistor arbeitet als nichtlinearer Widerstand im Bereich kleiner Betriebsspannungen. Dabei formt die Diode 1 N 4148 am Gate die negative Halbwelle

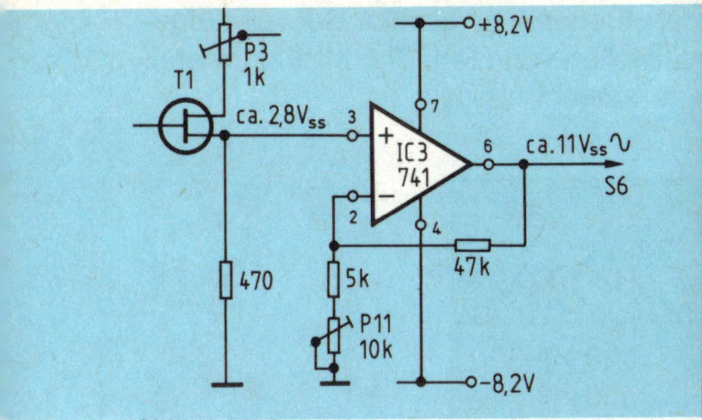

Abb. 2.12-2

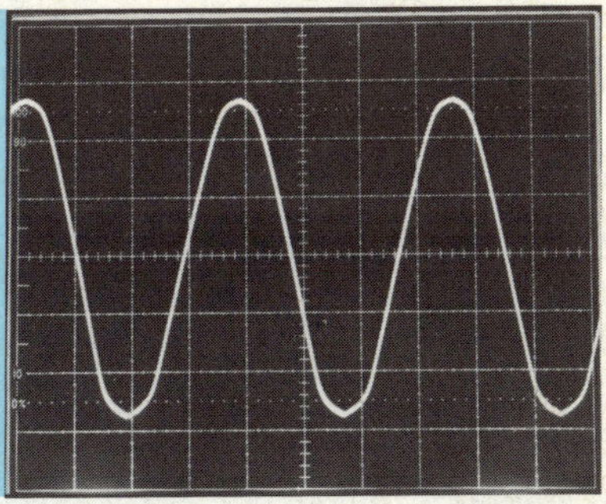

Abb. 2.12-3

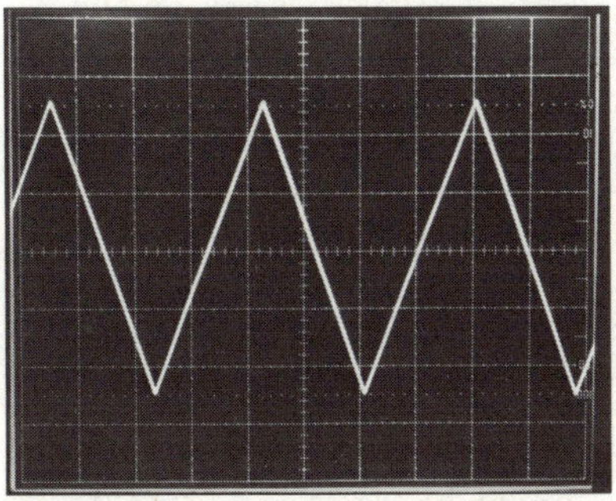

Abb. 2.12-4

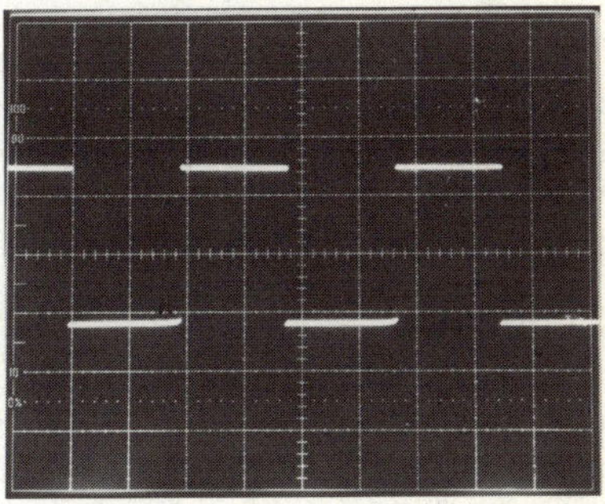

Abb. 2.12-5

des Dreiecks zu einer Sinusform, während vorwiegend für die positive Halbwelle der FET zuständig ist. Die beste Sinusform wird mit P 3 und Schirmbildkontrolle am Ausgang eingestellt. Sollte diese Maßnahme nicht ausreichen, so kann der Sourcewiderstand (470 Ω) im Bereich von 270 Ω...1 kΩ geändert werden. Immerhin ist der Sinus nach *Abb. 2.12-3* (Oszillogramm) mit einem Klirrgrad bis 3 kHz von nur 3,5 % ganz annehmbar.

Nun zu den Einstellungen bei der ersten Inbetriebnahme. Vorerst werden P 1, P 8 und P 5 auf Mitte gestellt. Der Schalter S 3 steht auf Stellung P 6 – 4,7 nF. Jetzt ist nur eine Einstellung erforderlich mit P 2. Es wird am Ausgang Punkt 6 von IS 2 eine Dreieckspannung (*Abb. 2.12-4*) von ca. 10...11 V_{ss} eingestellt. Die Einstellung soll einen kleinen Sicherheitsabstand kurz vorm Abreißen der Schwingung haben. Das Aussehen des Rechtecksignales ist in *Abb. 2.12-5* gezeigt. Es wird am Punkt 6 – IS 1 – gemessen.

Alle übrigen Einstellungen dienen den Frequenzbereichen. Bei voll aufgedrehtem Regler P 8 wird P 1 als Grobeinstellung und P 4...P 7 als Feineinstellung so eingeregelt, daß folgende Werte erreicht werden:

	Frequenzen		
Stellung S 4	RB 10 k	RB 30 k	RB 100 k
470 pF	30 kHz	10 kHz	300 Hz
4,7 nF	3 kHz	1 kHz	30 Hz
47 nF	300 Hz	100 Hz	3 Hz
0,47 μF	30 Hz	10 Hz	0,3 Hz

Der Regler P 8 für die Frequenzfeineinstellung ergibt einen großen Variationsbereich von 1 : 100. Das bedeutet im Endeffekt, daß die erreichten 0,3 Hz bis in den Tieftonbereich von 3 mHz verkleinert werden. Nun ist es jedoch sinnvoll, den Regelbereich von P 8 mit nur 1 : 10 anzusetzen. Dafür kann der 470-Ω-Widerstand als Begrenzung gegebenenfalls vergrößert werden (< 1 kΩ).

Die Bereichswiderstände R_B erweitern, wie aus der obigen Tabelle zu erkennen ist, den Frequenzbereich in definierten Sprüngen. Steht ein Frequenzzähler zur Verfügung, so können in Serie mit den Widerständen R_B zusätzliche Trimmpotentiometer eingeschaltet werden, so daß sich so ein definierter Frequenzabgleich ergibt. – Übrigens ist ein Frequenzzähler auch sinnvoll einzusetzen, wenn die übrigen frequenzbestimmenden Trimmer abgeglichen werden. Zu erwähnen ist noch, daß bei auftretenden Minus-Toleranzen der Bereichskondensatoren diese in weiten Grenzen mit den Trimmern P 4...P 7 ausgeglichen werden können.

Abb. 2.12-6

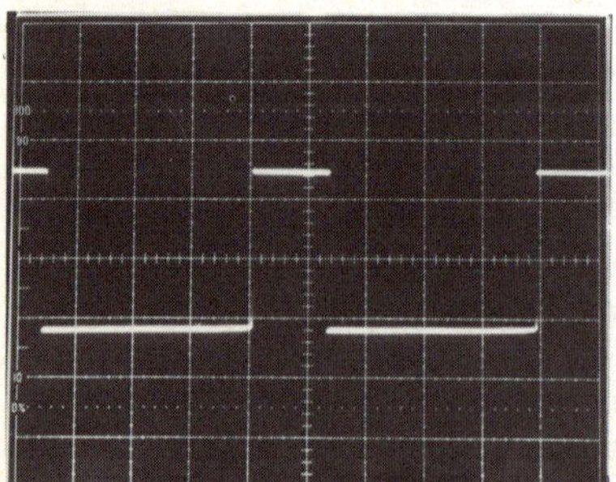

Abb. 2.12-7

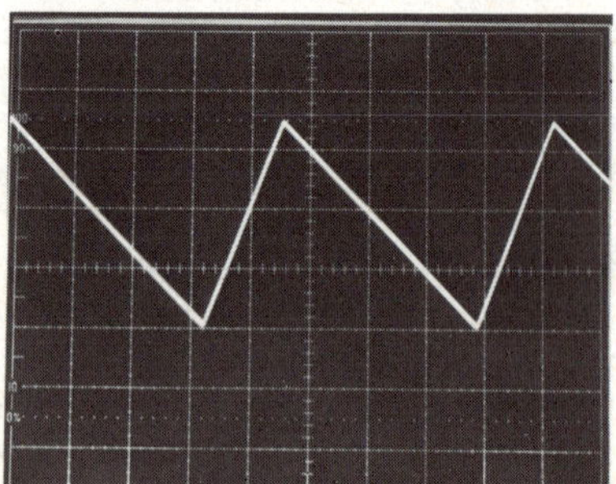

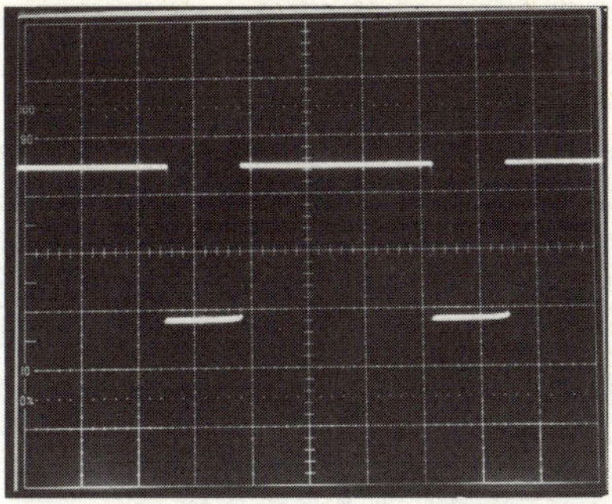

Abb. 2.12-8

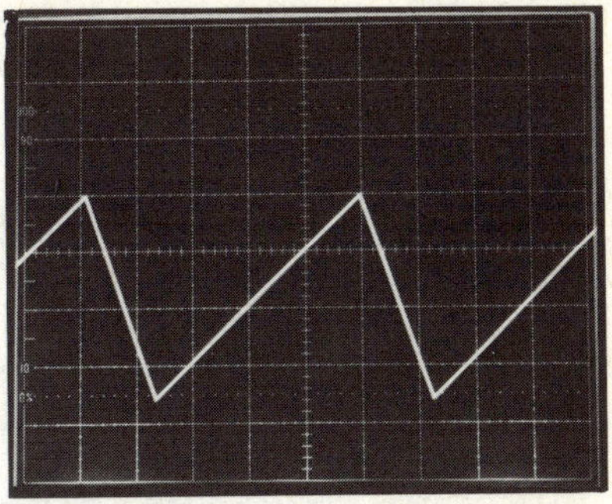

Abb. 2.12-9

Die Schalter S 1 und S 2 beeinflussen die Symmetrie des Rechtecksignales und damit auch die des Dreiecksignales. Das führt dazu, daß aus dem Dreiecksignal dann ein entsprechendes Sägezahnsignal wird. Die folgenden Oszillogramme *Abb. 2.12-6...2.12-9* zeigen die Funktionen der beiden Schalter. Der Schalter 1 ergibt die Ausgangsformen in Abb. 2.12-6 und 2.12-7, während die möglichen Spannungsformen des zweiten Schalters in den Oszillogrammen der Abb. 2.12-8 und Abb. 2.12-9 zu erkennen ist. Wichtig ist noch, zu erwähnen, daß die Sägezahnspannungen etwas unterhalb von 10 V_{ss} liegen und je nach gewählter Phasenlage mit S 1 oder S 2 einen Gleichspannungsoffset haben. Dieser kann mit P 10 beeinflußt werden.

Der Aufbau selbst ist recht unkritisch, was z. B. die Abschirmung angeht. Es ist jedoch zu empfehlen, die Masseleitungen (Flächen) möglichst groß zu machen und die Leitungslängen kurz zu halten. Für die erzielte obere Frequenz ist es schon erforderlich, einen OP-AMP für den IS 1 zu verwenden (hier NE 530 Valvo), der eine Slew-rate von mehr als 20 V/µs aufweist. (Näheres dazu in dem Buch „Operationsverstärker-Praxis", Franzis-Verlag.) Wer eine noch höhere Ausgangsspannung erzielen möchte, kann z. B. zwei 24-V-Spannungsregler benutzen und eine Zenerdiode von 8 V anstelle der 6,8-V-Zenerdiode. Die Ausgangsspannung beträgt in dem Fall ca. 20 V_{ss}..., aber es ist schon sinnvoll, zunächst einmal die vorliegende Schaltung ungeändert aufzubauen.

2.13 Hochfrequenzsignale mit einem einfachen Generator erzeugt

Bei diesem Gerät wird das Hf-Signal aus dem Oberwellengemisch eines Rechtecksignales gewonnen. Diese Art von Gerät wird oft als Signalinjektor oder als

Signalspritze bezeichnet, weil es Signale, gleich welcher Art, in eine „verstopfte“ Schaltung „einspritzt“ und somit leicht im Lautsprecher des zu prüfenden Gerätes akustisch festzustellen ist, an welcher Stelle ein Fehler, eine Unterbrechung oder ähnliches vorliegt. Übrigens ist diese Signalspritze eine scheußliche Störmaschine. Wer sie nämlich völlig unbeabsichtigt, denn dies ist ein dicker Verstoß gegen die postalische Bestimmung, also so richtig zufällig ungewollt mit einer kleinen Drahtantenne betreibt, der tötet jeden Rundfunkempfang durch laute Störgeräusche. Diese Geräte werden oft gewollt als Störenfriede benutzt. So z. B. in einem Raum, in dem der Verdacht eines Minispions besteht. Wird unser Störsender dann zusätzlich installiert und gewobbelt betrieben, so ist es aus mit jedem guten Spionageempfang.

Die Signale, die unser Generator erzeugt und uns anbietet, sind Rechteckschwingungen. So eine Rechteckschwingung beinhaltet einmal ihre Grundwelle sowie eine Vielzahl ganzzahliger Oberwellen, die im Betrag ihrer Amplitude allerdings mit wachsender Ordnungszahl kleiner werden. Ist die Grundwelle zum Beispiel 4 V_{ss} bei 1 kHz groß – ein gut hörbarer Meßton – so ist die Amplitude ihrer hundertsten Oberwelle, also 100 kHz, immer noch 40 mV_{ss}.

So, und da haben wir's schon. Die 1-kHz-Grundwelle hören wir gut als Nf-Meßton – es ist nach *Abb. 2.13-3* übrigens ein sehr gutes Rechtecksignal, um das uns manch teurer Rechteckgenerator beneiden würde – und die tausendste Oberwelle – (1 MHz) – ergibt noch ein sehr brauchbares Antennensignal für die Prüfung des Mittelwellenempfanges. Irgendwo mit einer Drahtschleife an die Ferritantenne gebracht oder eben mit einer Tastspitze in den Vorkreis „eingespritzt“, hört man schon, ob z. B. der MW-Empfang noch will oder nicht. Für die AM-ZF von z. B. 460 kHz des Radiogerätes läßt sich unser Störenfried leicht umschalten. Ebenso erreicht er spielend alle UKW-Frequenzen. Auch ein FS-Gerät im UHF-Bereich fühlt sich noch angesprochen.

Und nun zur Schaltung des Generators. Diese ist in *Abb. 2.13-1* nach dem Prinzip: wenig Teile – wenig Fehler aufgebaut. Genaugenommen besteht das Ding nur aus einer IS Typ 7400. Wie wir aus den nachfolgenden Daten entnehmen können, sind da vier NAND-Glieder mit insgesamt 16 Transistoren und noch ein paar passiven Bauteilen eingebaut. Ich habe diese IS gewählt, weil sie preiswert ist.

Vier NAND-Glieder mit je zwei Eingängen

Wichtig ist bei allen IS der TTL-Serie, daß die für 5 V ausgelegte Speisespannung nicht überschritten wird. 5,25 V werden hier als Grenzwert angegeben.

Der Generator nach Abb. 2.13-1 besteht aus einem sogenannten Start-Stop-Oszillator mit den NAND-Gliedern 1...3 (*Abb. 2.13-2*). NAND-Glied 4 koppelt das Ausgangssignal aus. Den Oszillator lassen wir vorerst einmal auf Start laufen, indem Punkt 1 (NAND-Glied 1) an $+U_B$ gelegt wird (später werden wir sehen, daß wir ihn auch noch „stoppen“ können). Die Frequenz der Recht-

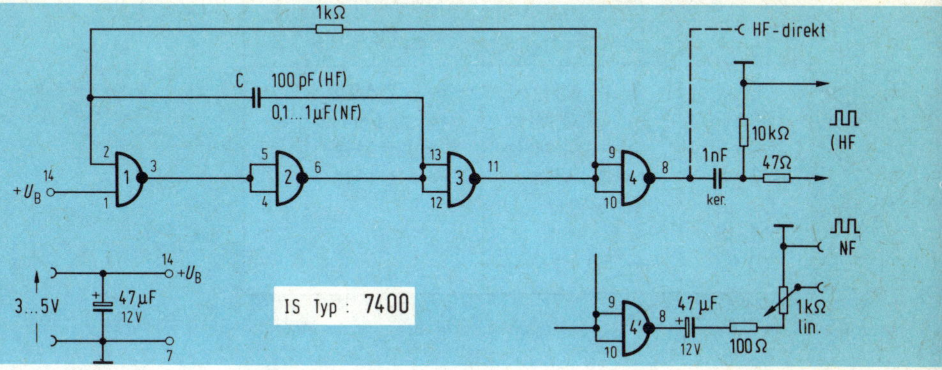

Abb. 2.13-1

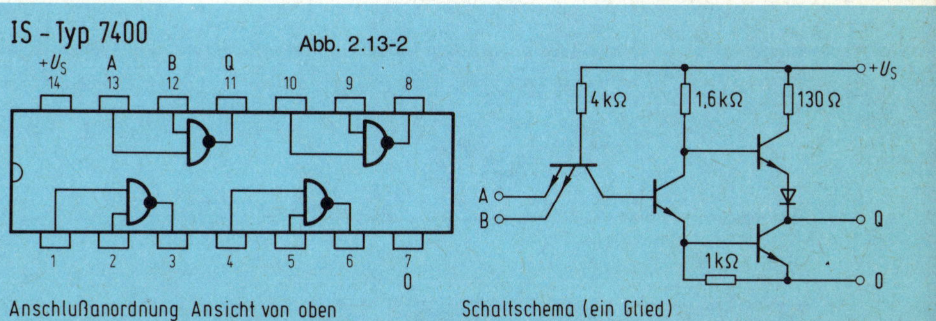

Abb. 2.13-2

eckschwingung nach *Abb. 2.13-3* wird einzig und allein durch den Kondensator C in Abb. 2.13-1 bestimmt. So, und damit wir nicht zu lange mit einer Stange im Nebel stochern, gleich ein paar Kapazitäts- und Frequenzwerte als Anhaltspunkt, wobei sich Zwischenwerte leicht ermitteln lassen.

Dadurch, daß nur ein Kondensator die Frequenz bestimmt, ergibt sich eine einfache Frequenzumschaltung. Für höhere Frequenzen, sinnvoll bei C < 1 nF...47 pF, läßt sich die Frequenz über die Größe der Betriebsspannung zusätzlich feineinstellen. Das ist zwar nicht gerade die eleganteste Lösung für den Profi, aber sie bringt Vorteile bei der Radioreparatur des Hf-Empfangsteiles.

Die Größe der Ausgangsspannung beträgt etwa 80 % der Speisespannung,

C 1	$U_B = 5$ V	$U_B = 3$ V
0 pF	≈ 14 MHz	≈ 8 MHz
100 pF	≈ 2,3 MHz	≈ 1,3 MHz
200 pF	≈ 1,4 MHz	≈ 900 kHz
470 pF	≈ 650 kHz	≈ 410 kHz
0,1 µF	≈ 5 kHz	–
1 µF	≈ 500 Hz	–
10 µF	≈ 50 Hz	–

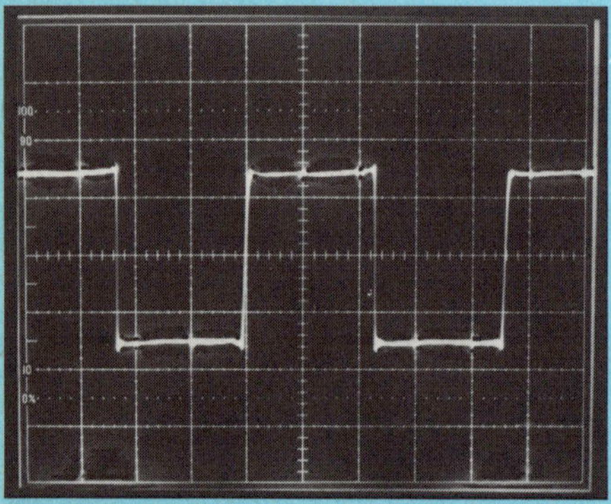

Ab. 2.13-3

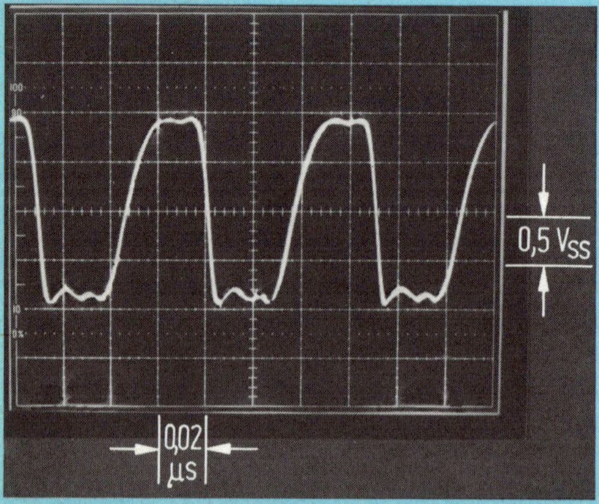

Abb. 2.13-4

also bei 5 V U_B rund 4 V_{ss}. Die Schaltung 4 in Abb. 2.13-1 kann wahlweise für Nf (regelbar) oder Hf geschaltet werden; je nach Wahl von C. Demnach sind 4 und 4' das gleiche NAND-Glied der IS.

Wo sind jetzt die Grenzen der Frequenz? Sicher bei den kleinen Kapazitäten. Wird die Kapazität C = 0 gewählt, also gar nicht erst eingelötet, so ergibt sich nach *Abb. 2.13-4* eine obere Generatorfrequenz (siehe die 0,02 μs/Teil) von rund 14 MHz. Das ist ganz schön viel, denn darin stecken ja noch die Vielfachen als Oberwellen. Das ist in *Abb. 2.13-5* gezeigt. Dort ist bis zur Bildmitte der horizontale Zeitmaßstab 0,2 μs, das entspricht nach Bild 3 einer Rechteckschwingung von

$$f = \frac{1}{T} = \frac{1}{2 \cdot 0{,}6\ \mu s} = 833\ \text{kHz}.$$

Diese 2 · 0,6 μs sind als Summe der Zeit der positiven und negativen Rechteckschwingung – also über eine Periode – zu sehen. Ab Mitte der Zeitlinie in Abb. 2.13-5 ist diese schneller abgelenkt worden, und zwar mit 0,02 μs/Teil. Da der Profi die Anstiegszeit eines Signales von 10 %...90 % der Signalamplitude mißt, ist das ebenfalls in Abb. 2.13-5 auf der 0...100 % Einteilung leicht mit t_1 = 0,018 μs ≙ 18 ns bei einer Lastkapazität von etwa 12 pF leicht abzulesen. In diesen extrem kurzen Schaltzeiten ist die Zahl der Oberwellen und damit auch die Möglichkeit dieses Spektrumgenerators für Hf-Anwendung begründet. Die Oberwellen sind gut geeignet als Signal für das Radiogerät.

Der Generator nach Abb. 2.13-1 arbeitet unmoduliert. Das hat Nachteile beim Abgleichen und Prüfen des Rundfunkgerätes. Besser ist es, einen Meßton zu hören. Wie er gemacht wird, zeigt *Abb. 2.13-6*. Hier sind zwei IS vom Typ 7400 benutzt. Die obere macht die Hf in den Bereichen zwischen 400 kHz und

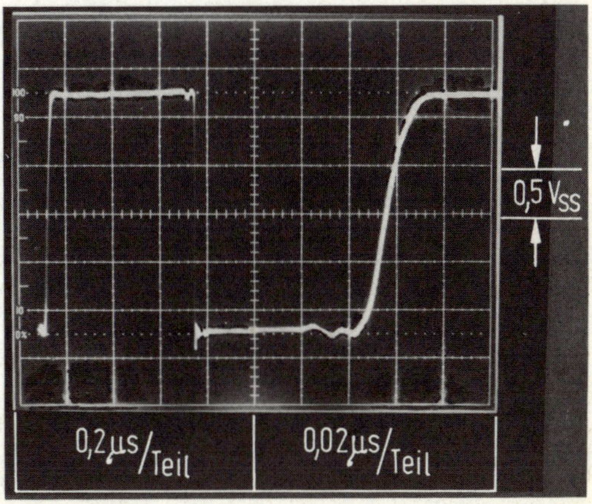

Abb. 2.13-5

Abb. 2.13-6

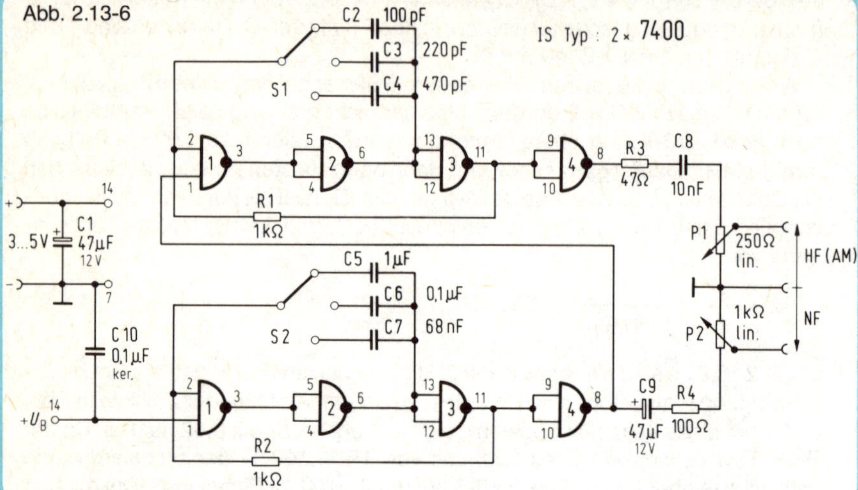

2,8 MHz Grundwelle, fein mit U_B zwischen 3...5 V einstellbar. Der untere Generator mit einer zweiten IS 7400 erzeugt die Nf-Rechteckschwingung. Beide Spannungen sind bei diesem universell für Nf und Hf einsetzbaren Gerät einstellbar nach außen geführt. Die Bauteile R 3, C 8 und P 1 werden extrem kurz gelötet (Hf). Ich möchte da nicht mehr als 6 cm Leitungslänge zubilligen, also rein mit P 1 in die Schaltung. Übrigens – der Hf-Generator startet und stoppt nun tatsächlich, wofür das in Punkt 1 (NAND-Glied 1) eingespeiste Nf-Rechtecksignal sorgt. Es entsteht so ein getastetes Hf-Signal mit dem Rhythmus der positiven Nf-Halbwelle. Mit diesem Meßton lassen sich gut Fehler in AM- oder FM-Teilen finden. Das Aussehen dieser getasteten Hf ist in *Abb. 2.13-7* gezeigt.

Ja, nun hätte ich die Stromversorgung beinahe vergessen – also, eine 4,5-V-Batterie tut es gut. Da wir ja nun aber ein Meßgeräteprogramm so als runde Sache miteinander bauen wollen, empfehle ich ein kleines Gehäuse und das Netzteil nach *Abb. 2.13-8*. Dort ist übrigens für die Regelbarkeit der Spannung U_B von 3...5 V schon gesorgt. Das macht das 500-Ω-Potentiometer. Die LED zeigt den Betrieb an. Der Brückengleichrichter ist ein einfacher 40 V/1 A Typ. Übrigens verbraucht die Schaltung nach Abb. 2.13-6 kaum Strom, etwa um die 12 mA bei 3 V und 25 mA bei 5 V. Deshalb läßt sich als Regeltransistor auch ein BC 107 mit Kühlschelle benutzen.

Damit wir nun das „Contra" der Überschrift verstehen, sehen wir uns *Abb. 2.13-9* an. Die Abb. a zeigt das Ausgangssignal eines Hf-Sinusgenerators, wenn eine Sendefrequenz von 85 MHz (UKW-Bereich) gewünscht wird. Auf

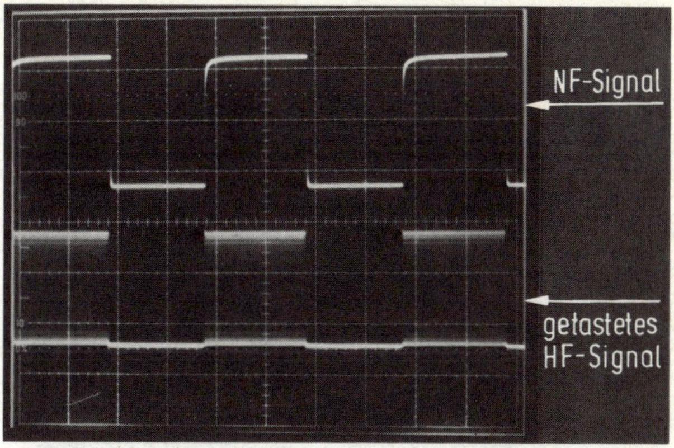

Abb. 2.13-7

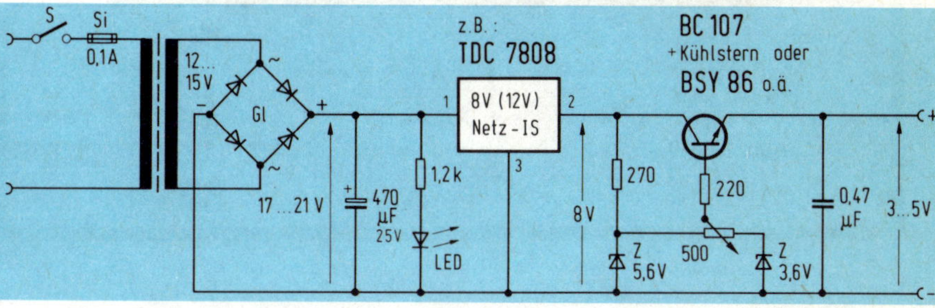

Abb. 2.13-8

dem breiten Frequenzband ist nichts los – außer, daß eben bei 85 MHz der Sender schwingt. Je nachdem, wie wir es wollen, moduliert, also mit Ton, oder unmoduliert.

Anders in Abb. 2.13-9b bei unserem Spektrumgenerator. Möchten wir gern 85 MHz erzeugen, so muß die Grundwelle ein Vielfaches davon – wie gezeigt $f_r = \frac{f_o}{n}$ tiefer liegen. Der Übersichtlichkeit wegen wurde in Abb. 2.13-9b 85 MHz gewählt, also $f_r = \frac{85}{17} = 5$ MHz mit n = 17 als siebzehnte Oberwelle.

Das geht auch mit 1 MHz als 85. Oberwelle oder 100 kHz als 850. Oberwelle. Nur, daß hier eben die Ausgangsspannung entsprechend kleiner wird. Aufgrund unserer Tastmodulation ist auch das Modulationsspektrum breiter als bei Meßsendern mit schöner Sinustonmodulation. Aber was soll's: Einmal mit der neuen

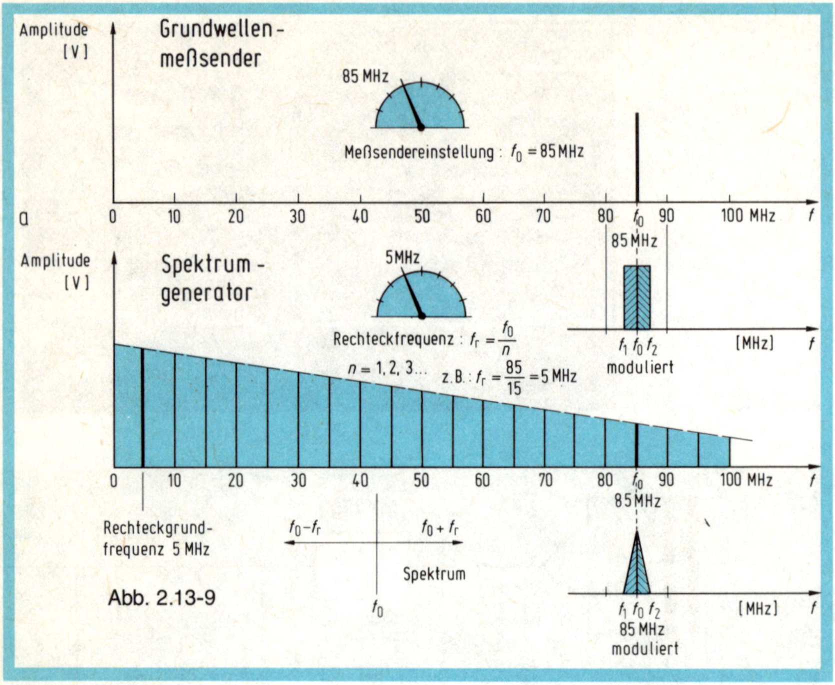

Abb. 2.13-9

Signalspritze gearbeitet, möchte man sie bei der Prüfung von Hf- und Nf-Teilen eines Rundfunkgerätes, Kassettenrecorders oder anderer Geräte nicht mehr missen.

2.14 Der Hochfrequenzwobbler in der Hobbypraxis

In der Hochfrequenztechnik werden Durchlaßkurven von Filtern und Verstärkern mit dem dynamischen Verfahren des Wobbelvorganges aufgenommen. Dabei sind folgende Daten für einen Wobbler von Interesse: Für die verschiedenen Zwischenfrequenzen muß der Wobbler umschaltbar sein. Dann soll seine Ausgangsspannung doch schon 500 mV_{eff} betragen. Der Wobbelhub muß groß genug sein. Die Wobbellinearität und der Amplitudengang sollen gut sein. Schließlich muß der Ausgang niederohmig abschwächbar ausgeführt werden. Bleibt noch nachzuholen, daß eine Sägezahnausgangsspannung regelbar für den Oszillografen zur Verfügung stehen soll. Wobbelhub und Mittenfrequenz sollen sich ebenfalls einstellen lassen.

Das zur Einleitung. Mehr als genug an Fachausdrücken auf einmal. Aber „robben" wir uns doch einmal ans Wobbeln heran. Ist denn das noch notwendig? An sich ja nicht, denn es steht bereits in dem Artikel: „Hätten Sie gewußt, was sich so alles hinter dem ‚Wobbeln' verbirgt?" in dem ELO-Heft Nr. 8/79 oder nachzulesen in dem Buch: „Wie messe ich richtig", Franzis-Verlag, Nührmann.

Deshalb können wir uns hier wirklich einmal mit dem Wissen und um die Theorie nur mit der Praxis beschäftigen – der Praxis eines kleinen leistungsfähigen Wobblers. Zunächst dazu das Schaltbild in *Abb. 2.14-1*. Um das besser zu

Abb. 2.14-1

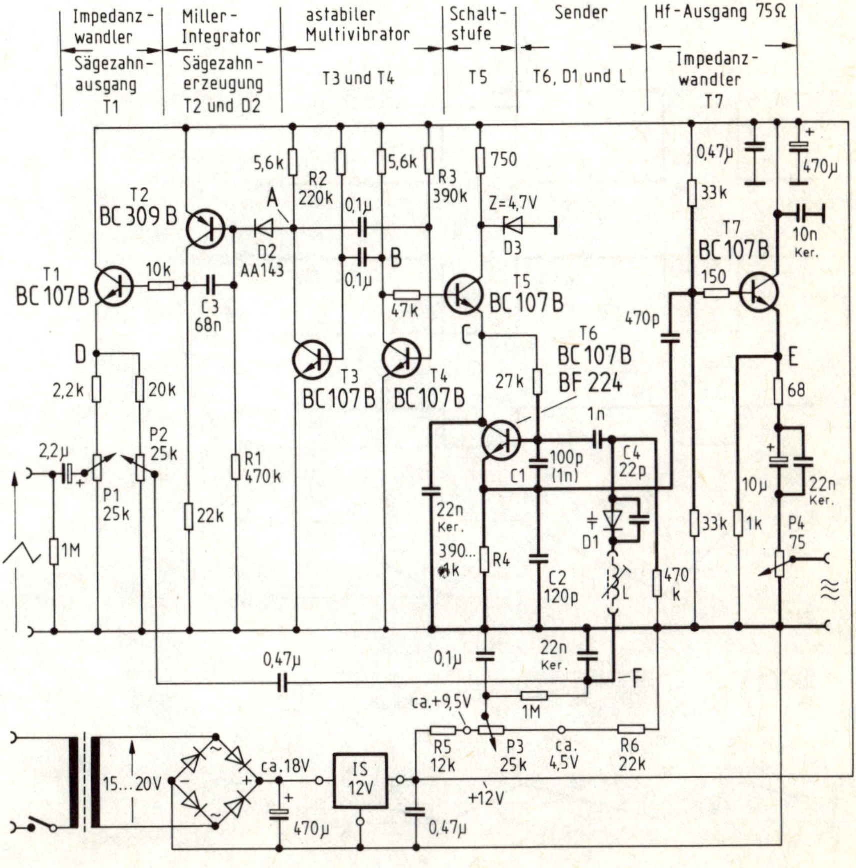

verstehen, soll das prinzipielle Aussehen der Oszillogramme in *Abb. 2.14-2* dienen. Die großen Buchstaben A...F finden wir in der Abb. 2.14-1 wieder. In dem Schaltbild verteilt der astabile Multivibrator an den Meßpunkten A und B seine Signale nach „rechts" und nach „links" in die Schaltung. Befassen wir uns zunächst mit der linken Seite. Das Signal an Punkt A ist ein unsymmetrisches Rechtecksignal mit einer Frequenz von ca. 20 Hz. Diese langsame Steuerfrequenz ist wichtig, um bei Schwingkreisen mit hoher Güte keine Kurvenverzerrung zu erhalten. Kurz, also schnell angestoßene Schwingkreise, neigen zum „Ausklingeln". Die Unsymmetrie des Signales ist wichtig, um die Zeit für den eigentlichen Wobbelvorgang möglichst lang zu erhalten. Der Widerstand R 2 stellt im Verhältnis zu R 3 die Impulslänge nach Abb. 2.14-2 (A) ein. Auf diese Impulslängen t_1 und t_2 sind die Millerschaltglieder R 1 und C 3 mit dem Integrator T abgestimmt. Die Diode D 2 ist für den Rücklauf – also am Ende von t_1 – zu-

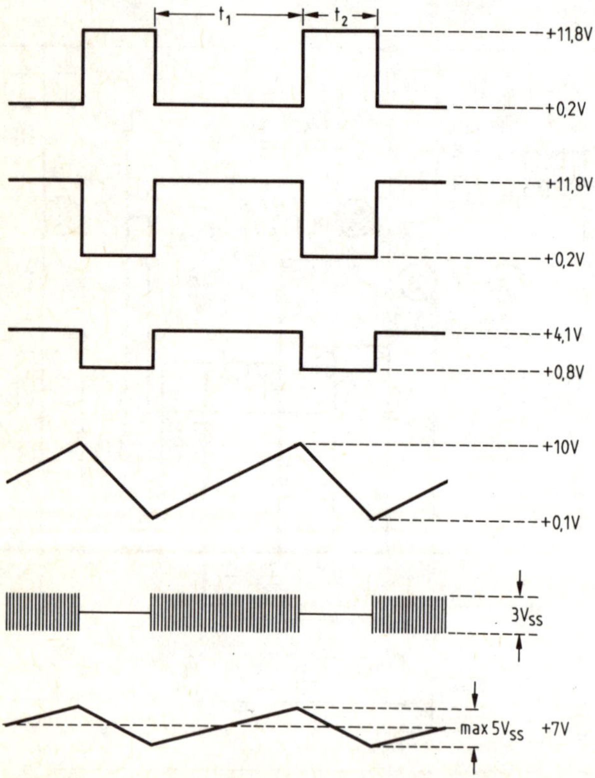

Abb. 2.14-2

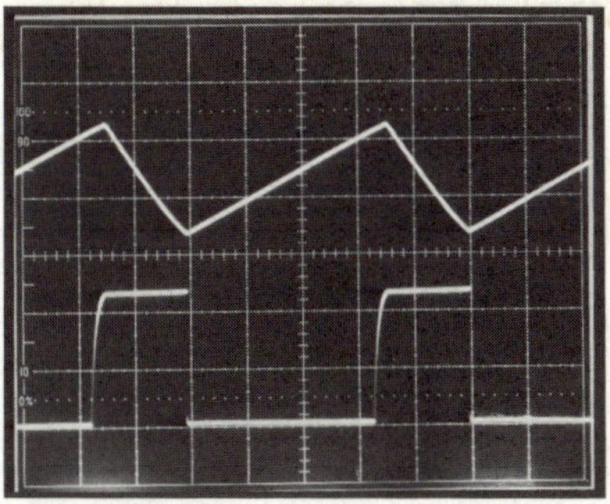

Abb. 2.14-3

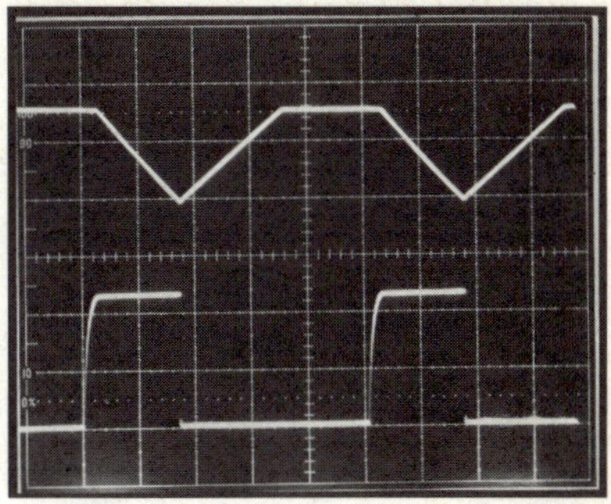

Abb. 2.14-4

ständig. Wenn ich nun eben sagte, daß die Bauelemente R 1 und C 3 richtig gewählt werden müssen, so hat das nach *Abb. 2.14-3* und *Abb. 2.14-4* folgendes zu bedeuten und ist beim Aufbau des Gerätes mit dem Oszillografen Meßpunkt (D) zu kontrollieren: Die Zeitkonstante R 1 und C 3 muß so gewählt sein, daß nach Abb. 2.14-3 ein linearer Sägezahn von ca. 10 V_{ss} entsteht. Bei einer zu großen Zeitkonstante wird das Signal zu klein. Eine zu kleine Zeitkonstante bildet einen fehlerhaften Sägezahn nach Abb. 2.14-4. Vergleichen Sie bitte Abb. 2.14-3 und Abb. 2.14-4 genau miteinander. Im Falle eines fehlerhaften Sägezahnsignales ist es zu empfehlen, R 1 regelbar zu machen und den richtigen Wert aus der Praxis dem Oszillogramm zu entnehmen. Das Tastverhältnis von t_1 und t_2 nach Abb. 2.14-2 ist z. B. den Abb. 2.14-3 oder 4 genau zu entnehmen. Diese Werte sollten in etwa eingehalten werden und können mit R 2 und R 3 – evtl. ändern – sichergestellt werden.

Das Sägezahnausgangssignal wird dem Emitterfolger T 1 zugeführt und steht am Ausgang für die Ansteuerung der horizontalen Ablenkung des Oszillografen zur Verfügung. Die Amplitude kann mit P 1 von 0 bis ca. 9 V_{ss} geregelt werden. Sie ist ausreichend hoch bemessen für die Horizontal-Verstärker eines handelsüblichen Oszillografen. Das Potentiometer P 2 regelt den Hub des Wobblers. Die Amplitude am Schleifer von P 2 ist von 0 bis ca. 6 V_{ss} regelbar. Das Sägezahnsignal wird direkt der Kapazitätsdiode D 1 zugeführt. Die statische Kapazität der verwendeten Diode, welche die Mittenfrequenz des Wobbelsignales einstellt, soll bei +7 V liegen und wird mit P 3 eingestellt (siehe Abb. 2.14-2, Signal F).

Nun zum eigentlichen Sender, der mit dem Transistor T 6 gebildet wird. Der Transistor T 5 wird zur Auftastung des Senders während des Sägezahnhinlaufes benutzt. Das ist in der Übersicht in Abb. 2.14-2 zu erkennen. Die tatsächlichen Impulsverhältnisse zeigen die Oszillogramme *Abb. 2.14-5* und *Abb.*

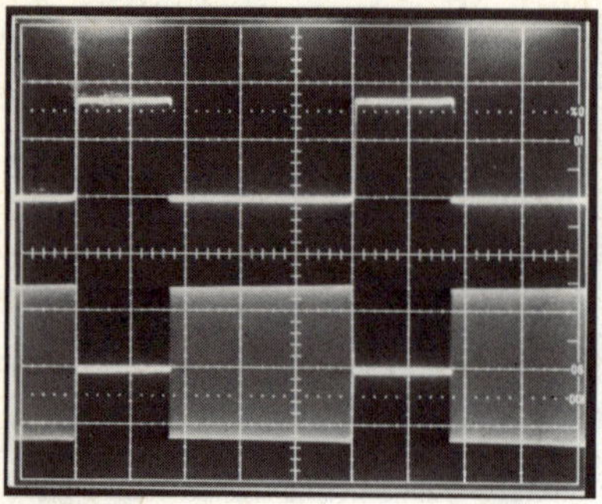

Abb. 2.14-5

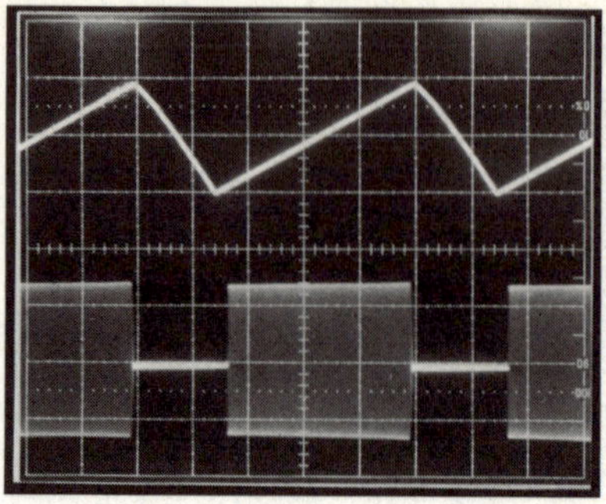

Abb. 2.14-6

2.14-6. In Abb. 2.14-5 ist das Hf-Schwingpaket an Punkt E und darunter das Tastsignal am Emitter Punkt C nach Abb. 2.14-1 abgebildet. Die Zenerdiode D 3 stellt die Höhe der Hf-Amplitude ein. Mit $U_Z = 4{,}7$ V wird ein Hf-Signal von ca. 3 V_{ss} erhalten. Ein zu großes Signal gibt Kurvenverzerrungen durch die Diode D 1. Anstelle der Diode D 3 können auch in Serie geschaltete Siliziumdioden benutzt werden, wenn noch kleinere Schwingamplituden gewünscht werden. In Abb. 2.14-6 ist genau zu erkennen, daß der Sender während des Sägezahnhinlaufes aufgetastet wird.

Der Sendertransistor T 6 kann ein einfacher NPN-Typ, z. B. BC 107 B, sein. Für Anwendungen in höherem Frequenzgebiet, so mehr als 15 MHz, empfehle ich, einen kleinen Hf-Transistor einzusetzen, z. B. Typ BF 594 oder BF 224. Gemäß den verwendeten Transistoren sind die Kapazitäten C 1 und C 2 zu wählen. Reihenversuche haben C 2 mit 120 pF bestehen lassen. Für C 1 wird bei einem Hf-Transistor ein Wert von ca. 680 pF...1 nF gewählt. Für einen eingesetzten Nf-Transistor ist C 1 mit 100 pF zu wählen. Der Widerstand R 4 stellt mit seinem Wert zwischen 390 Ω...1 kΩ den optimalen Arbeitspunkt für den Sendertransistor sicher. Der Abgleich ist einfach. Den 47-kΩ-Widerstand an Punkt B abklemmen und ihn direkt an +12 V anschließen – Dauerbetrieb des Senders – und R 4 regelbar machen. An Punkt E auf maximales Hf-Signal abgleichen. R 4 ausmessen und einlöten. Für die Wahl der Spulen wird die Entscheidung nach *Abb. 2.14-7* erleichtert. Miniaturspulen im Abschirmbecher werden benutzt für die Frequenzbereiche von 470 kHz (AM-Zf); 5,5 MHz (FS-Ton-Zf) und 10,7 MHz (UKW-Zf). Einsetzbar ist der Wobbler bis über 50 MHz. Bei der verwendeten Diode D 1 (BA 163) war für 10,7 MHz eine Induktivität von 5,3 μH erforderlich (470 kHz z. B. 1,6 mH). Das waren für 5,3 μH rund 25 Windungen auf den Spulenkörper nach Abb. 2.14-6. Der Kondensator C 4 dient

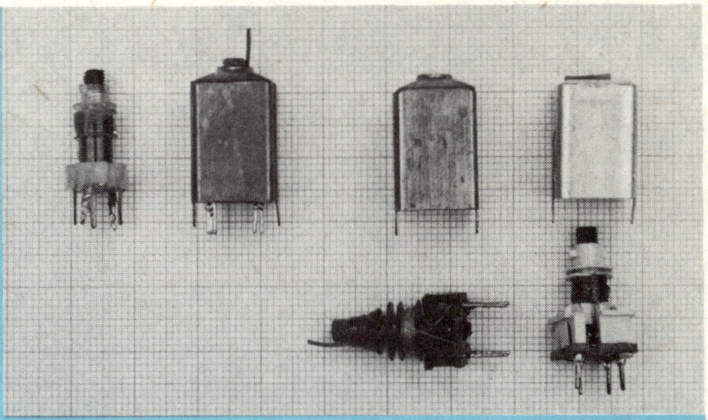

Abb. 2.14-7

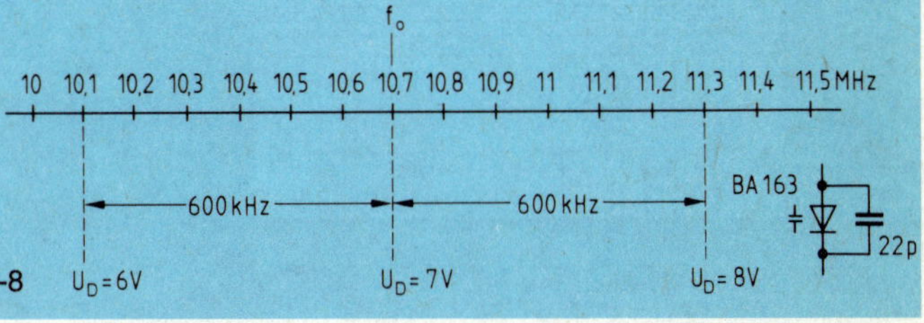

Abb. 2.14-8

der Linearisierung des Frequenzhubes. Dadurch wird die Aussteuerwirkung der Kapazitätsdioden auf den umschaltbaren Schwingkreis eingeengt.

Mit den in Abb. 2.14-1 benutzten Daten ergab sich das folgende Frequenzdiagramm nach *Abb. 2.14-8*. Die Kapazitätsdiode BA 163 (ITT) ist nicht mehr überall zu erhalten. Deshalb ist in dem Diagramm *Abb. 2.14-9* der prinzipielle Kapazitätsverlauf dargestellt, so daß die Wahl einer anderen Diode – z. B. auch einer solchen aus der Abstimmschaltung eines UKW-Tuners – leichtfällt. Nur sollte dann bei der benutzten Diode auf folgendes geachtet werden:

- Statischen Arbeitspunkt in linearem Kapazitätsbereich mit R 5 und R 6 – P 3 auf Mitte – festlegen.
- Weist die benutzte Diode ein gegenüber der BA 163 zu kleines ΔC auf, dann kann dementsprechend C 4 verkleinert werden oder er entfällt völlig.
- Weiter ist für den Sender wichtig, daß die stark gezeichneten, Hf-kritischen Leitungen so kurz wie möglich ausgeführt werden.

Der Ausgangskreis wird durch den Transistor T 7 gebildet. Für die exakte Hf-Abschwächung wird ein 75-Ω-Preh-Hf-Abschwächer nach *Abb. 2.14-10* benutzt. Steht dieser nicht zur Verfügung, so kann nach *Abb. 2.14-11* der Ausgangskreis abgeändert und ein niederohmiger (100 Ω...250 Ω) Regler eingesetzt werden.

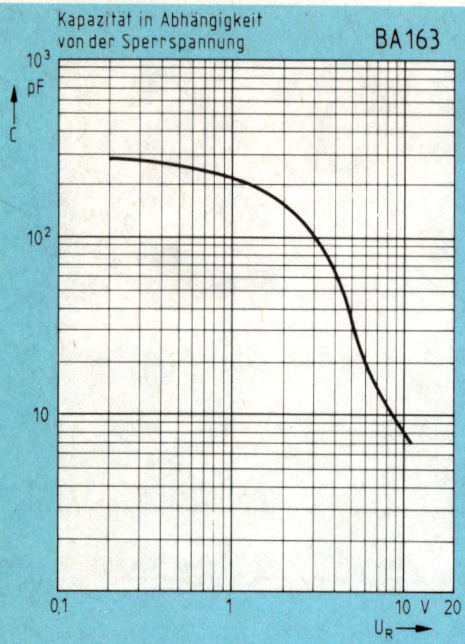

Abb. 2.14-9

Abb. 2.14-10

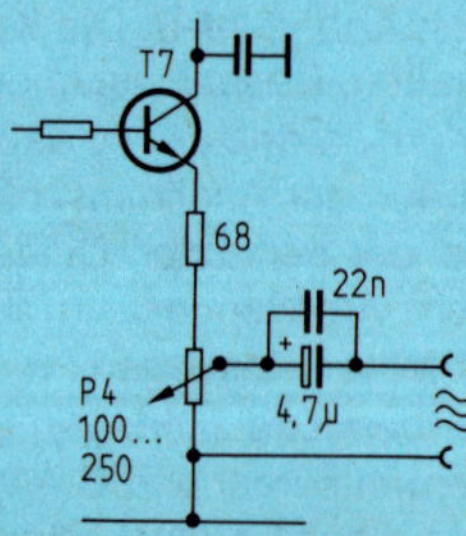

Abb. 2.14-11

Für die Transistoren können beliebige Kleinsignaltypen mit B ≧ 150 gewählt werden. Über den Transistor T 6 hatten wir uns schon unterhalten. Für T 7 wurde ein BC 107 mit Kühlstern benutzt. Die übrigen NPNs waren BC 237 B und der PNP T 2 ein BC 309 B. Für das Netzteil wird ein Positiv 12-V-Regel-IS benutzt. Die Stromaufnahme liegt bei 38 mA, so daß leicht ein 500-mA-Typ für das IS, z. B. MC 78 M 12 C (Motorola) eingesetzt werden kann.

2.15 Der Nadelimpulsgenerator

Mit dem Nadelimpulsgeber nach *Abb. 2.15-1* können sehr schmale positive Impulse mit einer Dauer von unter 20 ns erzeugt werden. Der Ausgangspegel ist TTL-kompatibel. Das Spektrum dieser Impulse ist bis zu 25 MHz nahezu konstant und kann daher für Untersuchungen von Frequenzgängen mit einem Analyzer sehr gut verwendet werden. Bei 100 MHz tritt erst ein Abfall um –10 dB auf. Die Frequenz ist je nach gewünschter Auflösung von 50 Hz...50 kHz in 4 Stufen umschaltbar. Außerdem kann ein externes Signal zur Nadelimpulsforschung durchgeschaltet werden. Anstelle der Nadelimpulse kann auch die interne Mäanderschwingung oder das externe zugeführte und in Rechtecke umgeformte Signal an den Ausgang gegeben werden. Bei der kleinsten Impulsbreite (20 ns) ist der Innenwiderstand kleiner als 0,5 Ω. Bei größeren Impulsbreiten bleibt wohl der differentielle Innenwiderstand erhalten, jedoch nimmt die Amplitude infolge der Ausgangsstrombegrenzung bei steigender Belastung ab.

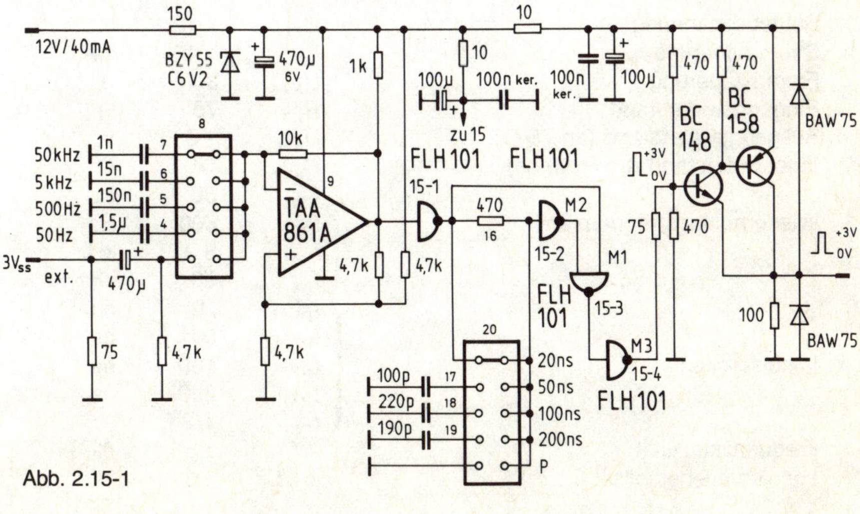

Abb. 2.15-1

Der Operationsverstärker TAA 861 A arbeitet in den vier oberen Stellungen des Schalters 8 als Rechteckimpulsgeber, wobei die Kondensatoren 4, 5, 6, 7 zur Festlegung der Frequenz dienen.

Die Impulse gelangen zu einem Inverter (15-1), der als Puffer dient. Am Ausgang ist ein umschaltbares Verzögerungsglied (16, 17, 18, 19) angeordnet, dessen Verzögerungszeit mit den oberen vier Schaltstellungen des Schalters 20 gewählt werden kann. Auf das Verzögerungsglied folgt ein weiterer Inverter 15-2, dessen Verzögerungszeit zusätzlich zur gewählten Verzögerung wirksam wird. Die an den Meßpunkten M 1 und M 2, Abb. 2.15-1, stehenden Signale werden im Und-Gatter 15-3 verknüpft, an dessen Ausgang Nadelimpulse (M 3) entstehen, deren Breite der gewählten Verzögerungszeit entspricht. In der obersten Schalterstellung erhält man die kleinste Impulsbreite entsprechend der Verzögerungszeit des Gatters 15-2. Über einen weiteren Inverter (15-4) und einen niederohmigen Ausgangsverstärker BC 148/158 gelangt das Signal an den Ausgang, der mit Schutzdioden versehen ist.

Anstelle von Nadelimpulsen können in der unteren Stellung des Schalters 20 auch Rechteckimpulse erzeugt werden. Der Eingang des Inverters 15-2 wird auf „Low" gelegt, der Ausgang M 2 wird „High" und die Impulse M 1 werden vom Gatter 15-3 ständig durchgeschaltet.

Anstelle der internen Rechteckschwingung kann auch ein aus einem an X_3 zugeführten externen Signal abgeleitetes Impulssignal zur Erzeugung der Nadelimpulse verwendet werden. Die Betriebsart wird in der untersten Stellung des Schalters 8 gewählt. Der TAA 861 A arbeitet dann als Schmitt-Trigger.

Elektrische Daten:

Betriebsspannung	U_{X1}	+12	V
Stromaufnahme	I_{X1}	+40	mA
Fremdsteuerung	U_{X3}	3	
Eingangswiderstand	R_{X3}	75	Ω
Ausgangswiderstand (an 75 Ω)	U_{X29}	+3	V_{ss}
Innenwiderstand (t_{p1} = 20 ns)	R_{X29}	≦0,5	Ω
	f_{R1}	50	Hz
Wiederholungsfrequenzen	f_{R2}	500	Hz
	f_{R3}	5	kHz
	f_{R4}	50	kHz
	t_{P1}	20	ns
	t_{P2}	50	ns
Impulsbreiten	t_{P3}	100	ns
	t_{P4}	200	ns
	t_{P5}	1/2 f_r	
Frequenzstabilität	$\Delta f/f_R$	±5	%
Impulsbreitenstabilität	$\Delta t/t_p$	±5	%

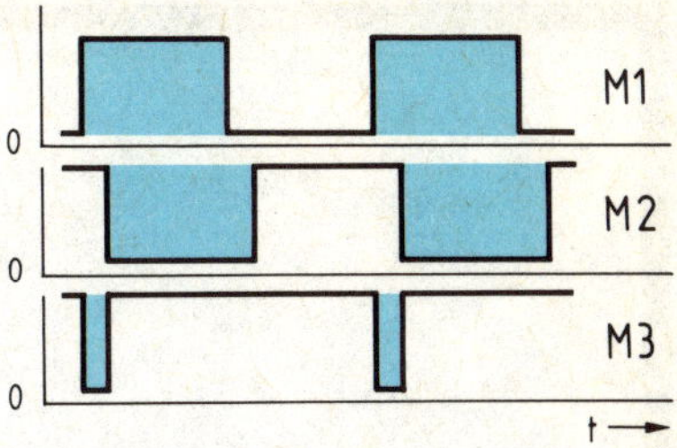

Abb. 2.15-2

2.16 Nf-Millivolt- und Nf-Wattmeter für die HiFi-Technik

HiFi-Geräte wollen nicht nur gespielt, sondern auch gewartet werden. Zweifellos gehören dazu auch die richtigen Meßgeräte. Das hier beschriebene Nf-Volt- und Wattmeter – also ein „Zwei-in-einem-Meßgerät" – bietet da viele Meßmöglichkeiten und eine erprobte Nachbauschaltung.

Eine Schaltungsbeschreibung fängt zwar mit der Schaltung eigentlich an, das soll uns hier jedoch nicht daran hindern, erst einmal ein paar grundlegende Gedanken loszuwerden. Die HiFi-Technik stellt nicht nur an sich selbst, sondern auch an die verwendeten Meßgeräte ihre Forderungen.

Eine Forderung ist für das Voltmeter ein konstanter Wechselstromeingangswiderstand. Er beträgt hier 1 MΩ bei einer Parallelkapazität von ca. 40 pF, was etwas vom Aufbau abhängig ist. Sodann tritt die Forderung nach dem immerhin breiten Frequenzgang auf. Denken wir gemeinsam jetzt auch einmal an die Tonbandtechnik, dann gibt uns das Erinnerungsvermögen die Kenntnis von der Löschfrequenz mit Durchschnittswerten so um die 80 kHz wieder. Ja, und diese Frequenz muß ein HiFi-Millivoltmeter auch verarbeiten können. Also, ein Frequenzgang über 100 kHz innerhalb kleiner 0,1 dB Toleranzen. Das macht nun in der Schaltung einen diskreten Aufbau mit Transistoren erforderlich. Einfache Operationsverstärker lassen sich für die geforderten Spannungshübe und Bandbreiten nicht nutzen.

Ein Wort zu dem Wattmeter. Die Leistung am Ausgang eines HiFi-Verstärkers kann verständlicherweise nur mit angeschlossenem Lastwiderstand, also dem Lautsprecherwiderstand oder einem gleich großen Ohmschen Widerstand – der beim Messen nicht so laut tönt – ermittelt werden. Nach der Gleichung $P = \frac{U^2}{R}$ wird die Spannung am Lastwiderstand gemessen und auf der Skala direkt in Watt geeicht angezeigt. Die *Abb. 2.16-1* zeigt die möglichen Skalen. Der Skalenverlauf des Watt-Bereiches entspricht dann der Gleichung $U = \sqrt{P \cdot R}$. Nun lassen sich derartige Lastwiderstände von 4, 8 oder 16 Ω mit Lastwerten von 50 oder sogar 100 W zwar rein räumlich mit in das Meßgerätegehäuse hineinbringen, nur – wir bekommen die Wärme nicht wieder heraus und so ganz allmählich geht's dann dem Wärmetod entgegen. Aus dem Grunde wird auch

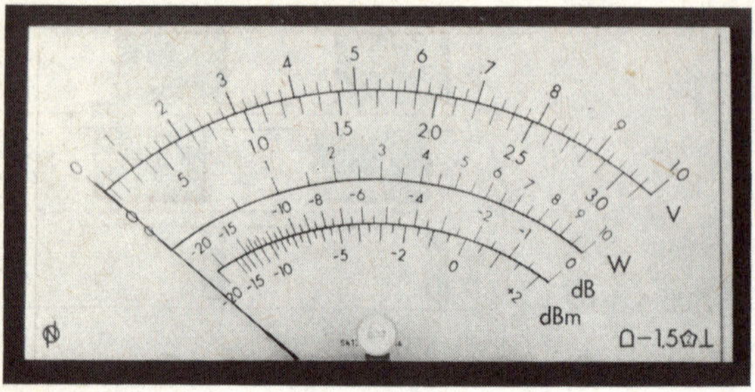

Abb. 2.16-1

ein externer Lastwiderstand vorausgesetzt, an dem die Spannung gemessen wird. Da bei gleicher Leistung an den unterschiedlich möglichen Lautsprecherwiderständen von 4, 8 oder 16 Ω eben auch unterschiedliche Spannungen entstehen, müssen wir davon ausgehen, daß diese Eigenart von dem Meßgerät ebenfalls beherrscht wird. Es ist in der Schaltung, wie wir später sehen werden, übrigens der Umschalter S 6.

Die Stereotechnik macht das meiste an Darbietung doppelt mit je einem getrennten eigenwilligen Kanal. Zur Messung beider Kanäle kann der Anwender das Anschlußkabel jeweils für das Meßgerät wechseln. Hier wird's bedienungsfreundlicher gemacht. Beide Kanäle bleiben am Meßgerät stets angeschlossen und mit einem Umschalter wird einfach vom linken zum rechten Signal gewechselt oder umgekehrt. Übrigens lassen sich so schnell Vergleichsmessungen und auch z. B. Übersprechdämpfungen messen.

Doch das soll noch nicht alles sein. Ein Ausgangsverstärker mit recht großem Spannungshub sorgt bei Spannungsmessungen für eine lineare Anzeige auf der Skala. Hinzu kommt, daß dieses Gerät nicht nur Spitzenwerte mißt und anzeigt. Es ist ebenfalls möglich, eine recht genaue Effektivwertmessung einzuschalten. Ein „Flutter" kann durch die Anzeigeumschaltung „träge – schnell" Berücksichtigung finden. Als etwas Selbstverständliches kommt hinzu, daß am Ausgang des Anzeigeverstärkers ein niederohmiger Endverstärker zur Verfügung steht. Dort läßt sich einmal ein hochohmiger Hörer anschließen – für den Fall, daß Sie einmal hören möchten, was da gemessen wird. Viel wichtiger wird der Ausgang jedoch für die oszillografische Registrierung des Meßsignales. Somit ist es leicht möglich, Nf-Spannungen von weniger als 1 mV mit bis zu 100 mV Ausgangsspannung für den Oszillografen zur Verfügung zu halten – und bitte ... ist das nichts?

Gehen wir die Sache jetzt einmal mit dem nächsten Schritt an. Da hilft uns das Blockschaltbild *Abb. 2.16-2a* und *b* weiter. Sowohl für die Spannungsmessung als auch für die Leistungsmessung werden zwei getrennte Wege mit den dazugehörigen Abschwächern in Abb. 2.16-2a beschritten. Im Vergleich zu dem elektrischen Schaltbild lassen sich Einzelheiten leicht wiederfinden. Wichtig ist bei den Vorverstärkern ein Merkmal. Die Ausgangsspannung am Impedanzwandler T 8 ist für den Endausschlag immer 100 mV groß, gleich, welche Höhe

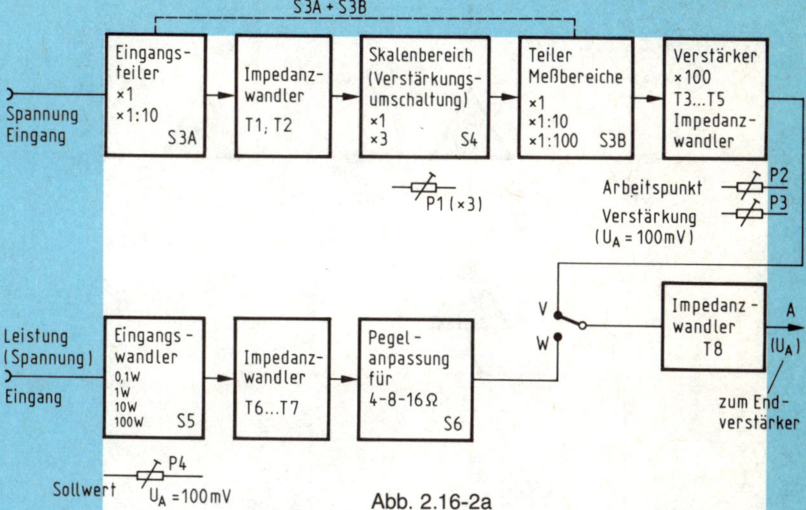

Abb. 2.16-2a

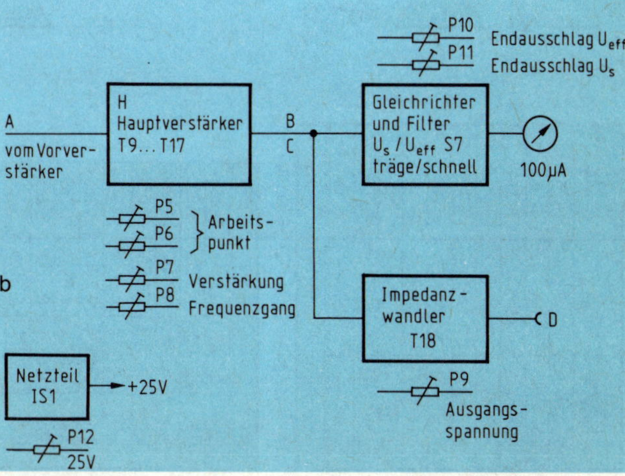

Abb. 2.16-2b

U_E	U Gate T1	U Basis T3
1 mV	1 mV	1 mV
3 mV	3 mV	1 mV
10 mV	10 mV	1 mV
30 mV	30 mV	1 mV
100 mV	100 mV	1 mV
300 mV	300 mV	1 mV
1 V	1 mV	1 mV
3 V	3 mV	1 mV
10 V	10 mV	1 mV
30 V	30 mV	1 mV
100 V	100 mV	1 mV
300 V	300 mV	1 mV

Spannungseinstellung mit S3A+B und S4

Bereich	4 Ω	8 Ω	16 Ω	
0,1 W	0,6324	0,8944	1,265	U_E [V]
1 W	2,000	2,828	4,000	
10 W	6,324	8,944	12,65	
100 W	20,000	28,28	40,00	
0,1 W	0,6324	0,8944	1,265	U an S5 [V]
1 W	0,6324	0,8944	1,265	
10 W	0,6324	0,8944	1,265	
100 W	0,6324	0,8944	1,265	
0,1 W	150 mV	150 mV	150 mV	U an S6 ca. Werte [V]
1 W	150 mV	150 mV	150 mV	
10 W	150 mV	150 mV	150 mV	
100 W	150 mV	150 mV	150 mV	

Abb. 2.16-3

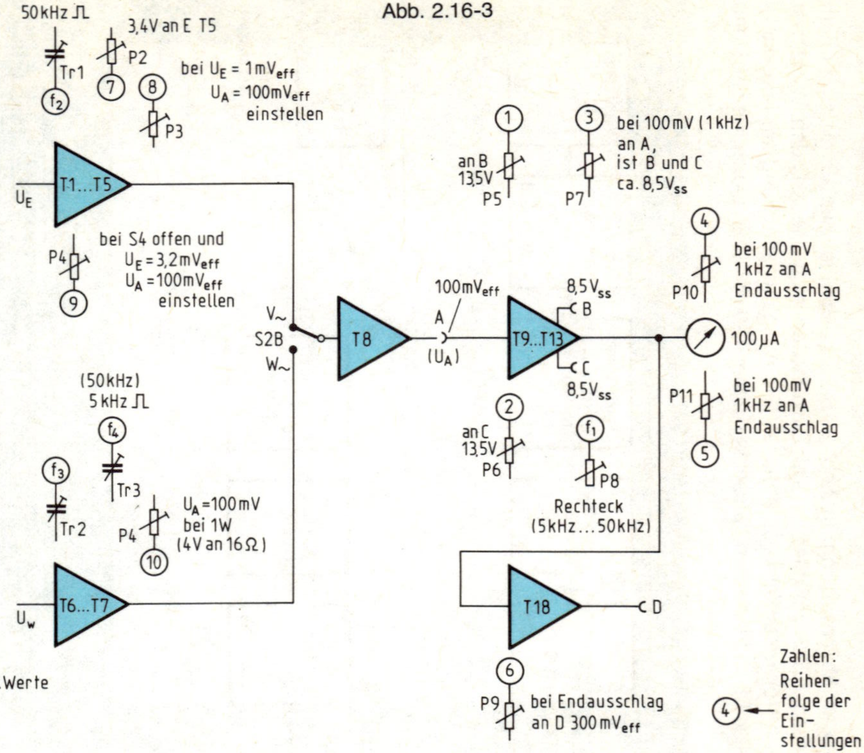

Abb. 2.16-4

der Spannung an den Eingängen liegt. Da hilft dann auch die *Abb. 2.16-3* bereits weiter. Hier (in Abb. 2.16-3) ist das Blockschaltbild schon etwas ,,elektrifiziert" dargestellt. Sehen Sie sich bitte die Spannungstabelle im oberen Teil von Abb. 2.16-3 an. Die dafür erforderliche Abstufung wird zunächst mit den Schaltern S 3 A und S 3 B einer dekadischen Teilung von 1 mV...100 V zugeführt. Das ist recht gut in der *Abb. 2.16-4* zu erkennen. Es handelt sich hier um den oberen rechten Schalter. Zusätzlich wird jede Teilung mit dem Schalter S 4 um den Faktor x 3 erweitert, so daß sich insgesamt 12 Spannungsmeßbereiche ergeben. Wie auch immer geteilt wird, es muß an der Basis von T 3 für den Endausschlag eine Spannung von ca. 1 mV liegen. Die Stufe T 4 übernimmt dann die eigentliche Verstärkung um den Faktor 100, so daß am Ausgang des Vorverstärkers die geforderte Spannung $U_A = 100$ mV entsteht. Die Verstärkungseinstellung erfolgt später mit P 3 und P 4.

Ähnlich ist es im Spannungsverstärkerzweig für die Leistungsmessung. Auch hier sehen wir uns die Pegeltabelle in Abb. 2.16-3 an. Die dort angegebenen etwas ,,unhandlichen" Spannungswerte entstammen der bekannten Leistungsgleichung $P = \frac{U^2}{R}$, oder für unseren Zweck $U = \sqrt{P \cdot R}$. Setzen wir spaßeshalber einmal die Werte 0,1 W...100 W in Verbindung mit Lastwiderständen 4 Ω, 8 Ω, 16 Ω ein, so finden wir die Zahlen bestätigt. Wichtig ist es, die Werte der Spannungen U_E und U an S 5 und U an S 6 in Abb. 2.16-3 zu verstehen. Der Bereichsschalter S 5 sorgt für konstante Steuerpegel bei den unterschiedlichen Leistungsbereichen. Schließlich ist der Schalter S 6 mit den Teilerwiderständen dafür verantwortlich, daß er die in Abhängigkeit an verschiedenen Lastwiderständen entstehenden unterschiedlichen Spannungen bei gleicher Leistung für den Endausschlag ausgleicht. Es entsteht hier eine konstante Spannung von

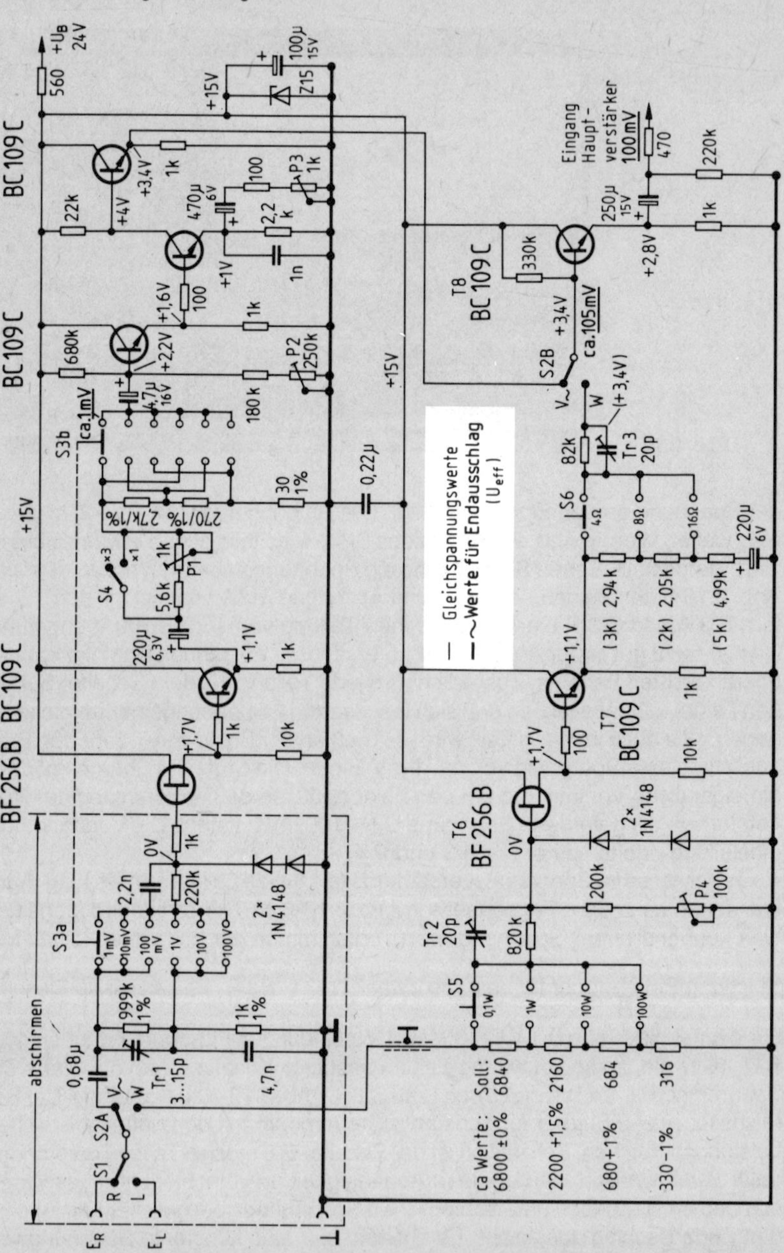

+U_B 24V
560
+15V
100µ 15V
Z15
T4 BC 109 C
T3 BC 109 C
T2 BC 109 C
T1 BF 256 B
T8 BC 109 C
T7 BC 109 C
T6 BF 256 B
Eingang Haupt- verstärker 100 mV
470
220k
250µ 15V
+2,8V
330k
+3,4V
ca.105mV
S2B
V~
W
(+3,4V)
Tr 3 20p
82k
S6
4Ω
8Ω
16Ω
220µ 6V
2,94 k
2,05k
4,99k
(3k)
(2k)
(5k)
+1,1V
+1,7V
0V
2× 1N4148
200k
P4 100k
820k
Tr 2 20p
S5
0,1W
1W
10W
100W
ca Werte: 6800 ±0%
Soll: 6840
2200 +1,5%
2160
680+1%
684
330-1%
316
— Gleichspannungswerte
—~Werte für Endausschlag (U_eff)
0,22µ
30 1%
270/1%
2,7k/1%
S4
P1
5,6k
220µ 6,3V
S3b
ca.1mV
180 k
P2 250k
4,7µ 16V
680k
22k
+4V
+3,4V
1k
470µ 6V
100
P3 1k
2,2 k
1n
+1V
+1,6V
+2,2V
10k
S3a
1mV
10mV
100 mV
1V
10V
100V
2,2n
220k
999k 1%
1k 1%
4,7n
0,68µ
Tr1 3...15p
S2A
S1
R
L
E_R
E_L
abschirmen

Abb. 2.16-5a

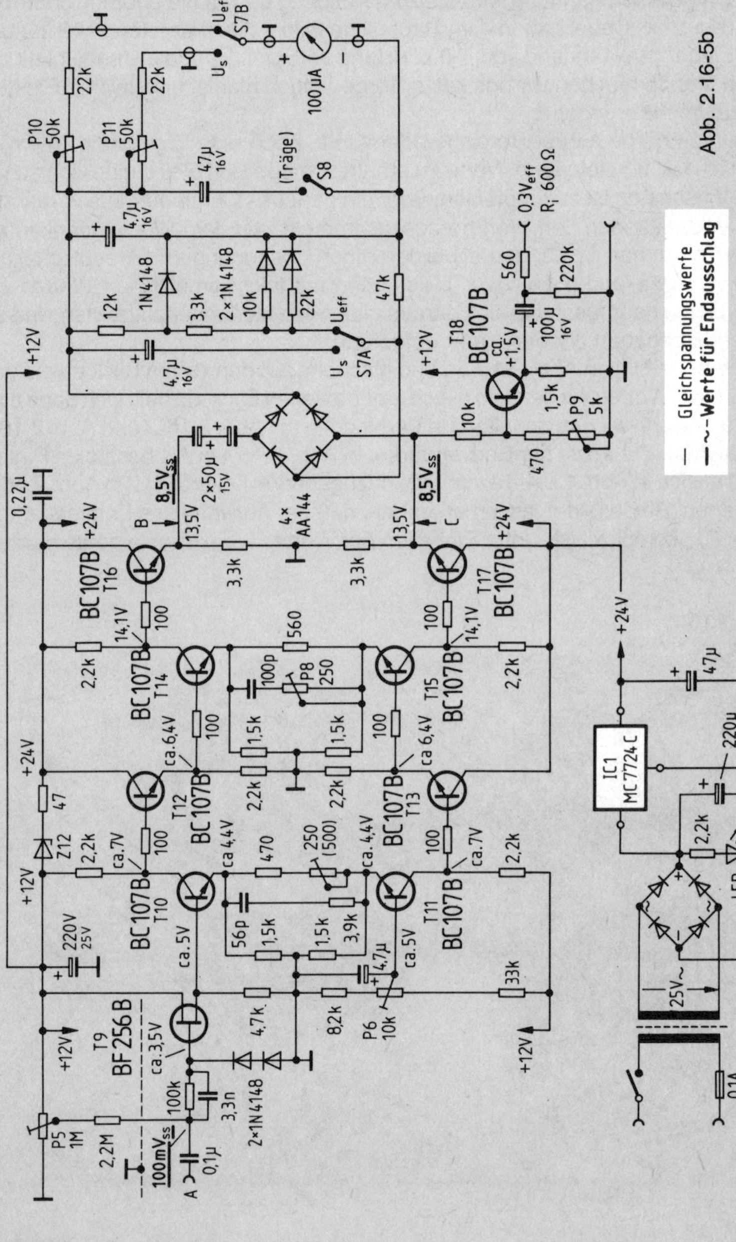
Gleichspannungswerte
~-Werte für Endausschlag
100µA
(Träge)
S8
S7A
S7B
U_{eff}
U_s
P10 50k
P11 50k
2×1N4148
1N4148
4× AA144
2×50µ 15V
$8,5V_{ss}$
T18 BC107B
$0,3V_{eff}$
R_i 600Ω
P9 5k
T16 BC107B
T17 BC107B
T14 BC107B
T15 BC107B
T12 BC107B
T13 BC107B
T10 BC107B
T11 BC107B
T9 BF256B
P8 250
P6 10k
P5 1M
$100mV_{ss}$
Z12
IC1 MC7724C
LED
25V~
0,1A
+24V
+12V

Abb. 2.16-5b

150 mV. Diese Spannung wird bis zum Ausgang U_A auf die erforderlichen 100 mV reduziert. Dabei haben – im Hauptschaltbild – die Widerstände 82 kΩ und der Eingangswiderstand von T 8 die Hand im Spiel. Über die Genauigkeit der Widerstände machen wir uns keine Sorge – auch hier ist eine leichte Einstellbarkeit mit P 4 gegeben.

Nun zum Thema der Bereichswiderstände noch eine Ergänzung. Wem es möglich ist, 1 % tolerierte Werte zu erhalten, möge sich gleich glücklich schätzen. Ansonsten ist zu empfehlen, über ein genaues Ohmmeter aus vorhandenen Widerständen den Wert herauszusammeln, der dem Wunschdenken am nächsten kommt. Im übrigen ist bei derartigen Überlegungen im Hauptschaltbild *Abb. 2.16-5a* und *b* bei zwei Teilerketten mit leicht erhältlichen Werten der E12-Reihe gearbeitet, die sich daraus bildenden Meßungenauigkeiten sind als Toleranzangaben ebenfalls dort aufgeführt.

Die Schaltung in Abb. 2.16-5a und b scheint auf den ersten Blick etwas umfangreich. Werfen wir deshalb gleich einen zweiten Blick, da hellt sich dann einiges auf, wenn wir das Schaltbild in Verbindung mit Abb. 2.16-2 und Abb. 2.16-3 betrachten. Zunächst der Endverstärker in Abb. 2.16-5b. Als bestückte Platine stellt er sich in Abb. 1.6.4-1a vor. Das dazugehörige Leiterbild ist in *Abb. 2.16-6* zu sehen. Beide Bilder lassen erkennen, daß der Aufwand des Endverstärkers nicht zu „komplex" ist. Unter Einhalten der Werte für die Bauelemente kann es

Abb. 2.16-6

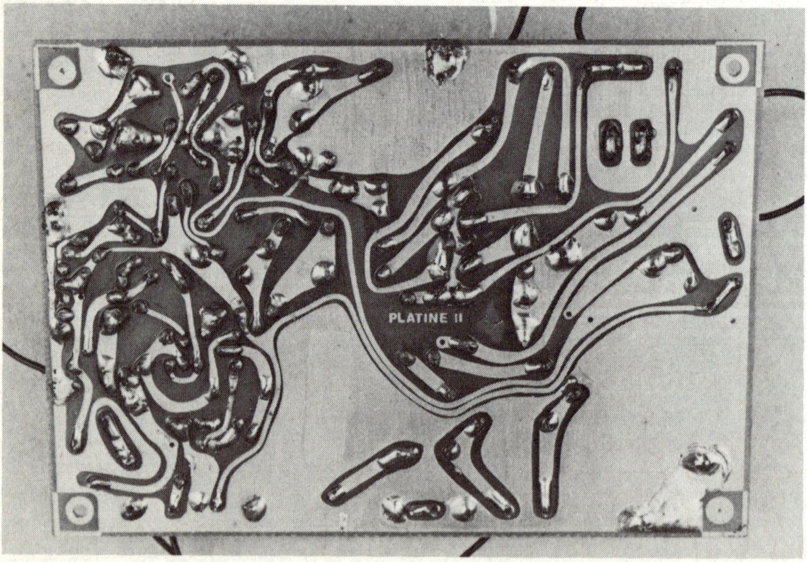

bei Inbetriebnahme keine Schwierigkeiten geben, wenn Sie zusätzlich daran denken, sämtliche Leitungen der Schalter S 7 A und B sowie S 8 und die Leitungen für das Meßwerk abzuschirmen. Der Grund findet sich darin, daß aufgrund der hohen Verstärkung von ca. 30fach eine Mitkopplung auf den hochohmigen Verstärkereingang von T 9 oder sogar auf die Eingangstransistoren der Vorverstärkerplatine erfolgen kann. Die gesamte Verstärkung beträgt in dem Fall immerhin schon 3000fach! Also, den Endverstärker mit seinen Ausgangsleitungen abschirmen und den Vorverstärker räumlich weit vom Meßwerk anordnen.

Einen Vorschlag gibt das Aufbaubild Abb. 1.6.4-1b. Es ist zu erkennen, daß alle zu den Schaltern gehenden Leitungen beider Platinen abgeschirmte Kabel sind.

Der Abgleich des Endverstärkers...
ist einfach, wenn Sie nach Abb. 2.16-3 und Abb. 2.16-5b folgendermaßen vorgehen. Das Schaltbild enthält Werteangaben von durchschnittlichen Größen der einzelnen Gleichspannungen. Nun zur Einstellung. Mit P 5 wird an Punkt B eine Spannung von ca. 13,5 V eingestellt. Mit P 6 stellen Sie an C die gleiche Spannung ein. Danach wird eine Wechselspannung von ca. 1 kHz (100 mV_{eff}) am Eingang A eingespeist und mit P 7 – an B oder C gemessen – dort eine Ausgangsspannung von ca. 8,5 V_{ss} eingestellt. Das geht mit dem Multimeter, evtl. auch dem Vielfachmeßgerät, wenn dieses den Frequenzbereich bis 1 kHz beherrscht. Das Multimeter in Effektivwerten geeicht hat den Wert 3 V anzuzeigen. Elegant ist es, mit dem Oszillografen zu messen, da dann gleich die unverzerrte Sinusform kontrolliert werden kann. Danach wird mit S 7 auf Stellung U_{eff} der Endausschlag mit P 10 eingestellt und bei S 7 in Stellung U_s der Endausschlag mit P 11. Schließen Sie jetzt den Ausgang von T 18 mit einem 600-Ω-Widerstand ab, dann können Sie an diesem mit P 9 eine Spannung von 300 mV einstellen. Eine Korrektur des Frequenzganges mit P 8 ist möglich. Dazu ein Rechtecksignal von 5 kHz oder 50 kHz an Punkt A anschließen und die Rechteckspannung so einpegeln, daß an B oder C wieder ca. 8 V_{ss} entstehen. Mit P 8 wird jetzt an B oder C mit 10:1 Tastkopf auf beste Rechteckform abgeglichen. – Das war bereits alles über den Hauptverstärker.

Der Vorverstärker...
besteht, wie wir schon wissen, aus zwei getrennten Verstärkerzügen. Ein Aufbauvorschlag ist in Abb. 1.6.4-1c zu erkennen. Der Aufbau ist nur an zwei Stellen kritisch. Es ist das der Eingang von T 1 mit der hochohmigen Abschwächergruppe und ebenfalls der Eingang von T 6. In beiden Fällen ist es für Sie einfacher, die Bereichswiderstände im Gegensatz zu *Abb. 2.16-9* direkt am Schalter anzuordnen und die Zuleitungen vom Schalter zu T 1 und T 6 abzuschirmen. Der übrige Aufbau ist niederohmig, da kann kaum etwas passieren. Es werden hier bis auf T 4 nur Impedanzwandler benutzt, die ein stabiles Arbeiten voraussetzen.

Der Abgleich des Vorverstärkers...
ist auch schnell getan. Nehmen wir dazu die Abb. 2.16-2a, 3 und 5a zur Hand. Der Verstärker für Spannungsmessung wird folgendermaßen abgeglichen. Mit P 2 wird eine Spannung von ca. 3,4 V am Emitter von T 5 eingestellt. Damit ergibt sich am Emitter von T 8 eine solche von ca. 2,8 V. Danach kann je nach Stellung von S 3 eine Spannung von 1 mV oder 1 V an E_R oder E_L eingespeist werden. Die 1 V setzen jedoch bereits voraus, daß die Teilerwiderstände 999 kΩ und 1 kΩ sehr genau sein sollten, also besser mit einer 1-kHz-Spannung von 1 mV arbeiten. In beiden Fällen wird mit P 3 am 470-Ω-Widerstand (E-T/8) eine Spannung von 100 mV eingestellt, oder bei bereits abgeglichenem Endverstärker das Instrument einfach auf Endausschlag gestellt. Danach wird eine Spannung von 3 mV (3 V) eingespeist und bei offenem Schalter S 4 mit P 4 wiederum die 100 mV oder der Endausschlag eingestellt. Ähnlich dem Abgleich des Frequenzganges im Endverstärker kann mit Tr 1 bei 1 V und 5 kHz oder 50 kHz mit Tastkopf an B oder C des Hauptverstärkers gemessen ein optimales Frequenzverhalten erreicht werden.

Für die Einstellung des zweiten Verstärkerzweiges schließen wir eine 1-kHz-Sinusspannung von 0,63 V_{eff} an E_R oder E_L an (siehe dazu das Pegeldiagramm in Abb. 2.16-3). Mit P 4 werden dann wieder die 100 mV (470 Ω – T 8) oder der Endausschlag erreicht. Die Trimmer TR 2 und TR 3 werden wie oben beschrieben abgeglichen.

Da im Vorverstärker ebenfalls ausreichende Betriebsspannungsangaben gemacht wurden, sind vorerst einmal Nachbauprobleme auszuschließen. Es ist jedoch ratsam – ähnlich der Platinenauslegung von Abb. 2.16-6 mit großen Masseflächen zu arbeiten und diese besonders in den Eingangskreisen von T 1 und T 6 auch um die Bauelementeanschlüsse zu legen. Wie genau nachher gemessen werden soll, ist einzig und allein abhängig von der Genauigkeit der verwendeten Teilerwiderstände.

Für das Material des Gerätes müssen wir schon so an die 150 bis 200 Mark hinblättern. Es sind aber alles handelsübliche Teile und wenn daran gedacht wird, daß so ein Profigerät schon einmal über 1000 Märker kostet, dann lohnt sich schon der Gedanke an einen Selbstbau.

2.17 Ein Temperaturmeßgerät mit Transistor als Wärmefühler

Im wesentlichen findet sich hier die Begründung in dem negativen Temperaturkoeffizienten so einer Siliziumdiode. In einem eingestellten Stromarbeitsbereich „driftet" sie recht genau mit –2 mV/°C nach *Abb. 2.17-1*. Und ganz besonders gut geht's mit den Diodenstrecken eines Transistors nach *Abb. 2.17-2*. So, und das wollen wir untersuchen und nutzen. Wofür nutzen? Nun vielleicht für eine

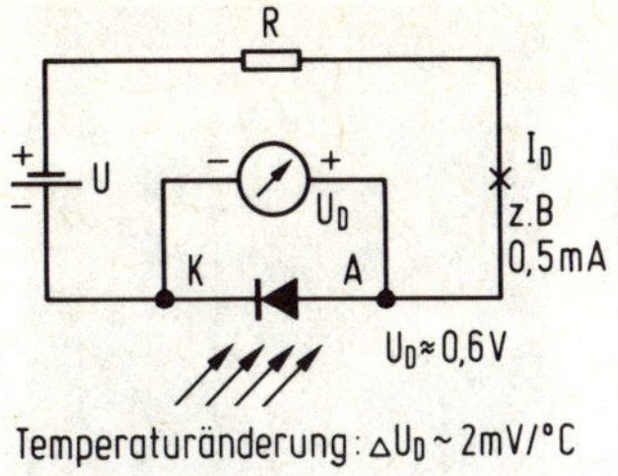

Abb. 2.17-1

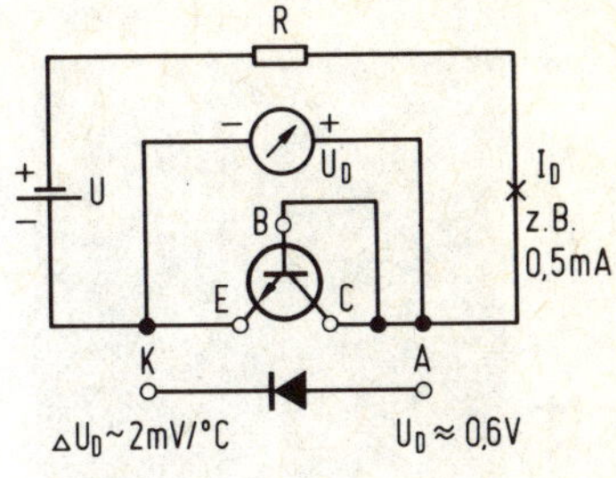

Abb. 2.17-2

einfache Temperaturanzeige für die Außentemperatur im Haus oder im Auto. Als Warngeber bei Feuer im Dachboden, oder eingebaut in den Kühlschrank... die Diodenstrecke „mißt" sehr genau die Temperatur und gibt ihre Temperaturinformation mit eben diesen bewußten $U_D = -2$ mV/°C ab. Einfach wird es auch, weil wir jedes vorhandene Meßgerät mit linearer Skala benutzen können. Was wollen wir also noch mehr?

Doch vorerst beschäftigen wir uns mit dem Temperaturkoeffizienten. Dieser beträgt bei einem PN-Siliziumübergang in einem weiten Temperaturbereich 2 mV/°C. Wie das beispielsweise bei einer Temperaturänderung von Δt = 45 °C aussieht, zeigt *Abb. 2.17-3*. Da hab' ich mal die in der Hobbyelektronik oft gebrauchte Diode vom Typ 1N4148 herausgegriffen und in den Kennlinienschreiber gesteckt. Wie zu erkennen ist, verlaufen die Diodenkennlinien bei Temperaturänderung parallel zueinander. Von dem Kennlinienschreiber läßt sich so auch recht gut ablesen, daß bei 400 µA Diodenstrom und 20 °C die Diodenspannung 0,7 V groß ist. Um 45 Grad „erhitzt", also auf 65 °C Endtemperatur beträgt die Spannungsdifferenz ca. 90 mV. So und das sind wieder die

$$\frac{90\text{ mV}}{45\text{ °C}} = 2\text{ mV/°C}.$$

Nun versucht man bei derartigen Anwendungen zum Aufspüren von Temperaturänderungen mit einer Diode diese so zu schalten, daß sie sich nicht zusätzlich durch ihre elektrische Verlustleistung erwärmt, was logischerweise einen kleinen Diodenstrom – so einige 100 µA – voraussetzt. Und da gibt's bei einer Diode schon ein Problem, denn gerade im Gebiet sehr kleiner Ströme verläuft ihre Kennlinie nicht sehr steil und vor allen Dingen zu ihrem weiteren Verlauf recht unlinear. Das kann nun ein als Diode geschalteter Transistor wesentlich besser, wie aus *Abb. 2.17-4* zu ersehen ist. Dort sind die Kennlinien der Diode 1N4148 und eines als Diode geschalteten Transistors BC 108 C übereinandergeschrieben. Wir erkennen daraus auch gleich, daß der Transistor eine weitaus

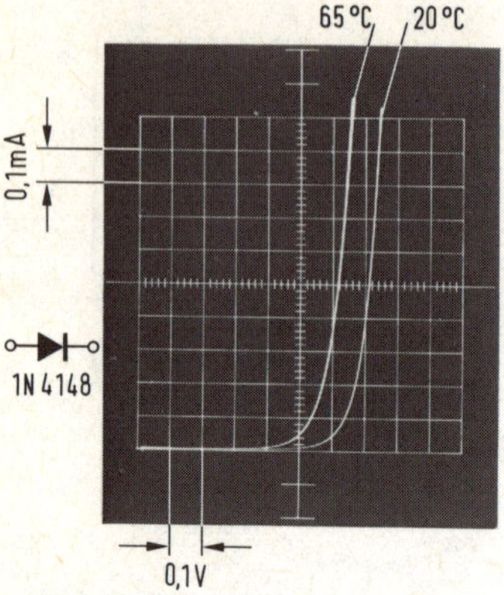

Abb. 2.17-3

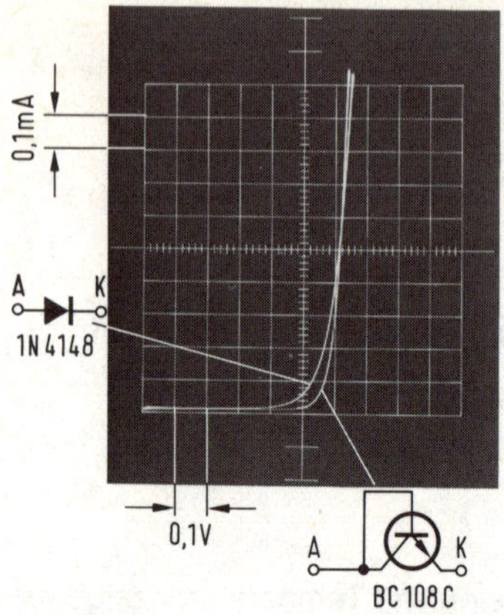

Abb. 2.17-4

steilere Kennlinie ergibt, die besonders im Gebiet kleiner Ströme einen ausgeprägten Stromknick aufweist. Sinnvoll ist es, Transistoren mit hoher Stromverstärkung und geringen Restströmen zu benutzen. Da eignen sich die ,,C"-Typen recht gut, also z. B. die Typen BC 108C oder BC 109C. Wegen des steilen Stromüberganges und der geringen Restströme gegenüber einer Diode werden bipolare Transistoren auch häufig in empfindlichen Eingangsstufen als ,,Schutzdioden" eingesetzt, denn sie beeinflussen kaum die Größe des Eingangswiderstandes der Schaltung in einem Bereich bis ca. 0,5 V. Nachdem wir nun festgestellt haben, daß ein Silizium-PN-Übergang seine Durchlaßspannung um 2 mV pro Grad Celsius Temperaturänderung verschiebt, und daß dies auch noch in dem uns interessierenden Meßbereich von ca. –10...+100 °C recht linear geschieht, erhebt sich gleich die Frage: wer soll die wenigen ,,Millivölter" denn nun anzeigen? Natürlich ein Drehspulmeßwerk, ein einfaches, darüber hinaus mit einer linearen Skalenteilung von z. B. 0...10 oder ähnlich. Derartige Drehspulmeßgeräte haben nun ihre technischen Daten, ihren Steckbrief. Da wird dann der Strom angegeben, der für den Endausschlag erforderlich ist; wir nennen ihn I_E. Des weiteren die Spannung für den Endausschlag; sie soll U_E heißen und darüber hinaus dann auch noch der ohmsche Innenwiderstand der Drehspule. Das Meßgerät für unsere Anwendung darf im Bereich folgender Daten liegen:

Abstand U_E: 0,1 V...1 V

I_E: 0,1 mA...1 mA.

Wir achten dabei auf eine möglichst große Skala, um später auch genau ablesen zu können.

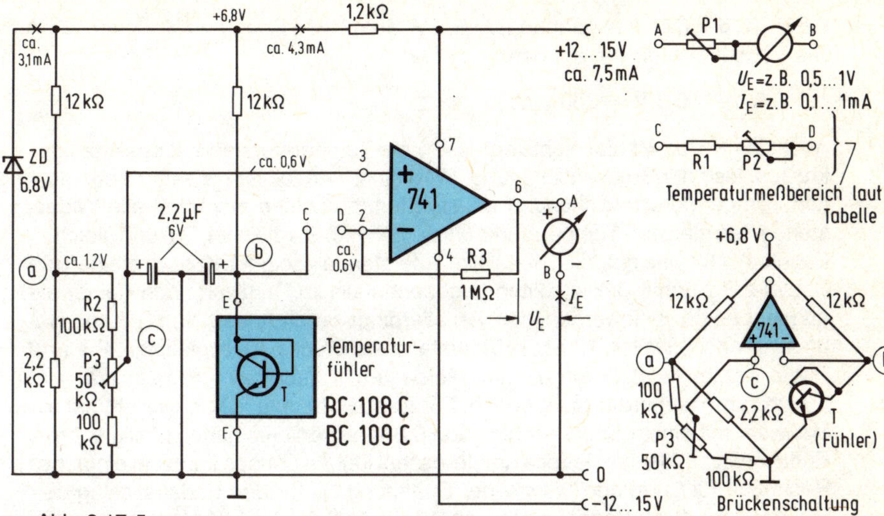

Abb. 2.17-5

Nun zurück zu den „Millivöltern", die der Transistor, als Temperaturfühler geschaltet, erzeugt. Diese müssen also verstärkt werden, um auf den erforderlichen Spannungsbedarf des Meßgerätes zu kommen. Das erledigt nun ganz ideal für uns der Operationsverstärker. Dazu noch der einfache „Allerweltstyp 741" ohne jegliche Kompensationsschaltung. Um das nun zu verstehen, gleich zu *Abb. 2.17-5*. Also zur Schaltung des Temperaturmeßgerätes. Einfacher geht's kaum. Doch jetzt zunächst erst einmal der Anzeigekreis des Transistors als Temperaturfühler. Das ist, wie wir sehen, eine Brückenschaltung, in deren Diagonalen die Spannungsdifferenz dem symmetrischen Differenzeingang des Operationsverstärkers zur Verstärkung angeboten wird. Dem Operationsverstärker reicht eine Differenz von nur wenigen Millivolt aus, um sie auf einem „unempfindlichen" Meßgerät zur Anzeige zu bringen. Die oben erwähnte Brückenschaltung ist in Abb. 2.17-5 getrennt herausgezeichnet, wobei die kleinen Buchstaben a und b in der Brückendiagonalen in der Schaltung wiederzufinden sind. Übrigens ist es bei derartigen Temperaturmeßschaltungen, wie bereits kurz erwähnt, äußerst wichtig, mit einer möglichst geringen Leistung im Meßfühler – hier also dem Transistor – zu arbeiten, um diesen nicht durch die elektrische Verlustleistung unzulässig hoch zu belasten, wodurch dann das Temperaturmeßergebnis beeinflußt wird. Aus diesem Grunde ist der Strom in der Basisemitterdiode nur ca. 0,5 mA groß. Dieser errechnet sich aus dem gewählten 12-kΩ-Widerstand und der an ihm abfallenden Spannung U_R. Sie ist hier

6,8 V – 0,6 V (Diodenspannung) = 6,2 V. Somit wird $I_R = I_D = \frac{6{,}2\ V}{12\ k\Omega} = 516\ \mu A$.
Die Verlustleistung beträgt demnach nur

$$0{,}5\ mA \cdot 0{,}6\ V = 300\ \mu W.$$

Auch das wollen wir hier nicht vergessen: die Temperaturstabilität des Anzeigekreises, also der Brückenschaltung. Wird dieser Anzeigekreis selbst sehr starken Temperaturschwankungen unterworfen, so sollten möglichst alle Widerstände den gleichen Temperaturkoeffizienten haben (gleicher Typ und gleiches Fabrikat). Gut sind natürlich Metallfilmwiderstände geeignet. Kritisch bleiben die Bauteile P 2 und P 3. Sie sollten gegebenenfalls im Ohmwert noch kleiner als angegeben gewählt werden, dann ist allerdings durch Ändern von R 1 und R 2 und/oder den zweiten 100-kΩ-Widerstand die Brücke auszugleichen. P 1 und P 2 in Keramikausführung bringen die besten – stabilsten – Ergebnisse.

Nun zum Temperaturmeßbereich. Für diese Betrachtung habe ich einmal ein Meßwerk mit einem Endausschlag von 0,8 V gewählt (es hatte zufällig 0,2 mA Endausschlag, der hier jedoch uninteressant ist). Im übrigen kann bei einfacher Rechnung für „unrunde" Werte der Spannung U_E für den Endausschlag des Meßgerätes, diese Spannung U_E mit P 1, in Abb. 2.17-5 getrennt gezeichnet, leicht auf einen vernünftigen Wert zwischen den Punkten A und B gebracht werden, der sich einfacher in die Rechnung einfügen läßt. Für den späteren Aufbau ist es aber nicht unbedingt sinnvoll, ein zusätzliches Abgleichelement – hier P 1 – einzusetzen. Das zieht nur Unsicherheiten nach sich. Bei der Benutzung von sehr empfindlichen Meßwerken, z. B. $U_E = 0{,}1$ V, empfehle ich jedoch an Stelle von P 1 einen Festwiderstand, so daß (zwischen A und B gemessen) der Endausschlag dann ca. 0,7 V...1 V beträgt.

Auf die oben stehenden 0,8 V für U_E (siehe Abb. 2.17-5) beziehen wir die folgenden Angaben für die Verstärkungsberechnung. Allgemein ist die Verstärkung V_u recht einfach darzustellen durch

$$V_u = \frac{R\,3}{R\,1 + P\,2}$$

Um jetzt für die spezielle Temperaturmeßbereichswahl ein paar Anhaltspunkte zu geben, überlegen wir einmal gemeinsam die fünf folgenden Beispiele.

Beispiel 1

In *Abb. 2.17-6a* ist der Skalenverlauf von 0...40 °C in Abhängigkeit von der linearen Skalenteilung von 0...10 dargestellt. Eine Temperaturdifferenz von 40 °C erzeugt an dem Transistor als Temperaturfühler eine Spannungsdifferenz von

$$2\ mV/°C \cdot 40\ °C = 80\ mV.$$

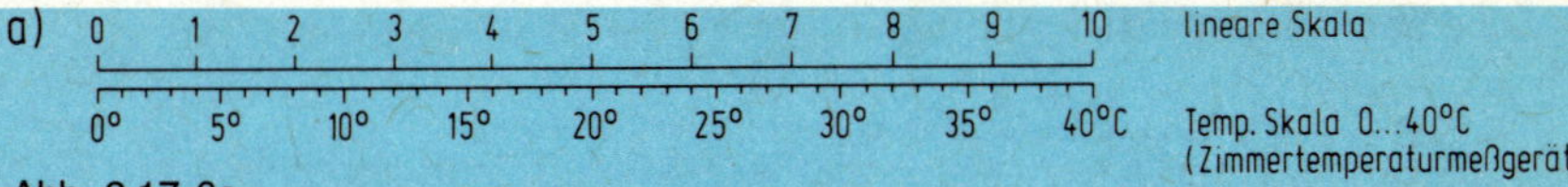

Abb. 2.17-6a

Diese 80 mV am Eingang des Operationsverstärkers müssen am Ausgang die oben gewählte Spannungsdifferenz U_E von 800 mV für das Meßgerät bilden. Also ist demnach eine Verstärkung von

$$V_u = \frac{800\ \text{mV}}{80\ \text{mV}} = 10 \text{ erforderlich.}$$

Mit R 3 = 1 MΩ wird nach der oben schon erklärten Gleichung

$$R\,1 + P\,2 = \frac{R\,3}{V_u} = \frac{1\ \text{M}\Omega}{10} = 100\ \text{k}\Omega \text{ groß.}$$

Der Abgleich erfolgt nun folgendermaßen: Der isolierte Temperaturfühler nach *Abb. 2.17-7* (wir sprechen später noch über seine Montage) wird in schmelzendes Eiswasser (Plastikbehälter, Eiswürfel, Wasser) getaucht und mit P 3 der Zeiger auf Null gestellt. Der optimale Arbeitsbereich von P 3 kann dabei gegebenenfalls durch Ändern von R 2 beeinflußt werden. Anschließend wird der Temperaturfühler in unmittelbarer Nähe dieses Vergleichsgerätes längere Zeit „zur Beruhigung" aufgehalten. Sodann wird mit P 2 der Zeiger auf der Skala in Abb. 2.17-6a auf +23 °C gestellt. Ich glaube, einfacher geht's nicht, denn das Gerät ist jetzt bereits geeicht. Evtl. Vorgang zur Kontrolle wiederholen. Weiterhin ist es ratsam, das Gerät vor Beginn des Abgleiches und auch des Ablesevorganges 30 Minuten in Betrieb zu nehmen.

Beispiel 2

Nach *Abb. 2.17-6b* wird ein Temperaturverlauf von 0...60 °C gefordert. Hier ist die Spannungsdifferenz am Eingang

$$2\ \text{mV/°C} \cdot 60\ \text{°C} = 120\ \text{mV}.$$

Die Verstärkung wird dann

$$V_u = \frac{800\ \text{mV}}{120\ \text{mV}} = 6{,}66\text{fach}$$

Abb. 2.17-6b

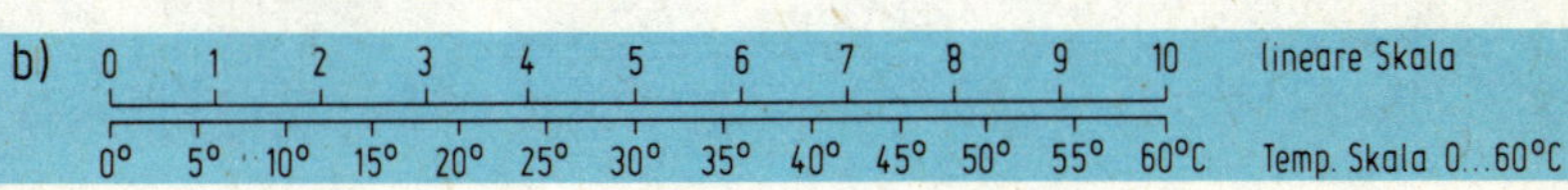

und somit ergibt sich

$$R\,1 + P\,2 = \frac{1\ \text{M}\Omega}{6{,}66} = 150\ \text{k}\Omega.$$

Der Abgleich erfolgt wie unter Beispiel 1 beschrieben.

Beispiel 3

Nach *Abb. 2.17-6c* wird ein Temperaturmeßbereich von 0...100 °C gewünscht – so z. B. zur Messung der „Betriebshitze" wichtiger Bauteile einer Schaltung. Hier ist dann die Spannungsdifferenz des Fühlers mit

$$2\ \text{mV/°C} \cdot 100\ \text{°C} = 200\ \text{mV}$$

groß. Die Verstärkung ergibt sich aus

$$V_u = \frac{800\ \text{mV}}{200\ \text{mV}} = 4,\ \text{wonach} \qquad R\,1 + P\,2 = \frac{1\ \text{M}\Omega}{4} = 250\ \text{k}\Omega$$

groß wird. Als zweite Eichtemperatur wählen wir wieder Wasser, das bekanntlich bei 100 °C kocht.

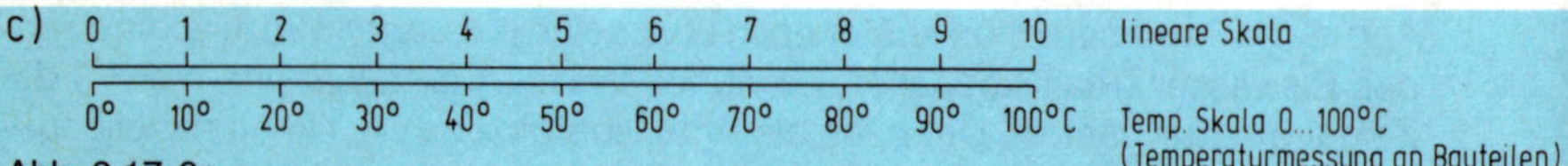

Abb. 2.17-6c

Beispiel 4

Nach *Abb. 2.17-6d* wird der Bereich für ein Außenthermometer, so z. B. für die Anwendung im Haus oder als „Eiswarner" im Auto benutzt. Da gibt es nun einen versetzten 0-Punkt (siehe Abb. 2.17-6d). Vorerst interessieren wir uns wieder für den Meßbereich, der mit –15 °C...+45 °C wieder bei $\Delta t = 60$ °C liegt (siehe dazu die Rechnung im Beispiel 2). Geringfügig anders ist hier die Eichung. Bei Eiswassertemperatur – also dem recht genauen Punkt mit 0 °C – wird vorerst mit P 3 der Zeiger auf den Nullpunkt der Temperaturskala gestellt. Dieser Nullpunkt entspricht auf der linearen Skala dem Zahlenwert 2,5. Danach wird wieder mit P 2 bei Zimmertemperatur der genaue Wert von z. B. 22 °C mit einem Vergleichsmeßgerät eingestellt. Die Vorgänge sind zu wiederholen.

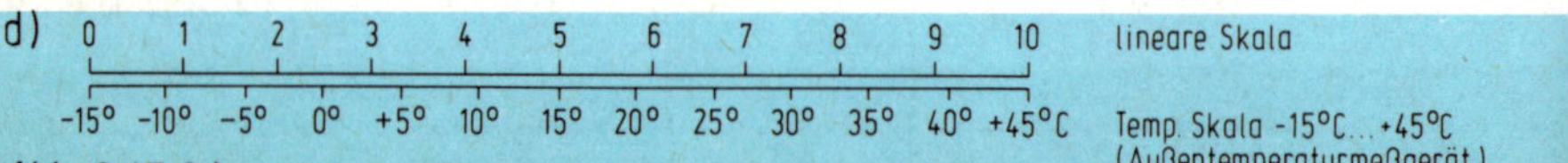

Abb. 2.17-6d

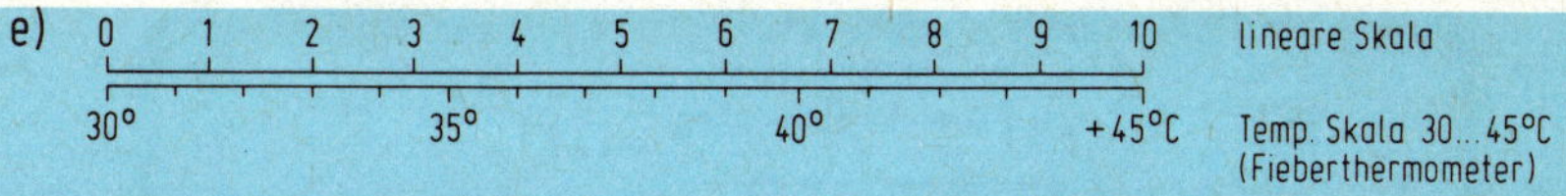

Abb. 2.17-6e

Beispiel 5

Nach *Abb. 2.17-6e* wird ein „Fieberthermometer" mit dem gespreizten Bereich von 30 °C...45 °C gewünscht. Mit $\Delta t = 15$ °C ergibt sich eine Spannungsdifferenz am Eingang von 2 mV/°C · 15 °C = 30 mV.
Das zieht eine Verstärkung von

$$V_u = \frac{800\ \text{mV}}{30\ \text{mV}} = 26{,}6 \text{ nach sich.}$$

Somit wird dann

$$R\,1 + P\,2 = \frac{1\ \text{M}\Omega}{26{,}6} = 37{,}6\ \text{k}\Omega.$$

Der Abgleich erfolgt mit einem Vergleichsmeßgerät, einem Warmwasserbad oder Warmluftstrom (Föhn). Dabei wird mit P 3 der Punkt 30 °C eingestellt. Dann wiederum mit P 2 der Endausschlag von 45 °C oder z. B. der Wert 40 °C. Der Abgleichvorgang ist wie bei den anderen Beispielen zu wiederholen.

Für den ersten Aufbau empfehle ich die Summe aus R 1 + P 2 mit einem Ohmmeter vorher einzustellen. Für R 1 und P 2 werden dann sinnvollerweise folgende Werte gewählt (bei $U_4 = 0{,}8$ V).

Beispiel nach Abb. 2.17-	Δt	ΔU_E	V_u	R 1 + P 2	R 1	P 2
6a	40 °C	80 mV	10	100 kΩ	82 kΩ	50 kΩ
6b u. d	60 °C	120 mV	6,66	150 kΩ	120 kΩ	50 kΩ
6c	100 °C	200 mV	4	250 kΩ	220 kΩ	50 kΩ
6e	15 °C	30 mV	26,6	37,6 kΩ	33 kΩ	10 kΩ

Noch ein paar Worte zu dem Aufbau des Fühlers. Dieser ist mit den Transistoren BC 108C oder BC 109C im Mustergerät benutzt worden. Sinnvoll ist es, nach *Abb. 2.17-7* den elektrischen Anschluß des Transistors mit dem – bei größerer Länge evtl. abgeschirmten Verbindungskabel – isoliert zu verkapseln, um Feuchtigkeitseinflüsse – also Bildung von Übergangswiderständen an den Anschlüssen – auszuschalten. Dieses „Verkapseln" ist recht einfach. Es genügt

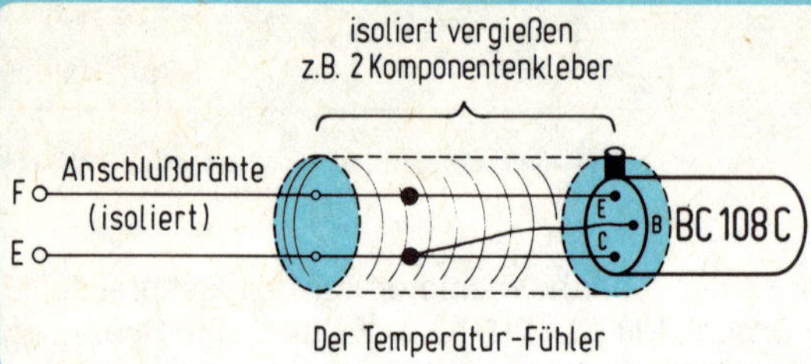

Abb. 2.17-7

bereits ein „Vergießen" mit einem handelsüblichen Zweikomponentenkleber. Ein anschließender Schutzlack ist nicht falsch.

So, das war's mit dem Driften der Temperaturspannung des PN-Überganges. Verständlich, daß der Profi das in einer Schaltung als unangenehmen Einfluß oft nicht gern sieht und entsprechende Maßnahmen zur Temperaturstabilisierung einleitet. Da nun jedes Ding aber seine mindestens zwei Seiten hat, haben wir hier einmal jene sinnvoll genutzt, die dem Profi oft Kopfzerbrechen macht – eben die Temperaturdrift des PN-Überganges. Übrigens, für die genaue Eichung und Kontrolle des Fieberthermometers übernehme ich keine Garantie. Nicht, daß mir da jemand später sagt, er fühlt sich bei einer „Fiebertemperatur" von 44 °C am wohlsten.

2.18 Das Kapazitätsmeßgerät mit digitalen Schaltkreisen

Das ist mit integrierten Bausteinen recht einfach zu realisieren, wie aus der *Abb. 2.18-1* hervorgeht. Benutzt wird dort der integrierte Baustein MIC 74124 (ITT). Er ist als astabiler Multivibrator geschaltet. Mit den Bauelementen 4,7 kΩ und 150 pF schwingt er stabil auf annähernd 1 MHz. Am Ausgang, Punkt 10, steht somit ein symmetrisches 1-MHz-Rechtecksignal mit TTL-Pegel (ca. 3,8 V_{ss}). Diese Grundschwingung kann auch mit einem anderen Schwingungserzeuger erhalten werden, wobei dann allerdings der TTL-Steuerpegel für die kommende Stufe sichergestellt werden muß. Die Widerstands- und Kapazitätswerte (4,7 kΩ/150 pF) sollten möglichst genau stimmen, wobei aus Gründen der Stabilität Styroflexkondensatoren gewählt werden.

Von dem IS 74124 werden nachfolgend vier in Reihe geschaltete Dekadenzähler, Typ 7490, angesteuert. Aus der Tabelle in Abb. 2.18-1 geht hervor, daß diese zuerst durch fünf und dann durch zwei teilen, so daß sich die tabellarisch aufgeführten Frequenzen von 1 MHz (ungeteilt) bis 100 Hz ergeben. Diese Frequenzen mit TTL-Pegel steuern den Monoflop 74121 an, der bei jeder positiven

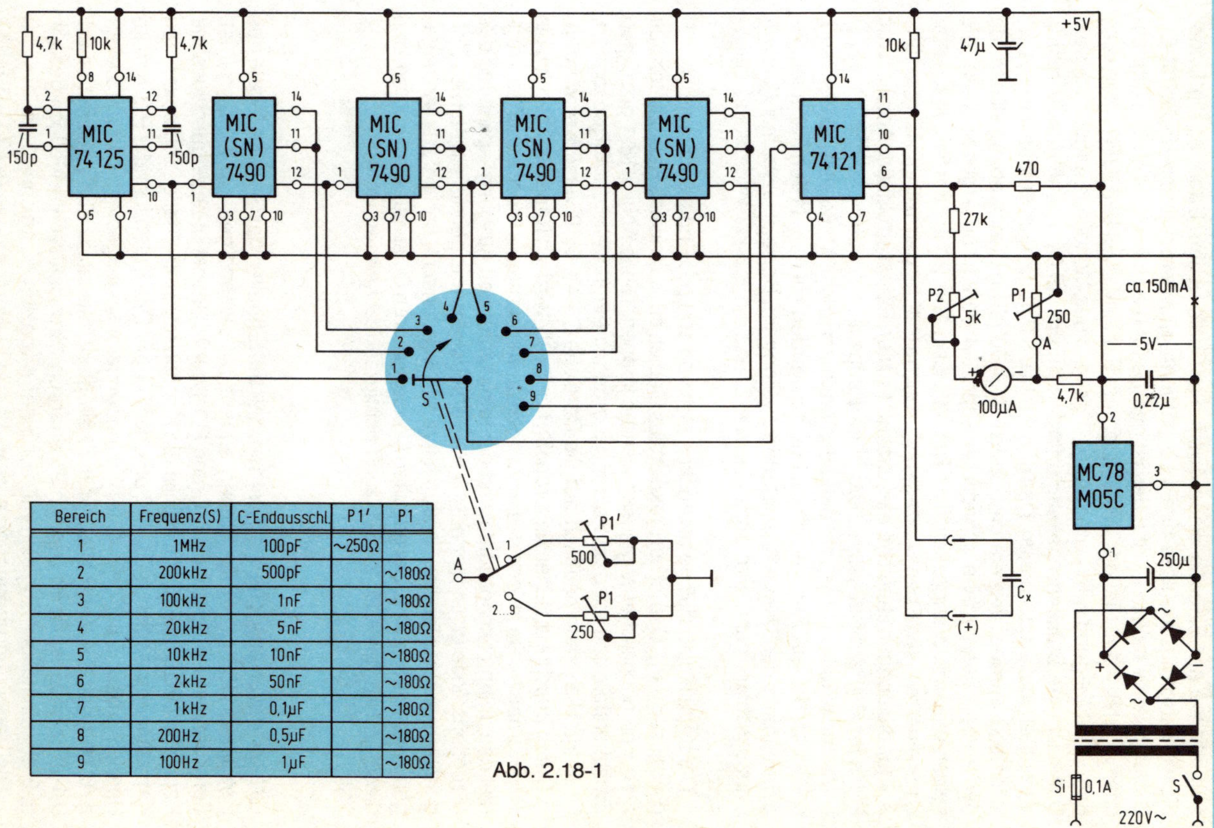

Bereich	Frequenz(S)	C-Endausschl.	P1'	P1
1	1MHz	100pF	~250Ω	
2	200kHz	500pF		~180Ω
3	100kHz	1nF		~180Ω
4	20kHz	5nF		~180Ω
5	10kHz	10nF		~180Ω
6	2kHz	50nF		~180Ω
7	1kHz	0,1μF		~180Ω
8	200Hz	0,5μF		~180Ω
9	100Hz	1μF		~180Ω

Abb. 2.18-1

Signalflanke am Eingang einen Ausgangsimpuls abgibt. Dabei ist die Dauer dieses Ausgangsimpulses direkt proportional der gemessenen Kapazität C_x. Dadurch ist es möglich – und das ist gerade für die Hobby-Praxis von erheblichem Vorteil – daß Meßgeräte mit linearem Skalenverlauf benutzt werden können. Das Meßgerät wird in dem Ausgangskreis des Monoflops angeschlossen. Dabei ist eine Brückenschaltung erforderlich, um bei $C_x = 0$ pF den Anschlag auf Null einstellen zu können. Das geschieht mit P 1. Je nach Aufbau kann es erforderlich werden, den ersten Bereich (0...100 pF) getrennt abzugleichen, da der Aufbau bereits eine schädliche Kapazität von 10 pF ergeben kann, die selbstverständlich angezeigt wird. Deshalb ist in Abb. 2.18-1 der Stufenschalter S mit einer zweiten Ebene angedeutet, welche P 1' für den 100-pF-Bereich und P 1 für die übrigen Bereiche einschaltet. In allen Fällen erfolgt der Abgleich mit P 1 oder P 1' auf Null-Ausschlag ohne Kapazität C_x.

Versuche haben ergeben, daß auch unempfindliche Meßwerke, also solche, größer als 100 μA Endausschlag, benutzt werden können. In den Fällen ist gegebenenfalls der 27-kΩ-Widerstand zu verringern. Beispiel: Instrument 0,8 mA Endausschlag; dann wird an Stelle von 27 kΩ ein 8,2-kΩ-Widerstand eingesetzt.

Die Kapazitätsbereiche erstrecken sich von 100 pF (Endausschlag) bis 1 μF (Endausschlag). Das ist ein praktikables Gebiet, da auch kleine Kapazitäten von z. B. 5 pF noch sicher abgelesen werden können. Die in Abb. 2.18-1 gezeigten Zwischenbereiche mit dem Faktor 0,5 ergeben einen weiteren Ablesekomfort. Grundsätzlich kann natürlich auf die Bereiche 2 - 4 - 6 - 8 verzichtet werden.

Durch Zuschalten einer weiteren IS, Typ 7490, wird ein Kapazitätsbereich bis 10 μF erhalten. Da jedoch das Instrument aufgrund seiner mechanischen Trägheit den arithmetischen Mittelwert der impulsförmigen Ausgangsspannung des Monoflops anzeigt, ist hier bei 10 Hz Betriebsfrequenz bereits ein starkes Zeigervibrieren festzustellen, wodurch evtl. ein Kondensator parallel zum Anzeigegerät erforderlich wird. Bei gepolten Kondensatoren C_x ist darauf zu achten, daß diese gemäß der Abb. 2.18-1 auch richtig angeschlossen werden.

Der Abgleich

Es kann davon ausgegangen werden, daß bei Einhalten der Bauteile-Werte des Oszillators (IS 74124) die Steuerfrequenz hinreichend genau 1 MHz groß ist. Somit ist dann lediglich mit P 1 (und P 1') der Nullpunkt ohne angeschlossene Kapazität einzustellen. Danach ist ein Kondensator mit einer genau bekannten Kapazität erforderlich, z. B. 470 pF oder 0,1 μF. Das Potentiometer P 2 wird im Bereich 2 oder 3 mit dem 470-pF-Kondensator so eingestellt, daß der Zeiger z. B. auf dem „470-pF-Wert" der Skala steht. Genauso wird z. B. mit einem 0,1-μF-Kondensator im Bereich 7 verfahren. Grundsätzlich sei jedoch gesagt, daß ein einmaliger Abgleich mit nur einer Kapazität ausreichend ist.

Die Versorgungsspannung entspricht den IS-Forderungen der TTL-Technik mit +5 V. Der Stromverbrauch liegt bei ca. 150 mA. Nun gehen Spannungsschwankungen direkt auf das Ableseergebnis ein. Deshalb ist eine gut stabilisierte Speisespannung – hier mit dem Dreipunktregler MC 78 MO 5 C ausgeführt – aufgebaut worden. Die Anzeigegenauigkeit liegt innerhalb ±2 %, die auch im Zusammenhang eines qualitativ guten Anzeigeinstrumentes erreicht wird.

Eine einfache R-C-Meßbrücke ist übrigens in dem Kapitel 1.4.1 beschrieben.

2.19 ...schon komplizierter – das L-C-Meßgerät

Für Schwingkreisschaltungen in der Hf- und Nf-Technik und auch in der Impulstechnik ist es oftmals erforderlich, genaue L-C-Werte als Bauelemente zu erhalten. Dazu reicht oftmals eine Brückenmeßschaltung (siehe Kapitel 1.4.1) nicht aus – besonders auch dann nicht, wenn es um die L-Messungen geht.

Das hier beschriebene L-C-Meßgerät ist seit langer Zeit u. a. fester Bestand meines Labors. Wenn auch die Schaltung auf den ersten Blick recht umfangreich erscheint, ist andererseits der Vorteil einer genauen Messung von L- und C-Werten hervorzuheben. Die Meßgenauigkeit liegt bei 1 %, wenn die Vorschläge und Anweisungen dieser Bauanleitung eingehalten werden.

Das Prinzip ist recht einfach. Es wird sowohl für die L- als auch für die C-Messung vom Resonanzverfahren Gebrauch gemacht. Nach *Abb. 2.19-1a* und *b* ist das jeweils getrennt für die L- und für die C-Messung gezeigt. Bei der L-Messung wird die unbekannte Induktivität L_x in Serie zu der je nach Bereich eingeschalteten genauen Induktivität L geschaltet. Dabei ist ersichtlich, daß die Resonanzfrequenz f_o bei eingeschalteter Spule L_x kleiner wird. Das ist auch bei der C-Messung in Abb. 2.19-1b festzustellen. Auch hier wird bei eingeschalteter Kapazität C_x parallel zur Schwingkreiskapazität C die Resonanzfrequenz niedriger.

Das wird nun auf der Skala der *Abb. 2.19-2* genutzt. Der 0-Punkt der Skala entspricht jeweils der höchsten Resonanzfrequenz. Der Skalenendwert 10 entspricht der niedrigsten Resonanzfrequenz. Die Änderung der Resonanzfrequenz für C-Messung beträgt

$$f = \frac{f_o}{\sqrt{\frac{C + C_x}{C}}}$$ oder bei der L-Messung

$$f = \frac{f_o}{\sqrt{\frac{L + L_x}{L}}}$$

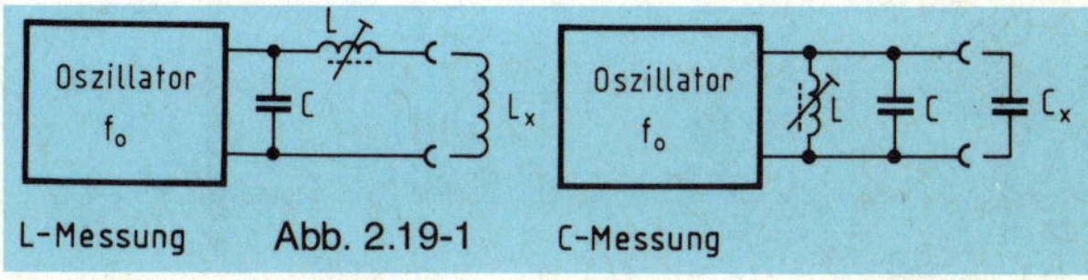

Abb. 2.19-1

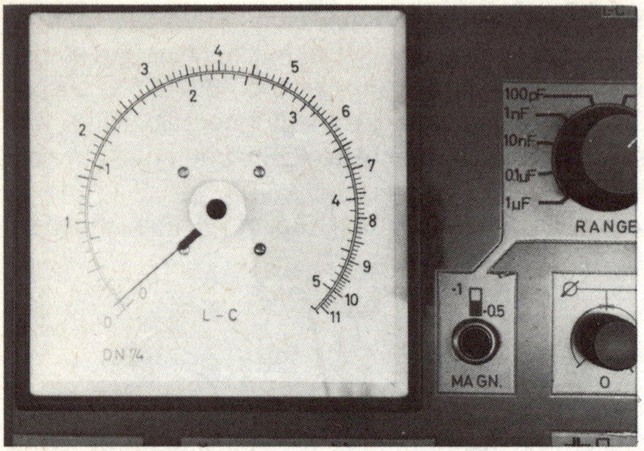

Abb. 2.19-2

Die jeweilige sich einstellende Resonanzfrequenz wird einem Zähldiskriminator zugeführt und auf einem Drehspulmeßgerät angezeigt. Nach der obigen Gleichung ist die Frequenzänderung nicht linear den eingesetzten C_x- oder L_x-Werten, obwohl die Änderungen bei L_x oder C_x gleich sind. Um jetzt zunächst eine möglichst genaue Skaleneichung zu erhalten, schlage ich einmal folgendes Verfahren vor. Die Blankoskala des Meßwerkes wird zunächst linear von 0...10 (feine Bleistiftpunkte) geeicht. Danach wird nach der hier angegebenen Tabelle die Skalenbeschriftung von 0...10 der L_x- und C_x-Skalen vorgenommen. Die so geeichte Skala in Abb. 2.19-2 ist dann in der ersten Hälfte etwas mehr gedehnt als in der zweiten Skalenhälfte. Zusätzlich habe ich im vorliegenden Fall den Bereich über 10...11 erweitert und eine weitere Skalenunterteilung von 0...5 (durch Änderung der Instrumentenempfindlichkeit) vorgenommen.

Anzeige L-C-Wert	0...10 linearer Skalenwert	linearer Wert gedehnter Bereich 0...5	Anzeige L-C-Wert	0...10 linearer Skalenwert
0,01	0,017	0,027	0,51	0,636
0,02	0,033	0,054	0,52	0,645
0,03	0,050	0,080	0,53	0,654
0,04	0,066	0,106	0,54	0,663
0,05	0,082	0,131	0,55	0,672
0,06	0,098	0,156	0,56	0,681
0,07	0,113	0,181	0,57	0,689
0,08	0,129	0,206	0,58	0,698
0,09	0,144	0,230	0,59	0,706

Anzeige L-C-Wert	0...10 linearer Skalenwert	linearer Wert gedehnter Bereich 0...5	Anzeige L-C-Wert	0...10 linearer Skalenwert
0,10	0,159	0,254	0,60	0,715
0,11	0,174	0,277	0,61	0,723
0,12	0,188	0,300	0,62	0,732
0,13	0,202	0,323	0,63	0,740
0,14	0,216	0,345	0,64	0,748
0,15	0,230	0,368	0,65	0,756
0,16	0,244	0,390	0,66	0,764
0,17	0,256	0,411	0,67	0,772
0,18	0,271	0,433	0,68	0,780
0,19	0,284	0,454	0,69	0,788
0,20	0,297	0,475	0,70	0,796
0,21	0,310	0,495	0,71	0,803
0,22	0,323	0,516	0,72	0,810
0,23	0,336	0,536	0,73	0,818
0,24	0,348	0,556	0,74	0,826
0,25	0,360	0,575	0,75	0,833
0,26	0,372	0,595	0,76	0,840
0,27	0,385	0,614	0,77	0,848
0,28	0,396	0,633	0,78	0,855
0,29	0,408	0,651	0,79	0,862
0,30	0,420	0,670	0,80	0,869
0,31	0,431	0,688	0,81	0,876
0,32	0,442	0,706	0,82	0,883
0,33	0,454	0,724	0,83	0,890
0,34	0,465	0,742	0,84	0,897
0,35	0,476	0,759	0,85	0,904
0,36	0,486	0,776	0,86	0,911
0,37	0,497	0,794	0,87	0,917
0,38	0,508	0,810	0,88	0,924
0,39	0,518	0,827	0,89	0,930
0,40	0,529	0,844	0,90	0,937
0,41	0,539	0,860	0,91	0,944
0,42	0,549	0,876	0,92	0,950
0,43	0,559	0,892	0,93	0,957
0,44	0,569	0,908	0,94	0,963
0,45	0,579	0,924	0,95	0,970
0,46	0,589	0,939	0,96	0,975
0,47	0,598	0,957	0,97	0,982
0,48	0,608	0,970	0,98	0,988
0,49	0,617	0,985	0,99	0,994
0,50	0,626	1,000	1,00	1,000

Für die hier gezeigten Meßbereiche ist es nun äußerst wichtig, daß sowohl die benutzten Bereichskapazitäten als auch die Induktivitäten der einzelnen Bereiche sehr genau ausgemessen worden sind. Das ist das eigentliche Bauproblem des Gerätes. Also: Die C-L-Normalien müssen stimmen. Wir machen die L-Werte abgleichbar (Kern) und messen diese an einer L-Meßbrücke aus. Bei den

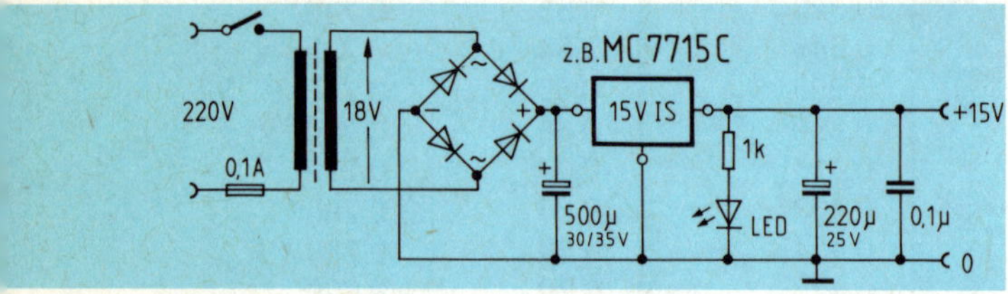

Abb. 2.19-3a

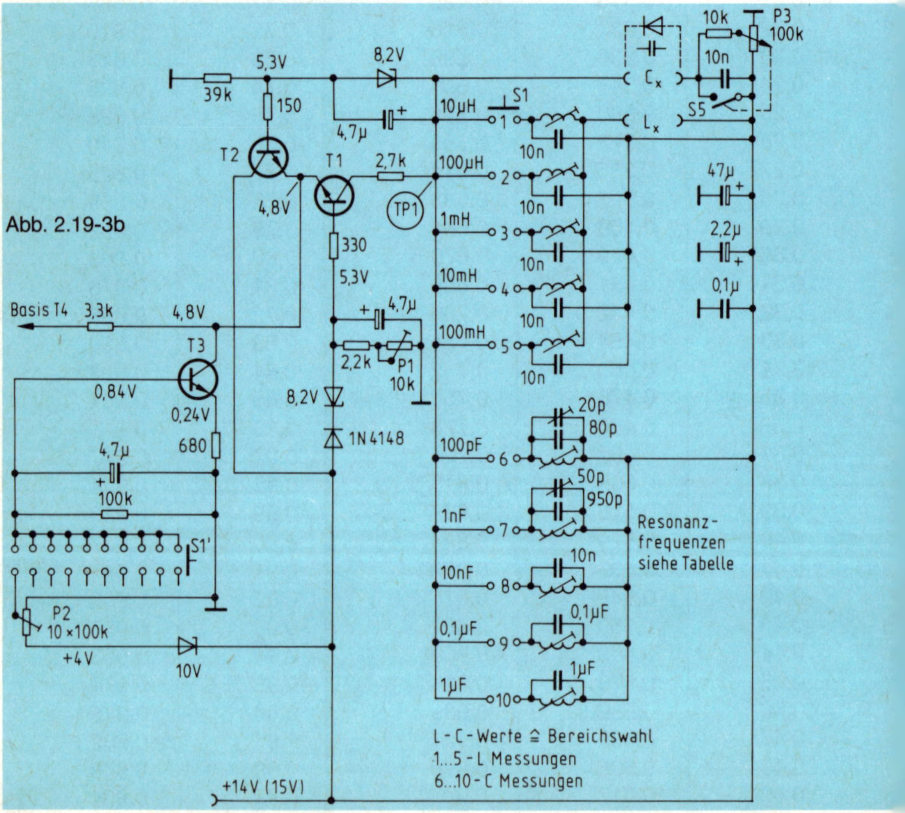

Abb. 2.19-3b

Kondensatoren ist ein zunächst kleinerer Wert zu suchen, z. B. 9,8 nF, und dann durch Parallelschalten weiterer Kondensatoren zu dem genauen 10,0-nF-Wert zu gelangen.

In dem Mustergerät wurden für die L-C-Messungen die folgenden, in der Tabelle aufgeführten Bereichskondensatoren und Induktivitäten gewählt. (Der Vollständigkeit halber werden hier auch noch die jeweiligen Resonanzfrequenzen angegeben, die an dem Meßpunkt TP4 vor dem Schmitt-Trigger der Schaltung in *Abb. 2.19-3* für einen Frequenzzähler abgegriffen werden.)

Bereich	Bereich Vollausschlag	Bereichsnormalien		Resonanzfrequenz für Skalenwerte [kHz]	
		L	C	0	10
1	1 µF	10 mH	1 µF	1,59155	1,12539
2	0,1 µF	10 mH	0,1 µF	5,03292	3,55881
3	10 nF	1 mH	10 nF	50,3292	35,5881
4	1 nF	1 mH	1 nF	159,155	112,539
5	100 pF	1 mH	100 pF	503,292	355,881
6	10 µH	10 µH	10 nF	503,292	355,881
7	100 µH	100 µH	10 nF	159,155	112,539
8	1 mH	1 mH	10 nF	50,3292	35,5881
9	10 mH	10 mH	10 nF	15,9155	11,2539
10	100 mH	100 mH	10 nF	5,03292	3,55881

Bei der C-Messung der Bereiche 4 und besonders 5 spielt die Spulen- und Schaltkapazität bereits eine Rolle. Das kann dazu führen, daß für den Bereich 5 ein ca. 80-pF-Kondensator benutzt werden sollte, dem ein 20-pF-Trimmer parallel zu schalten ist. Der genaue Abgleich erfolgt dann mit dem Trimmer bei einem bekannten Wert eines Kondensators im Bereich von 70...100 pF. Für ganz genaue Messungen ist eine ähnliche Maßnahme auch im Bereich 4 sinnvoll. Deshalb sollten für die Bereiche 4 und 5 zwei getrennte Induktivitäten benutzt werden, wobei die Kondensatoren, wie erklärt, mit Hilfe eines Frequenzzählers auf die oben angegebenen, maximalen Frequenzwerte ($C_x = 0$) abgeglichen werden. Die Gegenkontrolle ist ein bekannter Wert von 100 pF oder 1 nF. Korrekturen sind über die Bereichsinduktivitäten und Kondensatortrimmer möglich.

Bei den L-Messungen sind die Schwingkreiskondensatoren mit C = 10 nF so groß gewählt, daß Schaltkapazitäten der Spulen ohne großen Einfluß bleiben. Werden auch hier – für genaue Betrachtungen – die Frequenzwerte nicht erreicht, so können bei genau abgeglichenen Induktivitätswerten L für die Bereiche 6...10 getrennte Kondensatoren gewählt oder zusammengesetzt werden, deren Wert dann etwas unter 10 nF liegt. Für den Bereich 1 oder 10 ist es möglich, den Kondensatorwert um eine Dekade zu vergrößern. Es lassen sich – besonders in den tieffrequenten Bereichen – auch andere Resonanzfrequenzen wählen, als in der Tabelle vorgegeben. Dann muß jedoch, wie später im Schaltbild gezeigt wird, ein zusätzlicher Integrationskondensator im Zähldiskriminator eingeschaltet werden.

Fassen wir noch einmal zusammen. Bei den L-Messungen sind die Bereichsinduktivitäten vorher genau abzugleichen. Die 10-nF-Kondensatoren können im Gerät demnach getrennt auf die Resonanzfrequenz abgeglichen werden. Dafür ist es erforderlich, den jeweiligen Bereichskondensator etwas kleiner zu wählen und durch Zuschalten kleiner Kapazitäten auf den richtigen Frequenzwert zu kommen. Für einfache Verhältnisse genügt also für die Bereiche 6...10 ein einziger 10-nF-Kondensator. Bei den Kapazitäten sollten die Werte der Bereiche 1...3 stimmen. Sind im Bereich 4 und 5 die 1-mH-Spulen genau ausge-

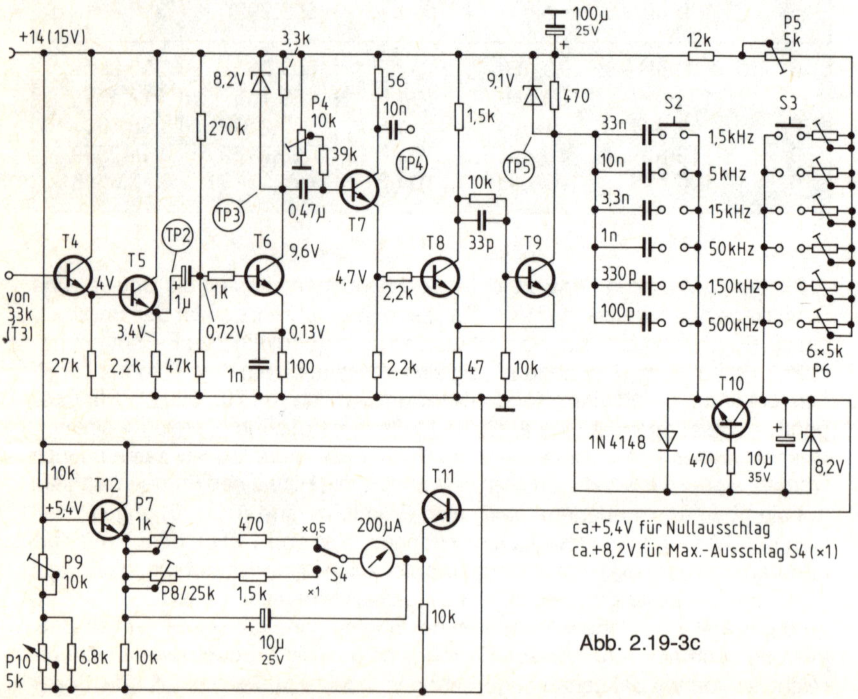

Abb. 2.19-3c

messen, so können der 1-nF- und der 100-pF-Kondensator auf die erforderliche Resonanzfrequenz abgeglichen werden. Schalt- und Aufbaukapazitäten werden dadurch kompensiert. Siehe Abb. 2.19-3b.

Nun zu der Schaltungsbeschreibung nach Abb. 2.19-3a...c. Die Schaltung setzt ein stabilisiertes Netzteil voraus, wie es in der Abb. 2.14-3a zu sehen ist. Es wurde hier ein 15-V-Dreipunktregler benutzt. Die ursprüngliche Schaltung arbeitete mit einer 14-V-stabilisierten Spannung. Deshalb sind die zur Orientierung angegebenen Betriebsspannungen auch noch auf die 14 V bezogen. Mit einem 15-V-Regler aufgebaut, sind die Spannungen entsprechend höher.

Die Schwingkreisschaltung ist in Abb. 2.19-3b gezeigt. Die Transistoren T 1, T 2 und T 3 sollen gleiche Typen von Hf-Transistoren mit möglichst hoher Stromverstärkung sein. Also können hier z. B. die Typen BF 199, BF 198 und BF 240 benutzt werden. Der Stufenschalter S 1 hat 10 Stellungen und dient zum Umschalten der in der Schaltung angegebenen Meßbereiche. Der Arbeitspunkt der Schaltung wird mit dem Potentiometer P 1 auf maximale Schwingspannung am Emitter von T 1 (AF-Tastkopf) eingestellt. Dadurch ergeben sich dann die beiden Werte von ca. 5,3 V an den Basen von T 1 und T 2 sowie die 4,8 V an deren Emittern. Die Güte der Schwingkreise ist stark unterschiedlich, so daß für jeden Meßbereich die Rückkopplungsbedingungen geändert werden müssen. Dazu dienen 10 Stück 100-kΩ-Potentiometer – als P 2 gekennzeichnet –, die für jeden Bereich einzeln mit dem Schalter S 1' (gekoppelt mit S 1) eingeschaltet werden. Der Abgleich erfolgt dabei so, daß am Meßpunkt TP 2 in Abb. 2.19-3c das in *Abb. 2.19-4a* angegebene Oszillogramm mit folgenden Spannungswerten – als ca. Größen – erreicht wird:

Bereich	ca. V_{ss} (TP 2)
100 pF	1,3
1 nF	0,7
10 nF	0,7
0,1 µF	0,7
1 µF	0,7
10 µH	0,8
100 µH	0,8
1 mH	1
10 mH	1
100 mH	1

Abb. 2.19-4a

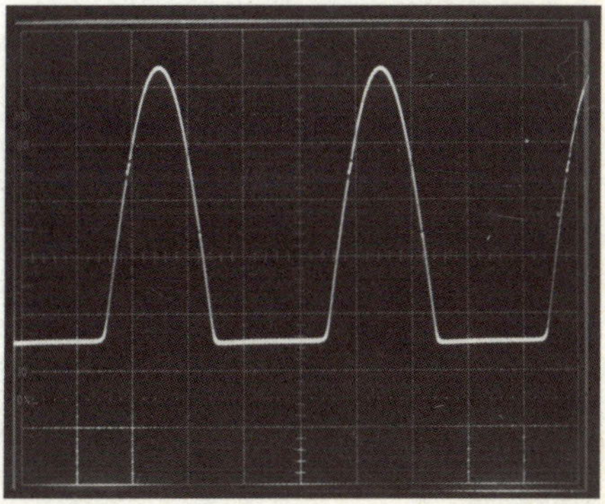

An Testpunkt TP 1 (Abb. 2.19-3b) entsteht dabei ein reines Sinussignal mit einer Amplitude je nach Bereich von ca. 1,8...3,8 V_{ss} nach *Abb. 2.19-4b*. Die maximale Spannung von 3,8 V_{ss} entspricht dabei wieder dem 100-pF-Bereich.

Das Potentiometer P 3 und der Schalter S 5 sind miteinander gekoppelt. Die Anordnung dient zur Messung von Kapazitätsdioden, wobei die Sperrspannung auf einer Skala der jeweiligen Drehstellung des Potentiometers zugeordnet werden kann. Die Sperrspannung ist mit einem hochohmigen Voltmeter an den C_x-Anschlüssen vorher zu ermitteln.

Die Abb. 2.19-3c zeigt die Signalaufbereitung für den Zähldiskriminator T 10 und den Brückenanzeigekreis. Der Testpunkt TP 4 dient dem Anschluß des Frequenzzählers und ist von außen am Gerät zugänglich. Meßsignal und Größe an TP 2 wurden schon besprochen. Das Signal am Testpunkt TP 3 ist in *Abb. 2.19-4c* mit 8,2 V_{ss} gezeigt. Das Ausgangssignal am Testpunkt TP 5 zeigt das

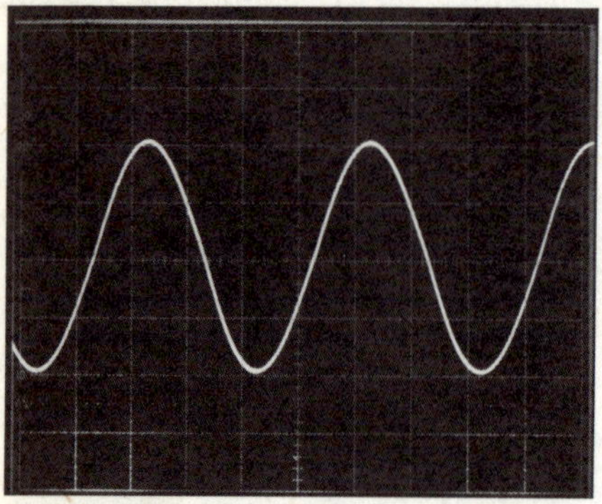

Abb. 2.19-4b

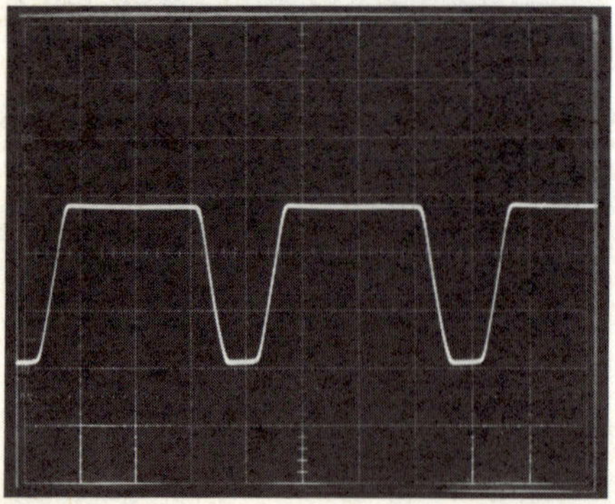

Abb. 2.19-4c

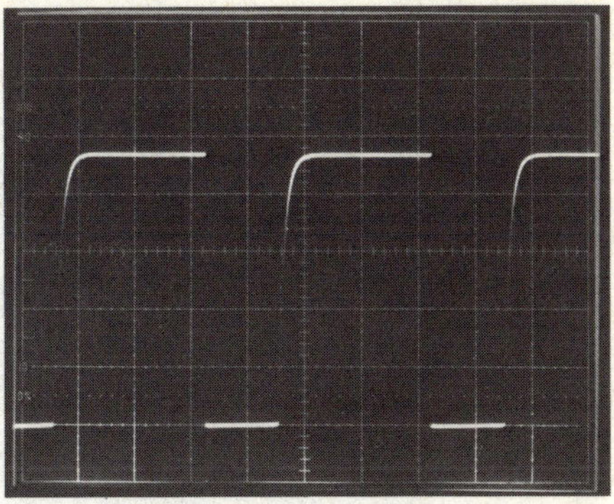

Abb. 2.19-4d

Oszillogramm in der *Abb. 2.19-4d* mit 9,1 V_{ss}. Die 8,2-V- und 9,1-V-Zenerdioden sorgen für einen konstanten Signalpegel. Der Transistor T 4 soll noch ein Hf-Transistor (≈ T 1...T 3) sein. Die darauffolgenden Transistoren sind solche vom Typ BC 107 B. Das betrifft also T 5...T 12. Während T 4 und T 5 noch als Emitterfolgertrennstufen arbeiten, ist T 6 als Schalt-Verstärker geschaltet. T 7 ist wieder eine Trennstufe für den nachfolgenden Schmitt-Trigger, der aus den Stufen T 8 und T 9 besteht. Das Ausgangssignal an TP 5 wird dabei über P 4 nach Abb. 2.19-4d eingestellt.

Die Schaltebenen S 2 und S 3 sind mit der Achse des Bereichsschalters zu koppeln. Dabei sind die Schaltstellungen von S 2 und S 3 den einzelnen Meßbereichen so zuzuordnen, daß die in Abb. 2.19-3c angegebenen Richtfrequenzwerte mit den Resonanzfrequenzen der einzelnen Meßbereiche übereinstimmen. Dazu sollten wir uns noch einmal die Frequenz-Tabelle am Anfang des Kapitels ansehen. Die Bauelemente von S 2 und S 3 können somit für je zwei Meßbereiche gelten. Auf den Abgleich der 6 Stück 5-kΩ-Potentiometer und des Potentiometers P 5 komme ich gleich zu sprechen. Dafür ist die gewählte Einstellung des Brückenverstärkers Voraussetzung.

Der Brückenverstärker T 11 und T 12 ist symmetrisch aufgebaut und weist eine Umschaltung auf doppelte Empfindlichkeit (S 4 auf 0,5) auf. Die Einstellung der jeweiligen Empfindlichkeit wird dabei mit dem Potentiometer P 7 und P 8 für den Endausschlag vorgenommen. Im vorliegenden Fall wurde ein Spannungshub von +5,4 V (Stellung Null) bis +8,2 V (absoluter Zeigeranschlag als ca. 5 % > Endausschlag) gewählt. Diese feste Begrenzung auf +8,2 V mit der Zenerdiode hat für den x 1-Bereich den Vorteil eines weichen Zeigeranschlages am Ende. Der Spannungshub beträgt also 8,2 V – 5,4 V = 2,8 V. Für die Stellung Null des Zeigers ist P 10 auf Mitte zu stellen und bei gemessenen, fremd eingespeisten ca. +5,4 V an der Basis von T 11 mit P 9 der Zeiger auf Null zu bringen. Bei Arbeitspunktabweichungen dient das Potentiometer P 10 zur Null-

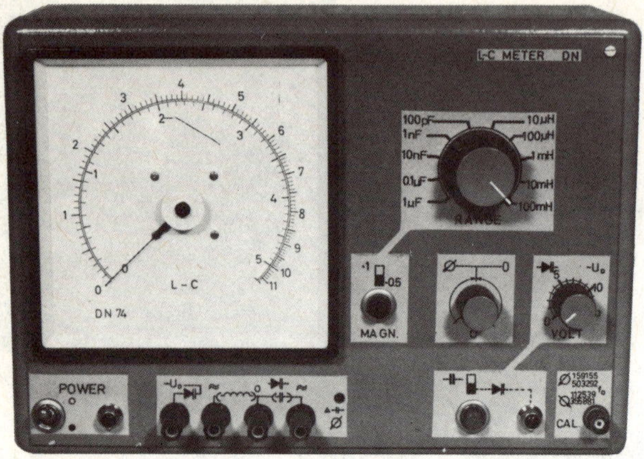

Abb. 2.19-5

punkteinstellung. Die 6 Stück 5-kΩ-Potentiometer P 6 werden auf Mitte gestellt und mit P 5 für die angegebenen Resonanzfrequenzen – Stellung Null des Instrumentes – der Zeiger jetzt im Betrieb auf Null eingestellt. Abweichungen in den einzelnen Bereichen können dann mit den sechs 5-kΩ-Potentiometern für jeden Bereich einzeln korrigiert werden.

Wie schon erklärt, stellt man den Endausschlag mit den Potentiometern P 7 und P 8 ein. Das Foto *Abb. 2.19-5* zeigt noch einmal eine Ansicht des fertigen Gerätes mit den entsprechenden Bedienelementen.

2.20 Der Rauschgenerator mit einfachen Mitteln

Der Rauschgenerator kann in der Nf-Technik zur Überprüfung für beide Stereoverstärkerzweige benutzt werden. Eine sinnvolle Anwendung ist es auch, die akustische Transparenz von Lautsprechern zu vergleichen und somit jeweils kurz zwischen zwei Lautsprechern umzuschalten. Auch lassen sich derartige Signale oszillografisch auf ihren Gehalt von Oberwellen auswerten oder aber in der Nf-Technik als Signale für den Leistungsvergleich zweier Endstufen (Stereo) benutzen.

Das Aussehen der Ausgangsspannung des Rauschgenerators zeigt die *Abb. 2.20-1a*. Eine Begrenzung zu den hohen Frequenzen hin in Richtung „rosa Rauschen" ist in den *Abb. 2.20-1b* und *2.20-1c* mit dem Schalter S 1 zu errei-

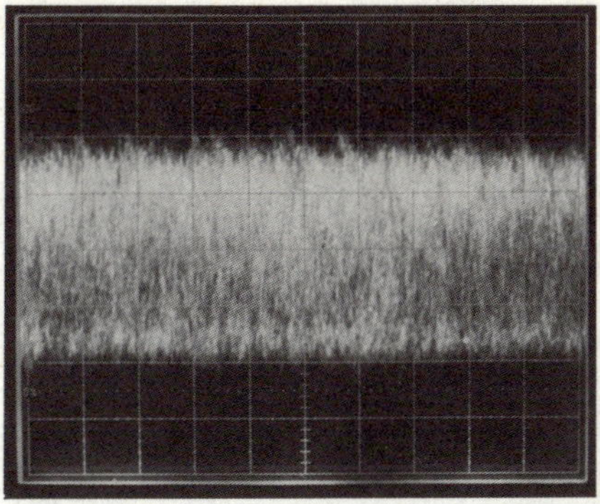

Abb. 2.20-1a

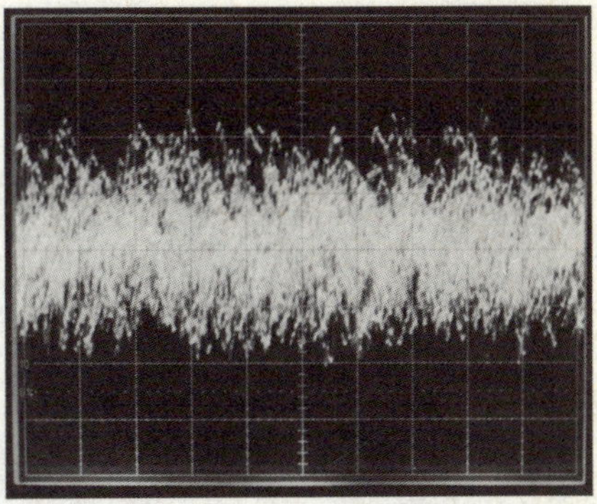

Abb. 2.20-1b

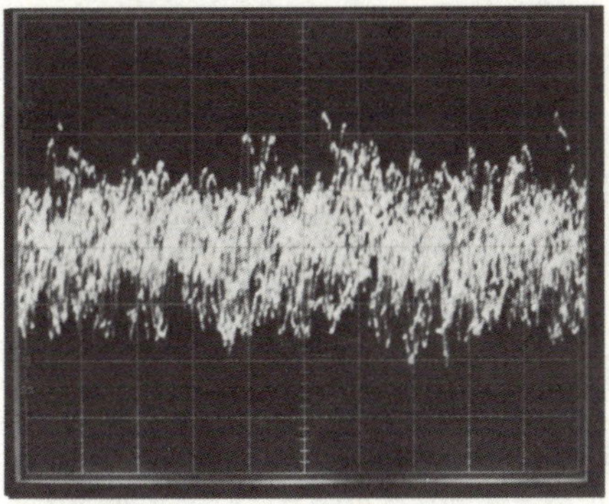

Abb. 2.20-1c

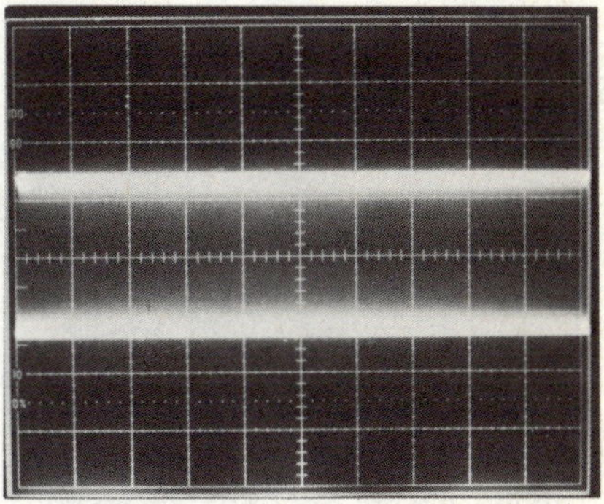

Abb. 2.20-1d

chen. Der Schalter S 2 ergibt nach *Abb. 2.20-1d* eine symmetrische Begrenzung des Rauschgenerators.

Die Schaltung in *Abb. 2.20-2* ist mit einfachen Mitteln gebaut. Als Rauschgenerator wird eine in Sperrichtung betriebene Germaniumdiode benutzt. Hier ist es gut, noch eine Diode mit hohem Sperrstrom „aus den Anfängen" zu haben. Der Feldeffekttransistor wirkt als Impedanzwandler. In den nachfolgenden beiden Verstärkern wird der Signalpegel angehoben und steht mit einer Amplitude von 10 V_{ss} (unbegrenzt) oder 1,2 V_{ss} (begrenzt; Schalter S 2) regelbar am niederohmigen Ausgang des Emitterfolgers BC 107 zur Verfügung. Über die Bedeutung der Bandbegrenzung Schalter S 1 wurde bereits am Anfang kurz gesprochen. Um einen Überblick über die Sperrströme gebräuchlicher Germaniumdioden bei ca. –10 V zu erhalten, soll die folgende Tabelle dienen.

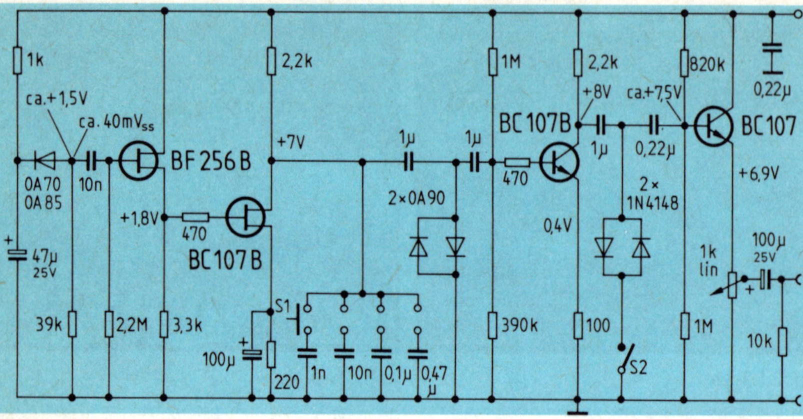

Abb. 2.20-2

OA 91	OA 95	OA 90
4 µA	2,5 µA	20 µA

Somit wird dann auch am 39-kΩ-Widerstand eine Ruhegleichspannung entstehen, die bei einer Sperrspannung von –1,5 V zwischen ca. 0,5...4 V liegen kann.

Als Netzteil genügt eine mit einem Dreipunktregler stabilisierte 15-V-Spannungsversorgung.

2.21 Vorverstärker, Abschwächer und Präzisionsgleichrichter für den Wechselspannungsbereich eines hochgenauen Voltmeters

Die Schaltung in *Abb. 2.21-1* besteht aus dem Impedanzwandler BF256B sowie dem durch Gegenkopplung dekadisch mit S 1 und S 2 einstellbaren Abschwächer IS 1, dem Präzisionsgleichrichter IS 2 und dem Integrator IS 3. Diese Schaltung kann außer bei einem Wechselspannungseingang für Digitalvoltmeter ebenfalls für hochgenaue analoganzeigende Meßgeräte benutzt werden,

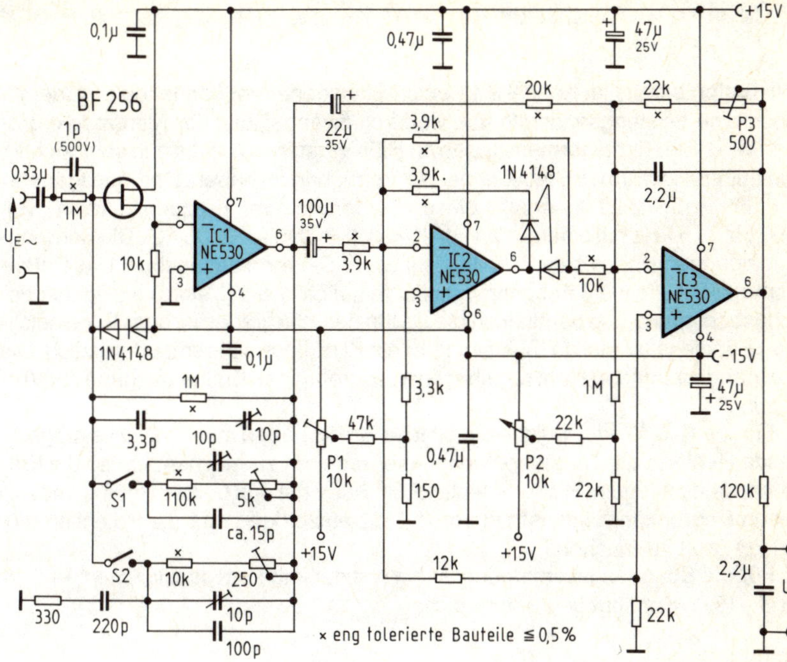

Abb. 2.21-1

wobei in beiden Fällen der Eingang des nachfolgenden Verstärkers hochohmig (≧ 10 MΩ) sein sollte. Für den Abgleich des Gerätes sind in den gekennzeichneten Fällen Bauteile zu benutzen, die eng toleriert sind. Eingangskreis und die Bauelemente des Abschwächerkreises im Gegenkopplungszweig müssen in einem abgeschirmten Gehäuse untergebracht werden. Für den Umschalter sind Printrelais erforderlich.

Die Frequenzgrenze, also der Punkt, bei welchem ein Spannungsabfall meßbar wird, liegt bei 140 kHz, die untere Frequenzgrenze bei 30 Hz. Die höchstzulässige Eingangsspannung beträgt – Schalter S 1 und S 2 offen – 500 V Spitzenspannung. Die kleinste Auflösung, die noch im linearen Bereich liegt, beträgt 200 μV_{eff}.

Die Potentiometer P 1 und P 2 dienen der Offsetspannungskompensation und werden so eingestellt, daß am Ausgang des jeweiligen Operationsverstärkers die Gleichspannung Null ist. Der Regler P 3 dient der Empfindlichkeitseinstellung für den Vollausschlag.

2.22 Ein Sinusgenerator mit kleinem Klirrgrad einfach aufgebaut

Wir hatten bereits im Kapitel 2.11 einen Sinusgenerator kennengelernt, der jedoch eine Leistungsendstufe hat, wodurch zwangsläufig der Klirrgrad vergrößert wird. Bei Klirrfaktormessungen an HiFi-Verstärkern ist es nun sehr wichtig, ein äußerst klirrarmes Steuersignal zur Verfügung zu haben. Der Sinusgenerator in *Abb. 2.22-1* erfüllt diese Forderung im Frequenzbereich von 300 Hz...15 kHz mit einem Wert von $K < 0{,}1$ % (typisch 0,05 %). Die Schwingbedingungen sind in dem Schaltbild für die R-C-Werte angegeben. Das Potentiometer P 1 stellt die Ausgangsamplitude auf ca. 1,5 V_{eff} ein. Die Gegenkopplungsbedingung und damit auch die Größe des Klirrgrades ist über P 2 einstellbar. Für diese einmalige Einstellung ist ein Klirrfaktormeßgerät erforderlich. Die Ausgangsspannung steht regelbar am niederohmigen Emitterausgang zur Verfügung.

Für die R-C-Werte, welche die gleiche Größe haben müssen, ist es möglich, beide R-Werte als Tandempotentiometer regelbar zu machen, um so die Frequenz fein zu regeln. Hier empfehle ich, in Serie mit den beiden Potentiometern einen Begrenzungswiderstand von 1,5 kΩ einzufügen und die Potentiometer 10 kΩ groß zu machen.

Für die Spannungsversorgung ist ein Netzteil mit zwei stabilisierten +15-V- und –15-V-Spannungen erforderlich.

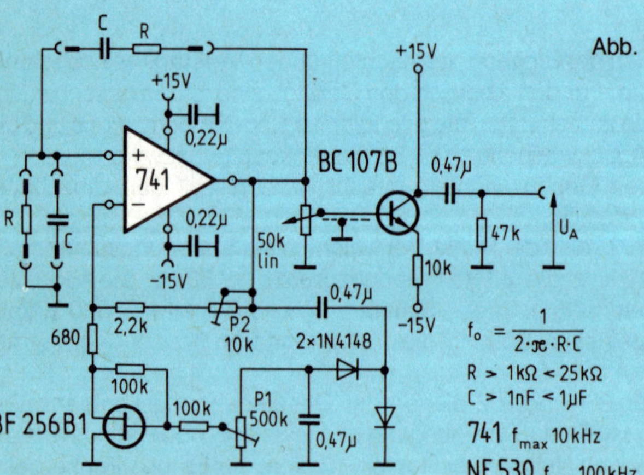

Abb. 2.22-1

2.23 Ein Wechselspannungsvorverstärker mit Operationsverstärker für den Nf-Bereich bei Meßgeräten

Bei Wechselspannungsmeßgeräten besteht oftmals das Problem, daß auch noch sehr kleine Amplitudenwerte genau angezeigt werden sollen. Der hier gezeigte Vorverstärker mit dem Operationsverstärker NE530 erreicht Frequenzwerte von mehr als 200 kHz, so daß der Einsatz im Nf-Gebiet gegeben ist. Störendes Rauschen kann bei Spannungsmessungen von wenigen Millivolt noch vernachlässigt werden. Die Umschaltung auf den Verstärkungswert 1:1 (Spannungsfolge) und 10:1 erfolgt im Gegenkopplungszweig mit dem Schalter S. Hierfür wird sinnvoll ein kleines Printrelais eingesetzt, um kürzeste Leitungsverbindungen zu erhalten. Der Ausgangskreis ist niederohmig, so daß ein einfaches Wechselspannungsmeßgerät – oder z. B. der Wechselspannungsverstärker des Multimeters im Kapitel 2.5 oder 2.16 – nachgeschaltet werden kann. Der Eingangswiderstand beträgt ca. 450 kΩ. Es kann gegebenenfalls ein Sourcefolger ähnlich wie in Kapitel 2.22 vorgeschaltet werden. Jedoch muß dann eventuell vom invertierenden Eingang ein hochohmiger Widerstand nach Masse eingeschaltet werden. Der Grund ist darin zu suchen, daß beim Sourcefolger eine Abschwächung des Signals von ca. 0,95 erfolgt, die dann um den Verstärkungsfaktor 1,053 im Operationsverstärkerzweig wieder ausgeglichen werden muß.

Das Foto *Abb. 2.23-2* zeigt den Aufbau auf einer kleinen Platine mit den Abmessungen 7 cm x 4 cm. Das mit IC 10 bezeichnete Bauelement ist das Printrelais. In der Schaltung wurde der Operationsverstärker NE530 benutzt.

Der Abgleich auf den Verstärkungswert x10 erfolgt mit dem Potentiometer P. Am einfachsten wird eine Eingangsspannung von z. B. 100 mV am Eingang angelegt und am Ausgang dann eine Spannung von 1 V eingestellt.

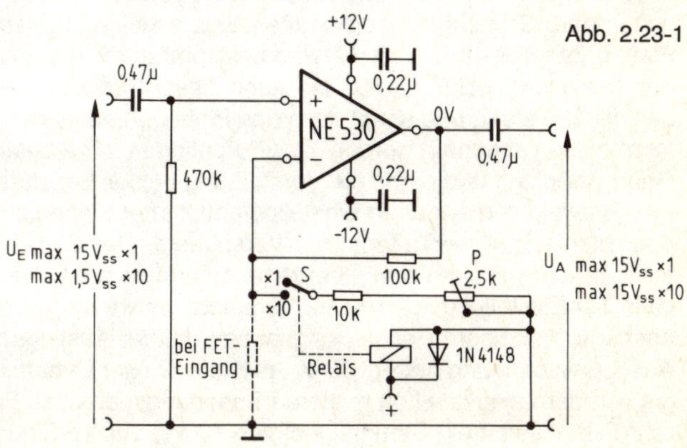

Abb. 2.23-1

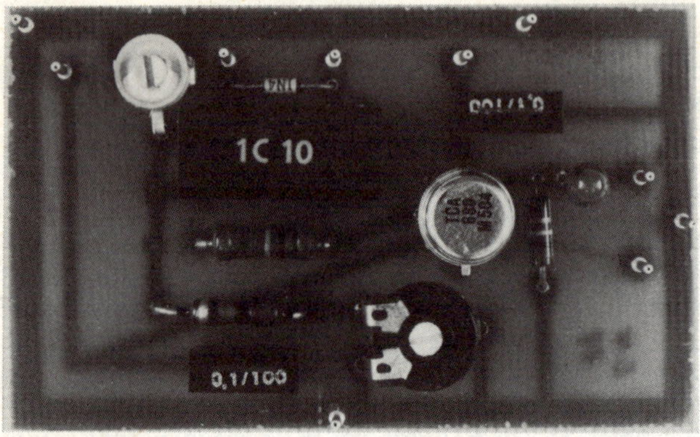

Abb. 2.23-2

2.24 Breitbandendstufe für Oszillografen

In *Abb. 2.24-1* ist die Endstufe eines 50-MHz-Breitbandverstärkers gezeigt. Das Steuersignal, welches am Eingang ein Gleichspannungspotential von –9,2 V aufweist, wird über die Zenerdioden auf das erforderliche Gleichspannungssignal von ca. +38 V gebracht. Es ist leicht verständlich, daß durch die Ankopplung verschiedener Zenerdioden diese Endstufe an Steuerstufen angekoppelt werden kann, die innerhalb bestimmter Grenzen ein beliebiges Gleichspannungspotential aufweisen.

Für den symmetrisch aufgebauten Endverstärker steuert der Transistor BFY 50 den in Basisschaltung betriebenen BF 258 an. Die eigentliche Verstärkung erfolgt in dem Transistor BF 258. Durch diese Kaskadeschaltung wird eine hohe obere Grenzfrequenz bei guter Aussteuerlinearität erreicht. Das mittlere Plattenpotential – hier 110 V – wird bestimmt durch den mittleren Gleichstrom der Anordnung. Mit P 1 – 500 Ω – kann dieser Strom für beide Verstärkerzüge beeinflußt werden und somit auch das Plattenpotential den vorgesehenen Erfordernissen angepaßt werden. Das Potentiometer P 2 bestimmt die Größe der Gegenkopplung und damit die Verstärkung beider Endstufen. Die weiteren im Emitterzweig vorhandenen Einstellpotentiometer dienen zur Einstellung eines optimalen Sprungverhaltens des Verstärkers. Der 20-pF-Trimmkondensator stellt im wesentlichen den Übertragungsbereich bei höheren Frequenzen sicher. Zur Einstellung kann dieser Verstärker entweder gewobbelt werden, oder aber wird mit einem Rechtecksignal sehr kurzer Anstiegszeit kontrolliert. Die Ausgangsspannung beträgt 35 V_{ss} je Stufe. Dieser Dynamikbereich ist abhängig von dem eingestellten mittleren Spannungspotential. Für die Oszilloskopröhre steht somit ein Steuersignal von 70 V_{ss} zur Verfügung.

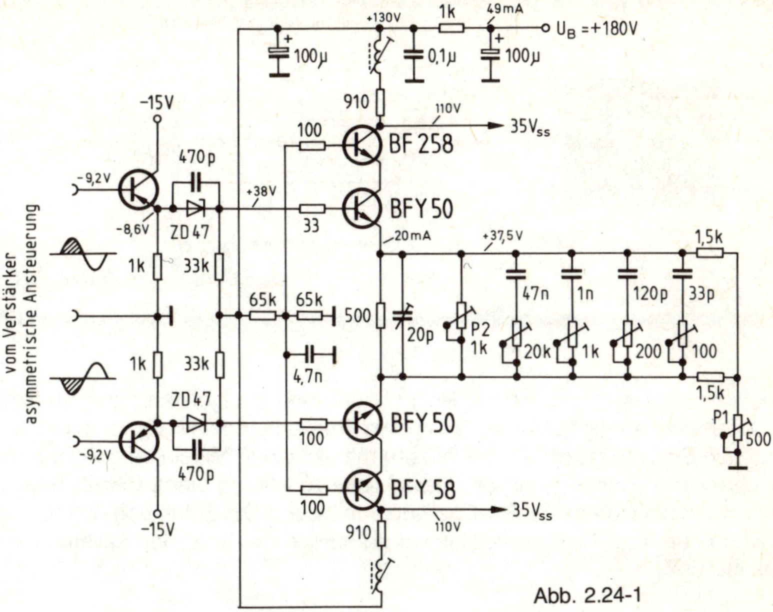

Abb. 2.24-1

Unter Einbuße der oberen Grenzfrequenz kann die Stufenverstärkung durch Erhöhen der 910-Ω-Arbeitswiderstände vergrößert werden. Um das mittlere Plattenpotential sicherzustellen, wird es dann jedoch erforderlich sein, bei kleinerem Steuerstrom die beiden 1,5-kΩ-Widerstände im Emitterzweig zu vergrößern. Aufgrund der vorgegebenen Verlustleistung sind die Endtransistoren mit einem Kühlstern auszurüsten.

Zur Anhebung der oberen Grenzfrequenz ist eine zusätzliche L-Kompensation vorgesehen. Es handelt sich um Spulen mit einem Durchmesser von 5 mm und einer Windungszahl von 10. Auch diese Spulen werden bei der Übertragung eines steilen Rechtecksignales auf steile Sprungkanten bei minimalem Überschwingen eingestellt.

2.25 Das Hochfrequenz- und Gleichspannungsmillivoltmeter

Innerhalb der elektrischen Meßtechnik nimmt die Messung von kleinen Hf-Spannungen eine Sonderstellung ein. Das liegt einmal daran, daß oft das

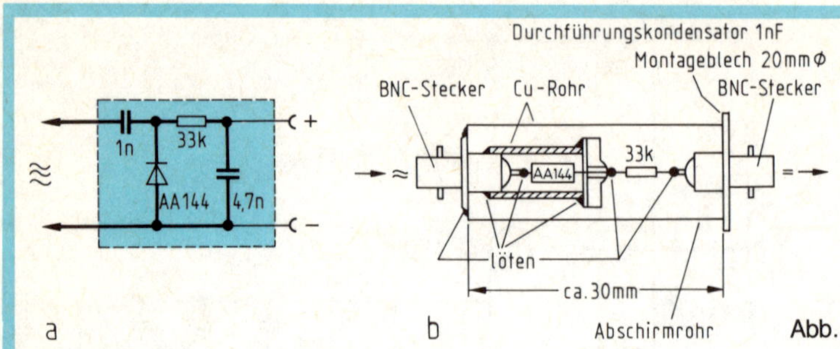

Abb. 2.25-1

Know-how bei der Messung von Hochfrequenzspannungen fehlt; zum anderen scheitert ein derartiges Vorhaben an dem Preis derartiger Meßgeräte. Die vorliegende Schaltung wird dieses Wissen mit einfachen Mitteln offenlegen. Wer möchte nicht einmal gerne die tatsächliche Amplitude eines Bild-Zf-Signals oder die Amplitude eines FM-Oszillators messen? Die Schaltung umfaßt vier Baugruppen – den Meßdemodulator, das anzeigende Gerät, den Kalibrator und das Netzteil.

Der Meßdemodulator

Betrachten wir zuerst einmal den Meßdemodulator. Die *Abb. 2.25-1a* zeigt die Schaltung. Für den Demodulator ist bei einem Aufbau nach *Abb. 2.25-1b* eine Durchlaßkurve innerhalb eines Bereiches von 100 kHz...1 GHz bei einem Amplitudenverlauf von ca. ±1 dB möglich. Dabei wird für die untere Grenzfrequenz ein Gleichstromeingangswiderstand des Meßgerätes von $R_e \geqq 10\ M\Omega$ gefordert.

Der gerade Kurvenverlauf im VHF- und UHF-Gebiet ist einzig und allein vom Aufbau des Meßdemodulators abhängig. In der Abb. 2.25-1a sind die kritischen Leitungen hervorgehoben. Es muß dafür gesorgt werden, daß diese Leitungen so kurz und so induktivitätsarm wie möglich ausgeführt werden. Auch die Anschlüsse an das Meßobjekt sollten vom Tastkopf aus gesehen nur etwa 10 mm lang sein, wenn Messungen bei höheren Frequenzen ausgeführt werden. Für Sonderfälle können längere Leitungen immer noch angelötet werden, die dann jedoch die Anzeigegenauigkeit ab etwa 20 MHz beeinträchtigen.

Aus der Abb. 2.25-1b ist ein für die Hf-Technik praktikabler Aufbau zu erkennen. Die Leitungslängen liegen bei wenigen Millimetern! Der Aufbau wurde in einem käuflichen BNC-Anschlußgehäuse untergebracht, so daß sich hier die Möglichkeit anbietet, mit einem BNC-T-Stück jederzeit in koaxialen (BNC-)Leitungskreisen Messungen durchzuführen.

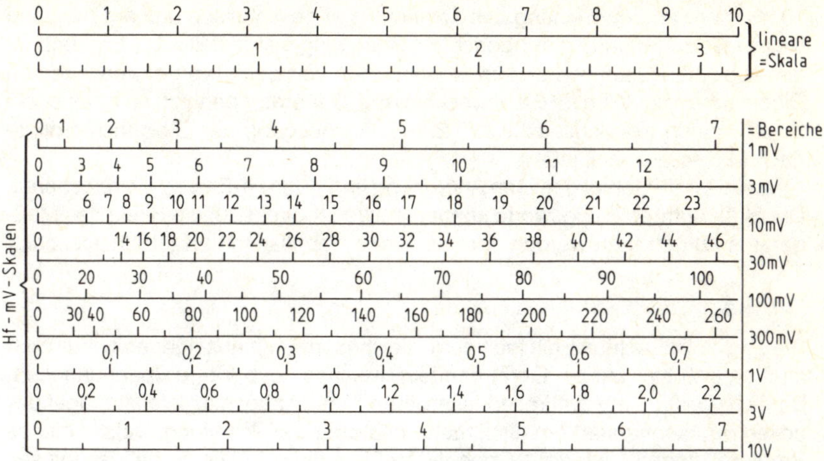

Abb. 2.25-2

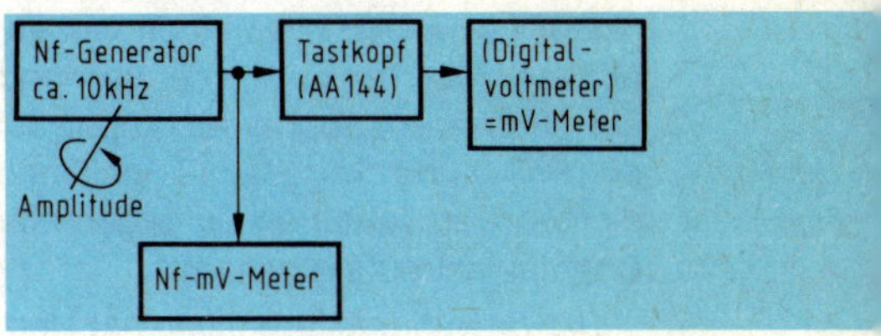

Abb. 2.25-3

Wenden wir uns nun der Frage der erzielbaren Anzeigegenauigkeit und der kleinsten noch erfaßbaren Hochfrequenzspannung zu. Hochfrequenzspannungen besitzen neben anderen unangenehmen meßtechnischen Eigenschaften auch noch das Problem ihrer oft sehr kleinen Amplitude – so z. B. nur einige Millivolt.

Die Grenze der erzielbaren Auflösung ist in *Abb. 2.25-2* wiedergegeben. Da eine Tabelle in vielen Fällen für eine Übersicht nicht dienlich ist, sind die Hf-Spannungswerte als Skalenverlauf, bezogen auf die lineare Teilung der Gleichspannungsskala 0...10 und 0...3, gleich eingezeichnet worden. Es ist zu erkennen, daß bei der benutzten Germaniumdiode AA 144 bereits 2 mV Hf-Spannung auf dem 1-mV-Gleichspannungsbereich gut abzulesen sind.

Diese Skalenverläufe können übernommen werden – oder aber es wird eine zusätzliche Eichung vorgenommen, die wir uns gleich einmal ansehen wollen.

Für die Eichung der Skala ist ein Nf-Sinusgenerator erforderlich. Dieser muß entweder genau genug abgeschwächt werden können oder aber es wird ein geeichtes Nf-Millivoltmeter, Digitalvoltmeter oder Oszilloskop parallel geschaltet. Die *Abb. 2.25-3* zeigt den erforderlichen Aufbau. Die Nf-Spannung von z. B.

10 kHz wird an den Eingang des Tastkopfes angeschlossen und am Ausgang die jeweils zugehörige gleichgerichtete Spannung festgestellt. Das Ergebnis ist der Abb. 2.25-2 ähnlich und im wesentlichen von dem Typ der verwendeten Diode abhängig. Wird für Eichzwecke ein Nf-Generator benutzt, so ist es erforderlich, einen Kondensator von 0,22 µF am Ausgang der Gleichrichterdiode nach Masse anzuschließen.

Die so im Nf-Gebiet geeichte Anordnung ist für den Hf-Einsatz betriebsbereit. Die Skalenumrechnungswerte können entweder direkt auf die Skala des Meßgerätes aufgetragen werden oder aber sind, tabellarisch erfaßt, nachlesbar.

Der Gleichspannungsverstärker

Die zweite Betrachtung gilt jetzt dem Gleichspannungsanzeigegerät. Natürlich muß es sich hier um ein Gerät handeln, welches noch kleine Spannungen im Bereich von 0...1 mV driftfrei erfassen kann. Das ist aber mit gleichstromgekoppelten Brückenverstärkern nicht mehr möglich. Eine Schaltung, welche dieses Problem umgeht, ist der „Chopper-Meßverstärker". Die Schaltung dieses Gleichspannungsmillivoltmeters ist in *Abb. 2.25-4* gezeigt. Auf die Darstellung einer Platine wird nicht eingegangen; einmal ist diese Zeichnung doch etwas abhängig von der Größe der verwendeten Bauelemente, außerdem kommt es gerade bei der Chopperbaugruppe auf eine gute Abschirmung an. Im vorliegenden Fall wurde die gesamte Schaltung in den einzelnen Kammern eines ausgedienten Fernsehtuners untergebracht. Dadurch ist bereits das Problem der Brummeinstreuung beseitigt.

Die verwendete Schaltung hat einmal den Vorteil, daß wir gleichermaßen ein sehr empfindliches Gleichspannungsmillivoltmeter – empfindlichster Bereich mit einem Endausschlag von 1 mV – erhalten. Darüber hinaus wird die demodulierte Hochfrequenzspannung, geeicht als U_{eff} mit einem bereits gut ablesbaren Wert von 2 mV angezeigt. Wie man aus der Abb. 2.25-4 erkennt, ist der Schaltungsaufbau einfach.

Dennoch soll hier eine kurze Beschreibung nicht fehlen. Der bistabile Multivibrator mit den Transistoren T 1 und T 2 schwingt auf etwa 75 Hz. Das Rechtecksignal steuert einmal die Transistoren T 3 und T 4, welche die zu messende Gleichspannung in eine proportionale 75-Hz-Rechteckspannung schalten. Die Transistoren T 8 und T 9 werden mit dem gleichen 75-Hz-Takt gesteuert, so daß die inzwischen verstärkte Wechselspannung im synchronen Takt gleichgerichtet wird. Das zerhackte Gleichspannungssignal wird zur Entkopplung dem Transistor T 5 zugeführt und anschließend in dem Transistor T 6 verstärkt. Die veränderbare Gegenkopplung des Operationsverstärkers – Schalter S 4 – sorgt bereits für die Bereichswahl der Skala 0...10 und 0...3. Das Signal wird in dem Operationsverstärker verstärkt und dem Synchrondemodulator zugeführt. Die Gegenkopplung des Transistors T 6 ist mit dem Schalter S 2 in drei dekadischen Verstärkungsstufen veränderbar. Der Schalter S 3 verringert die Verstär-

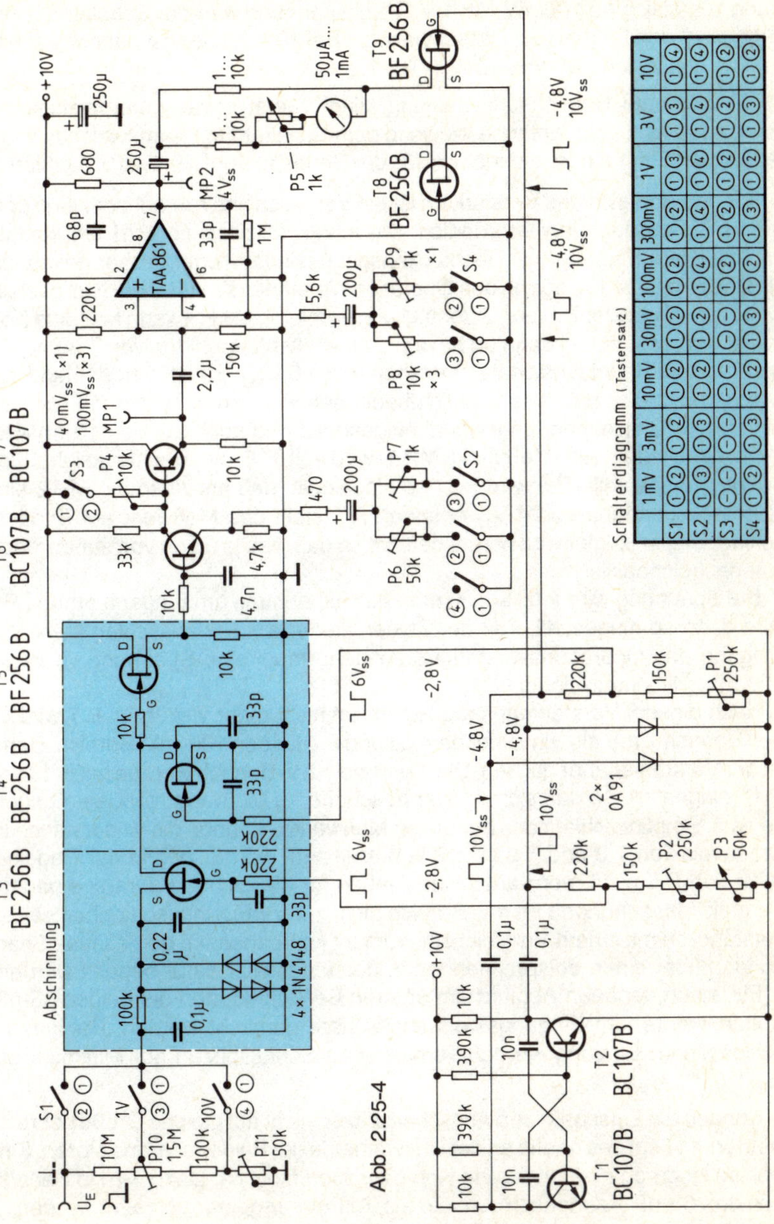

Abb. 2.25-4

Schalterdiagramm (Tastensatz)

	1 mV	3 mV	10 mV	30 mV	100 mV	300 mV	1 V	3 V	10 V
S1	①②	①②	①②	①②	①②	①②	①③	①③	①④
S2	①③	①③	①②	①②	①④	①④	①④	①④	①④
S3	––	––	––	––	①②	①②	①②	①②	①②
S4	①②	①③	①②	①③	①②	①③	①②	①③	①②

kung zusätzlich ab 100 mV. Ab 1 V Gleichspannung wird der Schalter S 1 das Signal um den Faktor 10 : 1 abschwächen. Bei 10 V Eingangsspannung schaltet S 1 zusätzlich auf eine 100 : 1-Teilung.

Die gesamte Bereichsumschaltung klingt zuerst etwas „unübersichtlich“, wird jedoch auf sehr einfache Weise in dem Schalterdiagramm, welches in der Abb. 2.25-5 mit eingezeichnet ist, für die Bereiche von 1 mV...10 V erklärt.

Für den Abgleich des Verstärkers ist ein Vergleichsinstrument oder eine definierte Gleichspannung erforderlich. Mit einem Oszilloskop wird bei kurzgeschlossenem Eingang das Rechteckausgangssignal – oder besser gesagt die Reste davon – am Ausgang des Operationsverstärkers mit P 2 auf Null gestellt, wobei der Einsteller P 3 auf Mittenstellung verbleibt. Mit P 1 kann hier eine Korrektur erfolgen, wobei dann an beiden Gate-Anschlußpunkten von T 3 und T 4 gleich große Rechtecksignale entstehen (etwa 6 V_{ss}). Es ist unbedeutend, bei welchem Bereich mit dem Abgleich begonnen wird. Im einfachsten Falle wird ein 10-mV-Gleichspannungssignal eingespeist und auch auf den 10-mV-Bereich geschaltet. Am Meßpunkt MP 1 wird mit P 6 ein Rechtecksignal von 40 mV_{ss} eingestellt. P 9 wird jetzt so eingestellt, daß am Ausgang MP 2 eine Rechteckspannung von 4 V_{ss} entsteht. P 5 stellt das Meßwerk auf Endausschlag. Dieser Regler wird herausgeführt, so daß dieses Gerät von außen jederzeit nacheichbar ist.

Die Spannung wird jetzt auf 30 mV Gleichspannung am Eingang erhöht. P 8 wird dann so eingestellt, daß der Zeiger wieder auf Endausschlag steht. Am Eingang des Operationsverstärkers entsteht dabei eine Spannung von etwa 120 mV_{ss} Rechtecksignal.

Nach diesem Verstärkungsabgleich bleibt nicht mehr viel übrig. P 7 wird für den Bereich 1 mV als Einsteller benutzt und P 4 für den 100-mV-Bereich. Damit ist der Verstärker abgeglichen. Der 1-V- und 10-V-Bereich werden mit P 10 und P 11 eingestellt, so daß sich schwer beschaffbare Meßwiderstände erübrigen. Je nach Empfindlichkeit des benutzten Meßwerkes können die Widerstände im Drainkreis von T 8 und T 9 (1...10 kΩ) angepaßt werden, wenn der Regelbereich von P 5 nicht mehr ausreicht. Stehen für die Eichung derartige genaue Vergleichsspannungen im mV-Bereich nicht zur Verfügung, so können selbstverständlich mit einem Vergleichsinstrument im Voltbereich gemessene Spannungen über einen entsprechenden Widerstandsteiler dafür benutzt werden.

Für einen genauen Abgleich im unteren Bereich können die beiden 33-pF-Kondensatoren im Eingangskreis abgleichbar gemacht werden. Bei kurzgeschlossenem Eingang werden verbleibende Schaltspitzen auf Minimum gestellt, z. B. an MP2.

Können die Einschalt- und Ausschaltspitzen nicht auf gleiche Größe gebracht werden, so liegt das häufig an der Unsymmetrie der Feldeffekttransistoren. Eine Abhilfe ist durch eine erweiterte Kompensation möglich. Dazu wird in Serie zu den drei 33-pF-Kondensatoren, die als Trimmer regelbar gemacht werden, je

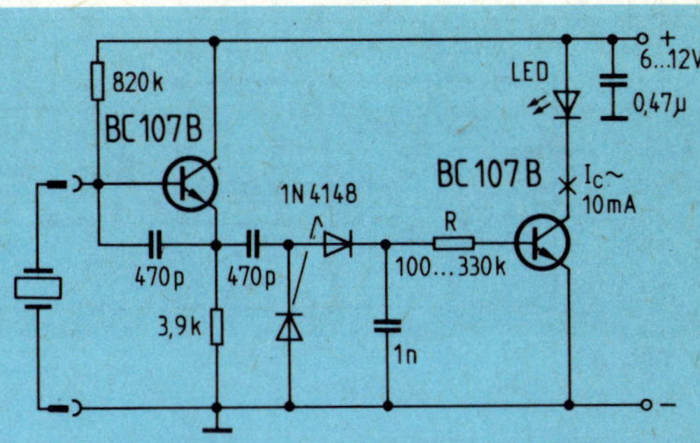

Abb. 2.26-1

ein kleines Trimmpotentiometer – an Masse liegend – geschaltet. Mit 500 kΩ anfangen. Werte um 100 kΩ sind oft nötig, um die Schaltspitzen an MP2 symmetrisch abzugleichen.

Die Betriebsspannung von 10 V wird einem kleinen stabilisierten Netzteil entnommen.

2.26 Ein Prüfgerät für Quarze

Quarze für die Hf-Technik können nur im schwingenden Zustand geprüft werden. Genaugenommen ist dazu ein hochgenauer Frequenzzähler erforderlich. Nun läßt sich so ein Quarz jedoch auch einfach nach *Abb. 2.26-1* auf Funktion prüfen, ohne hierbei eine Aussage über die Höhe seiner Frequenz zu erhalten. Es ist aufgrund der sehr unterschiedlichen Daten einzelner Quarze jedoch auch möglich, daß ein Quarz, der nicht defekt ist, nach Abb. 2.26-1 nicht schwingt. Die Praxis hat aber gezeigt, daß hier eine recht gute Funktionsprüfung gegeben ist im Bereich bis 10 MHz. Der Widerstand R ist so zu dimensionieren, daß je nach zur Verfügung stehender Betriebsspannung der Strom I_C ca. 10 mA beträgt. Die LED leuchtet auf, wenn der zu prüfende Quarz schwingt. Anstelle des BC 107B im Eingang kann auch ein Hf-Transistor lt. Kapitel 1.6.6 benutzt werden. Die Bauelemente im Eingang werden zunächst regelbar gemacht (820 kΩ; 470 pF; 3,9 kΩ). Evtl. kann parallel zu dem 3,9-kΩ-Emitterwiderstand noch ein Kondensator im Wert zwischen 220 pF und 1 nF erforderlich werden. Der Abgleich für den richtigen Arbeitspunkt erfolgt dann mit einem hochohmigen Gleichspannungsmeßgerät am Anschlußpunkt des 1-nF-Siebkondensators auf Spannungsmaximum.

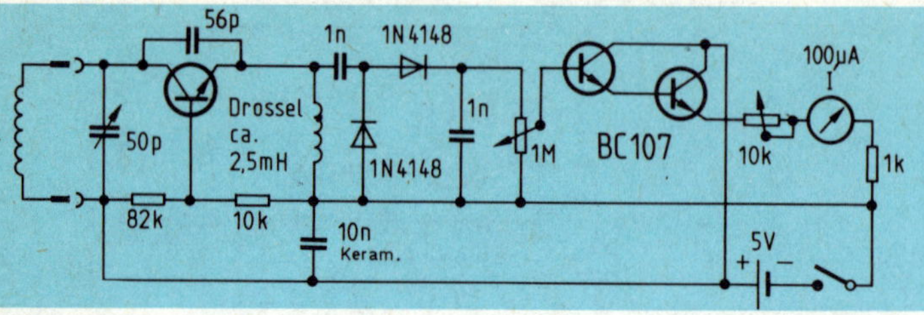

Abb. 2.27-1

2.27 Das Dipmeter

Ein Dipmeter wird sowohl als Sender als auch als Empfänger benutzt. Wesentlich dabei ist, daß der Dipschwingkreis mit einem zu untersuchenden Schwingkreis magnetisch (durch Nähern) verkoppelt werden kann. Die Schwingkreis-Spulen des Gerätes müssen in mehreren Bereichen aufgeteilt werden und werden steckbar gemacht. Sie lassen sich gut in kleinen Plastikgehäusen von 240-Ω-UKW- oder Fernsehantennensteckern unterbringen. Der Windungsdurchmesser beträgt ca. 12...15 mm ohne Kern. Der Einsatzbereich geht von 1...200 MHz und ist im oberen Bereich stark vom Aufbau abhängig – also kürzeste Leitungsführungen.

Beim Senderbetrieb des Gerätes geht die Anzeige des Instruments zurück, weil im Resonanzfall dem Gerät Energie entzogen wird. Die dann interessierende Resonanzfrequenz wird auf der Skala des Drehkondensators abgelesen, die vorher für jeden Steckbereich der einzelnen Spulen geeicht werden muß (geeichter Empfänger oder Frequenzzähler).

Beim Empfängerbetrieb wird dem eigenen Sender Energie zugeführt und die Anzeige steigt.

Die *Abb. 2.27* zeigt die Schaltung. Aus der Tabelle des Kapitels 1.6.6 kann ein Hf-Transistor benutzt werden, wobei allgemein Typen mit hoher Stromverstärkung gewählt werden sollten. Die Schaltung des Hf-Transistors in *Abb. 2.27-1* muß auf den jeweiligen Transistor optimiert werden. Das ist hier jedoch nicht sehr aufwendig, da lediglich der 56-pF-Kondensator und der 100-kΩ-Widerstand dafür in Frage kommen. Das Ergebnis kann direkt am Instrument abgelesen werden.

2.28 Etwas für den Profi – der Minioszillograf

Über den Bau eines kleinen Oszillografen kann man getrennter Meinung sein. Ich habe so an die fünf Geräte gebaut, die nach einigen „Anlaufschwierigkeiten" beim ersten Gerät alle recht gut funktioniert haben. Ich habe nun für einen evtl. Nachbau ein kleines industrielles Gerät ausgesucht, das in der täglichen Hobbypraxis gute Dienste leistet und vom Aufbau (nach *Abb. 2.28-1*) gar nicht einmal so sehr aufwendig ist – aber bitte, ein paar Kenntnisse müssen schon mitgebracht werden. Z. B. auch die, wie die Abschirmung der Röhre mechanisch richtig behandelt werden muß.

In dem Schaltbild, Abb. 2.28-1a...c, sind drei Platinen als Baugruppen zu erkennen, die teilweise über Löt- oder Steckverbindungen untereinander verbunden sind. Besser ist es – gerade für den Anfang des Selbstbaues – hier noch mehr Unterteilungen mit weiteren Printplatten sinnvoll vorzunehmen. So z. B. den Eingangsabschwächer in einem kleinen, abgeschirmten Gehäuse mit Platine unterzubringen (siehe *Abb. 2.28-2*), oder den X- und Y-Verstärker auf zwei getrennte Platinen zu verlegen. Auch das Triggerteil läßt sich ab T 402 noch einmal günstig trennen. Das gleiche gilt für die Anordnung des Netzteiles. Wichtig ist lediglich, daß der Signalfluß im X- und Y-Verstärker von Platine zu Platine entweder sehr kurz (max. 5 cm) gehalten werden kann oder aber abgeschirmt wird.

Das Gerät enthält nun einige Spezialbauteile, wie z. B. die Katodenstrahlröhre mit Korrekturspule und Abschirmung, spezielle Mehrebenenstufenschalter, den Trafo und auch einige Halbleiter. Bleiben wir bei den Halbleitern. Der Doppel-FET E 420 kann durch zwei BF 256 B ersetzt werden, die räumlich nahe aneinander montiert werden. Für die beiden Transistorarrays CA 3086 können auch Kleinsignaltransistoren, z. B. BC 107 B oder BC 183 C, genommen werden. Wie gesagt, Erfahrung ist hier erforderlich, sonst würde die Beschreibung ein ganzes Buch in Anspruch nehmen.

Das Gerät läßt sich – es war als Einschubtechnik einmal entwickelt worden – sehr kompakt aufbauen. Das zeigt die *Abb. 2.28-2a*.

Die *Abb. 2.28-2b* gibt einen Einblick auf die Kipp-Platine mit dem Horizontalendverstärker. Unten im Bild ist das Abschirmgehäuse des Eingangsabschwächers zu erkennen.

Die *Abb. 2.28-2c* zeigt die auf die Gehäuseoberseite montierte Abschirmung mit der Bildröhre. Diese wird so eingepaßt, daß sie mit dem Meßraster der Abb. 2.28-2b fluchtet.

Die *Abb. 2.28-2d* gibt die Eingangsplatine mit den Abschwächerbandelementen wieder. Der gesamte Aufbau ist noch einmal auf dem Foto der *Abb. 2.28-2e* gezeigt.

(Abb. 2.28-2 siehe Seite 191)

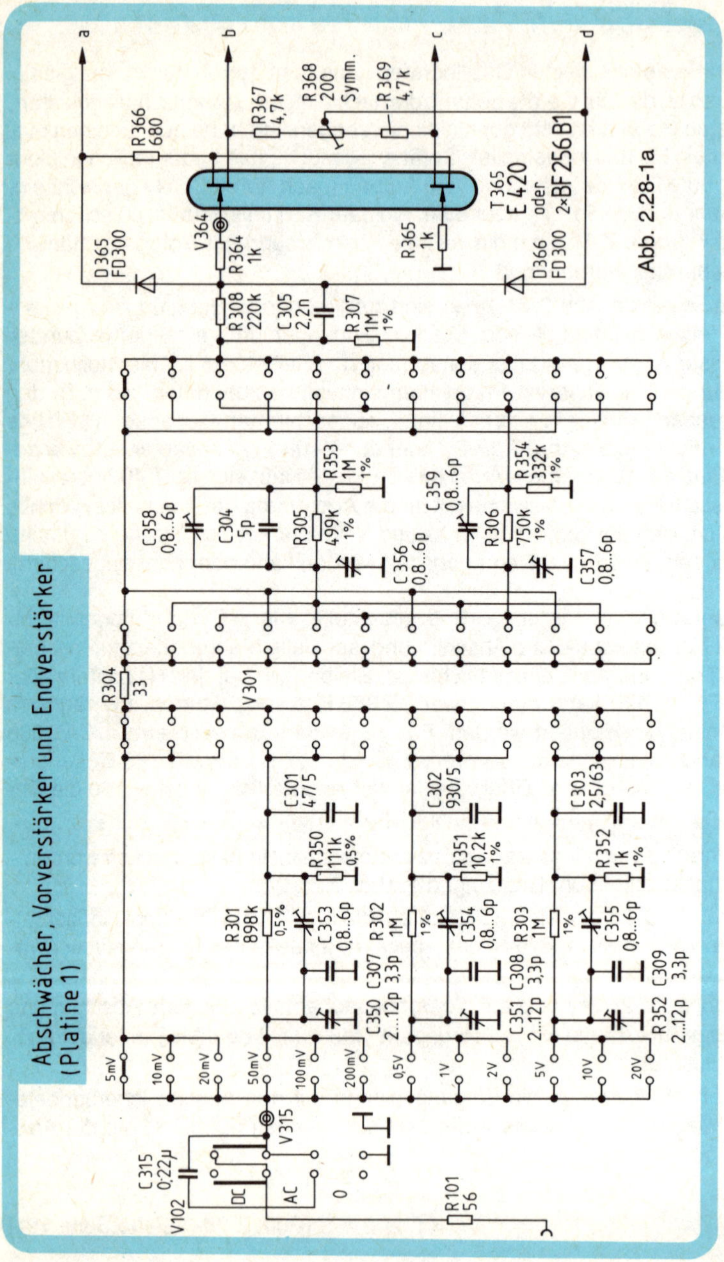

Abschwächer, Vorverstärker und Endverstärker (Platine 1)

Abb. 2.28-1a

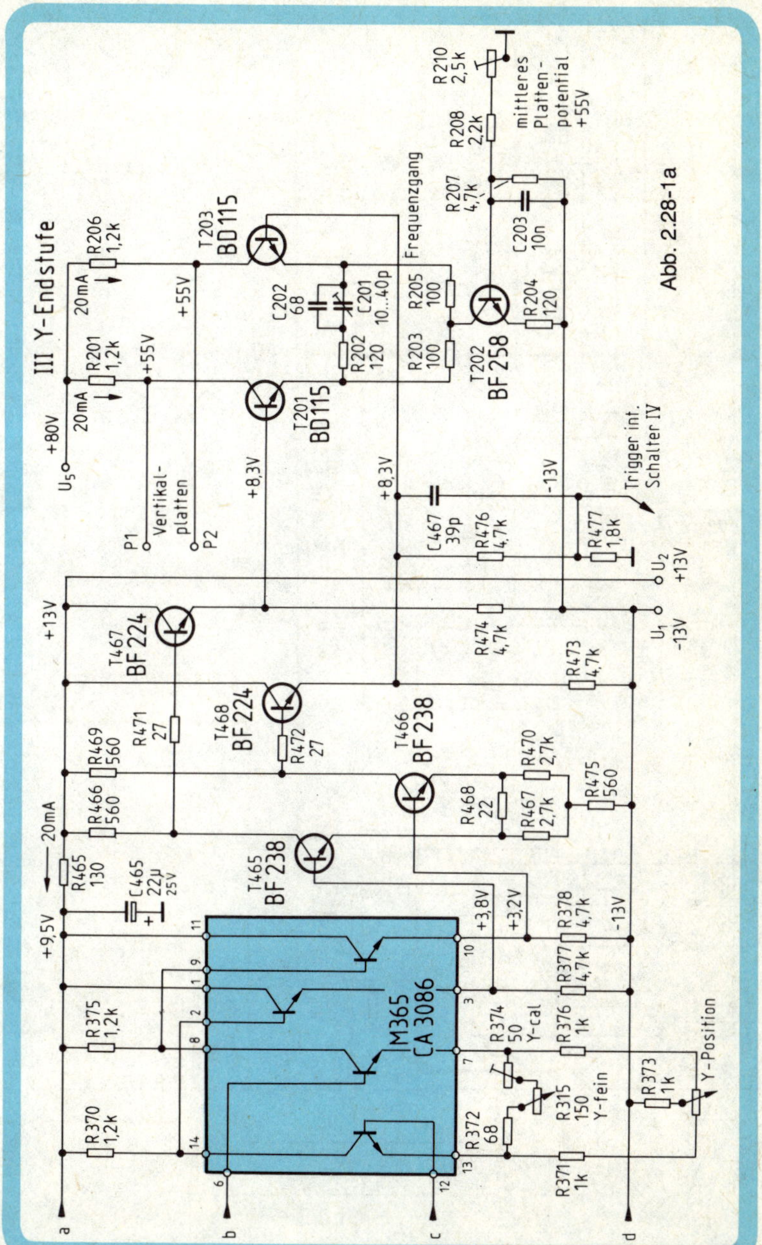
III Y-Endstufe
T201
BD115
T203
BD115
T202
BF258
T465
BF238
T466
BF238
T467
BF224
T468
BF224
M365
CA 3086
R201
1,2k
R206
1,2k
R202
120
R203
100
R204
120
R205
100
R207
4,7k
R208
2,2k
R210
2,5k
C201
10...40p
C202
68
C203
10n
C465
22µ
25V
C467
39p
R315
150
Y-fein
R370
1,2k
R371
1k
R372
68
R373
1k
R374
50
Y-cal
R375
1,2k
R376
1k
R377
4,7k
R378
4,7k
R465
130
R466
560
R467
2,7k
R468
22
R469
560
R470
2,7k
R471
27
R472
27
R473
4,7k
R474
4,7k
R475
560
R476
4,7k
R477
1,8k
+80V
U5
20mA
+55V
Vertikal-
platten
P1
P2
+8,3V
+13V
-13V
+9,5V
+3,8V
+3,2V
Frequenzgang
mittleres
Platten-
potential
+55V
Trigger int.
Schalter IV
U2
+13V
U1
-13V
Y-Position
a
b
c
d

Abb. 2.28-1a

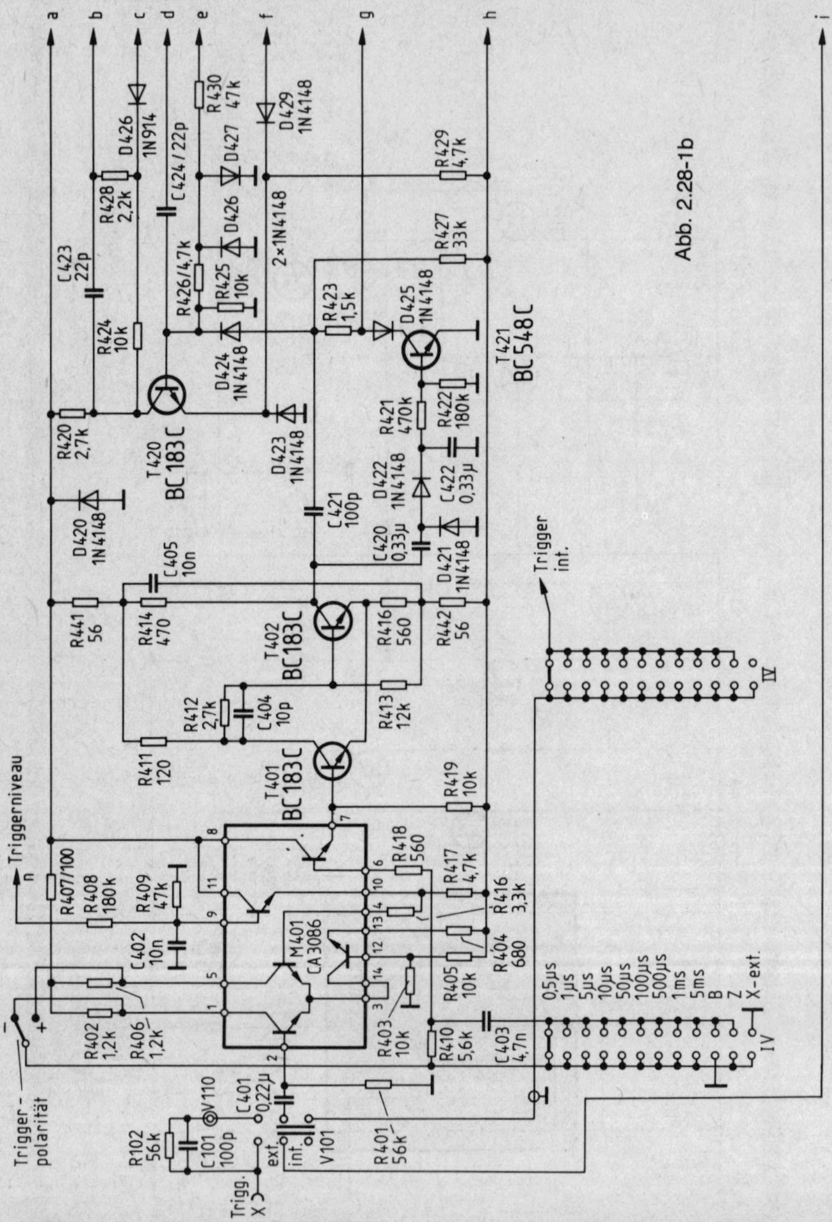
a
b
c
d
e
f
g
h
i
Triggerniveau
n
Trigger-
polarität
R407/100
R408 180k
R409 47k
C402 10n
R402 1,2k
R406 1,2k
M401 CA3086
R403 10k
R410 5,6k
C403 4,7n
R405 10k
R404 680
R416 3,3k
R417 4,7k
R418 560
R419 10k
T401 BC183C
T402 BC183C
R411 120
R412 2,7k
C404 10p
R413 12k
R414 470
R441 56
C405 10n
R416 560
R442 56
D420 1N4148
D421 1N4148
C420 0,33µ
C421 100p
D422 1N4148
C422 0,33µ
R421 470k
R422 180k
T420 BC183C
R420 2,7k
D423 1N4148
R424 10k
D424 1N4148
C423 22p
R428 2,2k
D426 1N914
C424/22p
R426/4,7k
R425 10k
D426
D427
2×1N4148
R430 47k
D429 1N4148
R423 1,5k
D425 1N4148
T421 BC548C
R427 33k
R429 4,7k
Trigger int.
0,5µs
1µs
5µs
10µs
50µs
100µs
500µs
1ms
5ms
B
Z
X-ext.
IV
R102 56k
C101 100p
V110
C401 0,22µ
ext.
int.
V101
R401 56k
Trigg.
X
Abb. 2.28-1b

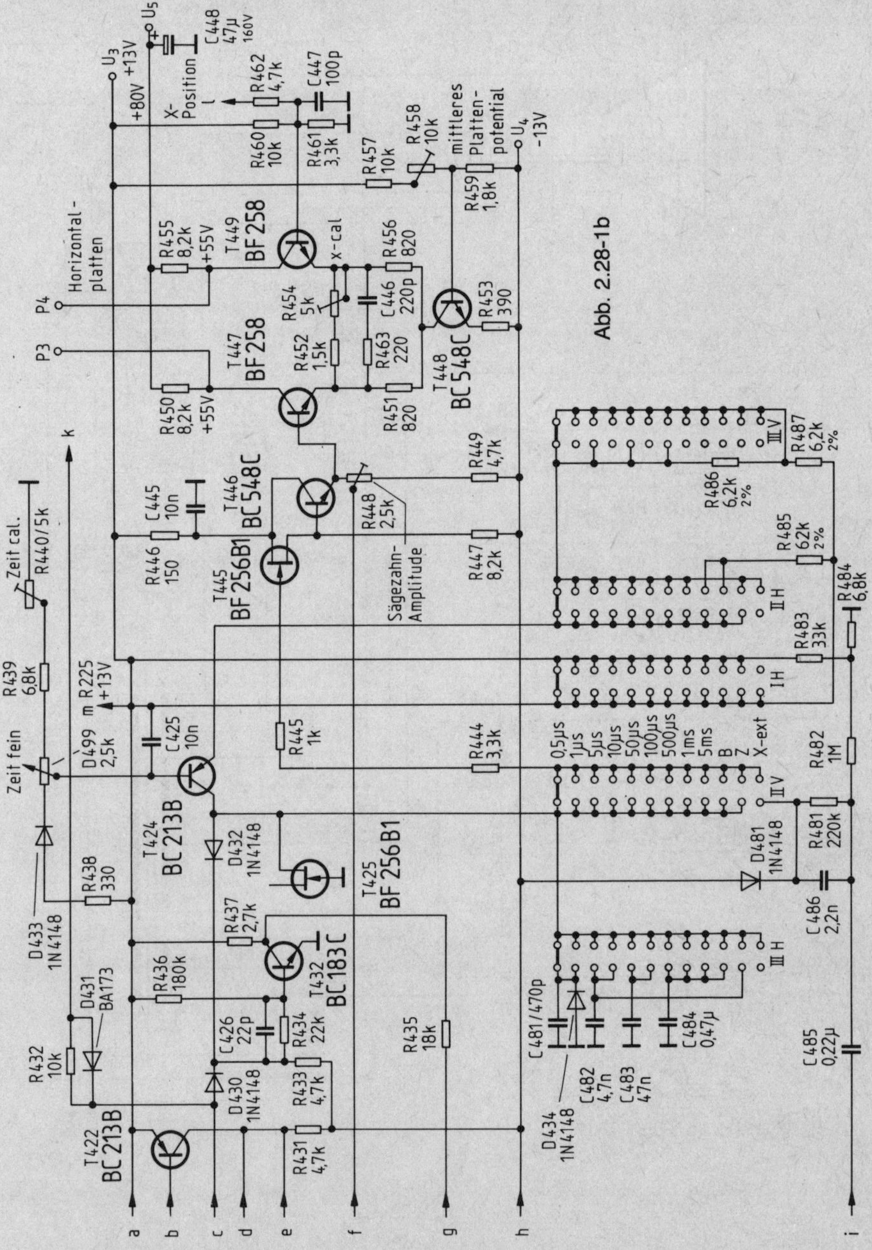
U3 +80V
U5 +13V
C448 47µ 160V
R462 4,7k
C447 100p
X-Position
R460 10k
R461 3,3k
R457 10k
R458 10k
mittleres Plattenpotential
U4 -13V
R459 1,8k
Horizontalplatten
P4
P3
R455 8,2k
+55V
T449 BF258
x-cal
R456 820
R454 5k
C446 220p
R453 390
T447 BF258
R452 1,5k
R463 220
T448 BC548C
R450 8,2k
+55V
R451 820
k
C445 10n
T446 BC548C
R449 4,7k
Zeit cal.
R440/5k
R446 150
T445 BF256B1
R448 2,5k
Sägezahn-Amplitude
R447 8,2k
R487 6,2k 2%
R486 6,2k 2%
R485 62k 2%
R484 6,8k
R483 33k
R439 6,8k
R225 +13V
m
Zeit fein
D499 2,5k
C425 10n
R445 1k
R444 3,3k
0,5µs
1µs
5µs
10µs
50µs
100µs
500µs
1ms
5ms
B
Z
X-ext
III V
II H
I H
II V
III H
R482 1M
T424 BC213B
D432 1N4148
D481 1N4148
R481 220k
R438 330
D433 1N4148
R437 2,7k
T425 BF256B1
C486 2,2n
D431 BA173
R436 180k
T432 BC183C
C426 22p
R434 22k
R435 18k
C481/470p
C484 0,47µ
R432 10k
C485 0,22µ
D430 1N4148
R433 4,7k
C482 4,7n
C483 47n
D434 1N4148
T422 BC213B
R431 4,7k
a
b
c
d
e
f
g
h
i

Abb. 2.28-1b

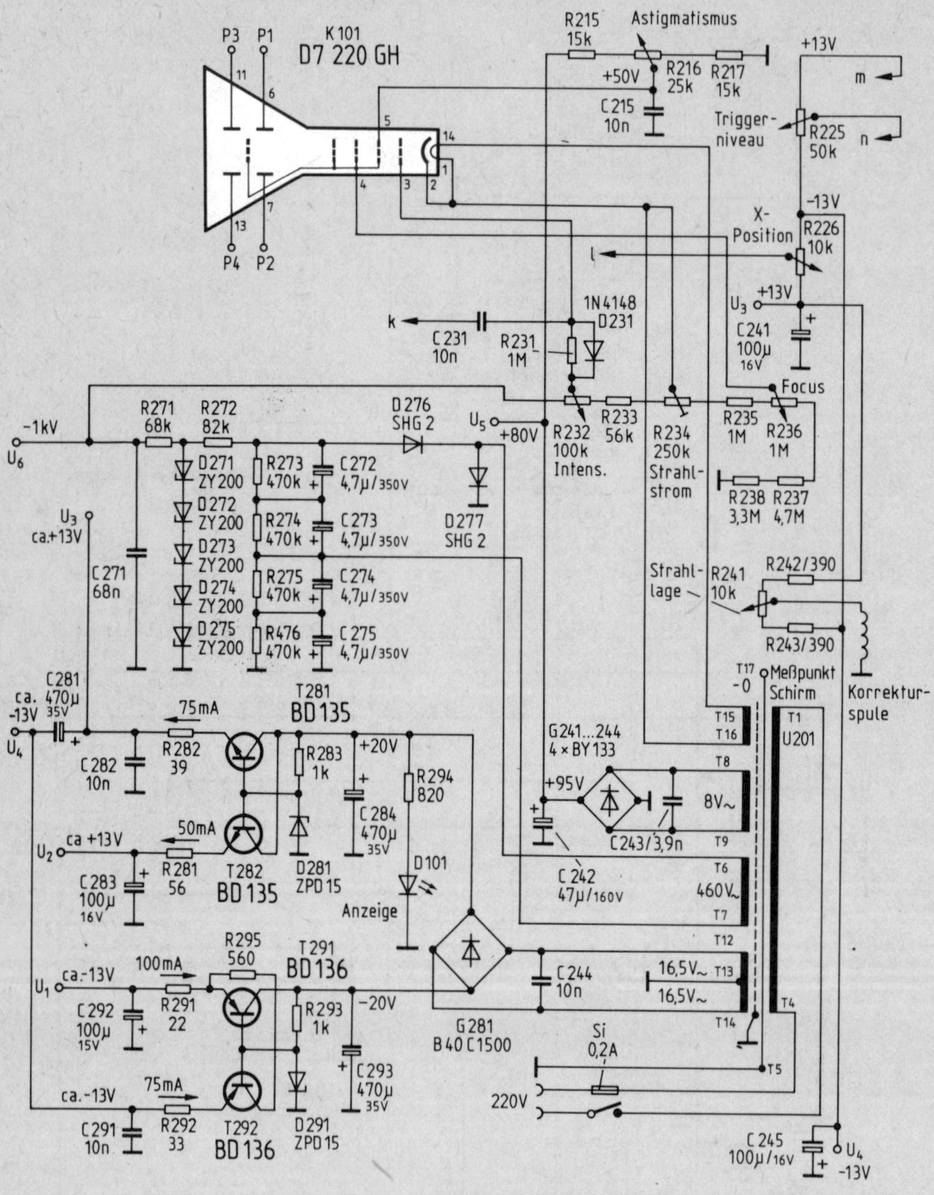
P3
P1
K101
D7 220 GH
P4
P2
R215
15k
Astigmatismus
+50V
R216
25k
R217
15k
C215
10n
+13V
m
Trigger-
niveau
R225
50k
n
-13V
X-
Position
R226
10k
l
+13V
U3
C241
100µ
16V
1N4148
D231
k
C231
10n
R231
1M
Focus
R271
68k
R272
82k
D276
SHG 2
U5
+80V
R232
100k
Intens.
R233
56k
R234
250k
Strahl-
strom
R235
1M
R236
1M
R238
3,3M
R237
4,7M
-1kV
U6
D271
ZY200
R273
470k
C272
4,7µ/350V
D272
ZY200
R274
470k
C273
4,7µ/350V
D277
SHG 2
U3
ca.+13V
D273
ZY200
C271
68n
D274
ZY200
R275
470k
C274
4,7µ/350V
D275
ZY200
R476
470k
C275
4,7µ/350V
Strahl-
lage
R241
10k
R242/390
R243/390
Korrektur-
spule
T17
-0
Meßpunkt
Schirm
C281
ca. 470µ
35V
-13V
U4
75mA
T281
BD135
C282
10n
R282
39
R283
1k
+20V
R294
820
T15
T16
T1
U201
G241...244
4 × BY133
+95V
T8
8V~
C243/3,9n
T9
ca +13V
U2
50mA
C283
100µ
16V
R281
56
T282
BD135
D281
ZPD15
C284
470µ
35V
D101
Anzeige
C242
47µ/160V
T6
460V~
T7
T12
R295
560
T291
BD136
100mA
U1
ca.-13V
C292
100µ
15V
R291
22
R293
1k
-20V
C244
10n
16,5V~
T13
16,5V~
T14
T4
G281
B40C1500
Si
0,2A
T5
ca.-13V
75mA
C291
10n
R292
33
T292
BD136
D291
ZPD15
C293
470µ
35V
220V
C245
100µ/16V
U4
-13V

Abb. 2.28-1c

Abb. 2.28-2a

Abb. 2.28-2b

Abb. 2.28-2c

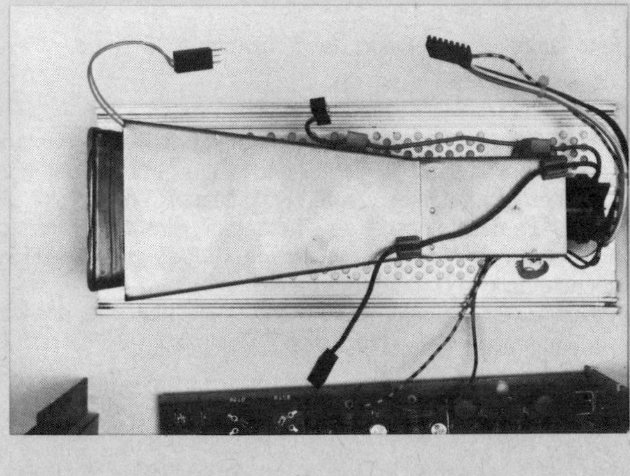

Abb. 2.28-2d

Abb. 2.28-2e

Eine kurze Beschreibung der Schaltung 2.28-1a...c

Y-Verstärker (Abb. 2.28-1*a*)

Über den O-AC-DC-Kopplungsschalter gelangt das Y-Signal über den Y-Abschwächer zum Eingang des Y-Verstärkers. Der Y-Verstärker hat eine Empfindlichkeit von 5 mV/Skalenteil und ist aus Gründen der thermischen Stabilität als Differenzverstärker ausgeführt, in dessen Eingang sich ein Doppel-FET befindet. Die nachfolgende Verstärkerstufe wird aus Transistoren eines Transistor-Arrays gebildet. Durch diesen Aufbau des Verstärkereinganges wird höchstmögliche Driftarmut erreicht.

Über eine nachfolgende Verstärkerstufe, hinter der das interne Triggersignal abgenommen wird, gelangt das Y-Signal zum Y-Endverstärker.

Kippteil (Abb. 2.28-1*b*)
Über den Umschalter V 101 wird die Triggerquelle – das interne Triggersignal vom Y-Verstärker oder das externe Triggersignal von der Triggereingangsbuchse – vorgewählt. Im Triggerverstärker M 401 wird die Niveaueinstellung und die Polaritätsumschaltung für das Triggersignal vorgenommen. Es folgt der Schmitt-Trigger mit T 401 und T 402, der das Triggersignal zu einem steilflankigen Rechtecksignal umformt. Dieses Rechtecksignal wird mit dem R/C-Glied C 421/R 423 zu Nadelimpulsen differenziert, die an der Anode der Diode D 424 liegen. Die positiven Spitzen der Nadelimpulse gelangen über das Diodentor D 424 an die Basis des Transistors T 420, der mit dem komplementären Transistor T 422 ein Flipflop bildet. Die Nadelimpulse schalten das Flipflop um, D 432 wird gesperrt, und über die Konstantstromstufe T 424 wird der gerade eingeschaltete Zeitkondensator C 481...C 484 aufgeladen. Es entsteht eine linear ansteigende Spannung, die über den Feldeffekttransistor T 445 über T 446 zu dem Potentiometer R 448 gelangt. Nach Erreichen eines durch R 448 bestimmten positiven Spannungswertes wird D 429 leitend und das Flipflop zurückgestellt. Über D 432 wird der entsprechende Zeitkondensator wieder entladen (Rücklauf). Die Stufe T 423 bewirkt durch Absenken der Spannung an R 423 die Sperrung des Diodentors D 424 für weitere positive Nadelimpulse im Verlauf einer Sägezahnperiode. Erst nach Beendigung des Rücklaufs wird das Potential an R 423 wieder angehoben, so daß ein folgender Nadelimpuls erneut eine Sägezahnschwingung auslösen kann.

Freilauf-Automatik (Abb. 2.28-1*b*)
Für den Fall, daß keine Triggerimpulse vorhanden sind, ist die Freilauf-Automatik vorgesehen. Die vom Schmitt-Trigger gelieferte Rechteckspannung wird mit D 421 und D 422 gleichgerichtet. Die so gewonnene Gleichspannung an C 422 hält den Transistor T 421 leitend und die Sägezahnspannung erfolgt in der oben beschriebenen Weise. Bei Fehlen der Triggersignale wird T 421 nichtleitend und die von der Torstufe T 423 bewirkte Potentialanhebung an R 423 wird nicht begrenzt. Nach jedem Rücklauf wird D 424 leitend, und es wird ein neuer Aufladevorgang ausgelöst. Es entsteht eine freilaufende Sägezahnschwingung.

Rücklaufaustastung
Während des Strahlrücklaufes ist der Strahl abgedunkelt. Hierzu wird die Rechteckspannung des Flipflop am Kollektor von T 422 über R 432/D 431 und den Trennkondensator C 231 dem Wehnelt zugeführt.

X-Verstärker
Als Impedanzwandler und Treiber wirken der Feldeffekt-Transistor T 445 und der Emitterfolger T 446. Fremdablenkung ist über die X-Eingangsbuchse möglich (AC-Betrieb).

Der X-Verstärker ist in der Endstufe als Differenzverstärker ausgeführt, um die gegenphasigen Signale für die Ablenkplatten zu erzeugen.

Netzteil (Abb. 2.28-1*c)*
Für die Gleichstromversorgung werden vier getrennt stabilisierte Spannungen von je 13 V verwendet.
±13 V für X und ±13 V für Y
Eine Sekundärspannung des Netztrafos beträgt 460 V. Durch Spannungsverdopplung wird die Anodenspannung von 1 kV für die Elektronenstrahlröhre erzeugt und durch Reihenschaltung von 5 Zenerdioden ZY 200 stabilisiert.

Astigmatismus
Der Astigmatismuseinsteller ist von außen mit einem Schraubenzieher einstellbar. Eine Sinusspannung beliebiger Frequenz, oder besser eine Rechteckspannung möglichst hoher Frequenz soll so eingestellt werden, daß bei Betätigung des Focusreglers optimale Schärfe in Schirmmitte erreicht wird.

Bei Rechteckspannung muß so eingestellt werden, daß senkrechte und waagerechte Kurventeile bei Betätigung des Focusreglers gleichzeitig scharf werden. Die Amplitude sollte etwa halbe Schirmhöhe betragen.

Strahllage
Die Strahllage läßt sich elektrisch von außen korrigieren. Mit einem Schraubenzieher betätigt man den Einsteller „S" und bringt die Zeitlinie mit dem Raster zur Deckung.

Das sind die wichtigsten Einstelldaten

Spannungskontrolle (bei 220 V Netzspannung)

C 282	+13 V	± 1 V
C 283	+13 V	± 1 V
C 292	−13 V	± 1 V
C 291	−13 V	± 1 V
C 448	+80 V	± 5 V (mittl. Plattenpotential muß eingestellt sein)
C 271	−1 kV	± 50 V

Strahlstromeinstellung
Gerät ca. 15 Min. warmlaufen lassen.

Intensitätsregler R 232 vom Linksanschlag (min.) aus langsam nach rechts drehen und den Punkt feststellen, wo der Strahl gerade eben sichtbar wird.

Mit hochohmigem Instrument (Ri ≧ 10 MΩ) Spannung zwischen Katode und Wehnelt messen. Intensitätsregler auf Rechtsanschlag (max.) und mit R 234 (Strahlstrom) die Katoden-Wehnelt-Spannung auf einen 9 V kleineren Wert einstellen.

Abgleich evtl. noch 1- bis 2mal wiederholen zur Feinkorrektur.

Strahl-Lage

Zeitlinie mit der Rasterlinie in Schirmmitte zur Deckung bringen und mit einem Schraubenzieher den Einsteller „S“ (Frontplatte) R 241 betätigen, bis die Zeitlinie in ganzer Länge parallel zum Meßraster liegt.

Mittleres Plattenpotential

Zeitschalter auf X-ext. schalten, Y-Eingang auf 0. Strahl defocussieren und geringe Helligkeit einstellen. Spannung zwischen den Y-Ablenkplatten messen und mit R 209 (Y-Position) auf 0 V einstellen.

Spannung zwischen einer Platte und Masse messen und mit R 210 (mittl. Plattenpotential) auf 55 V einstellen. Spannung zwischen den X-Ablenkplatten messen und mit R 226 (X-Position) auf 0 V einstellen.

Spannung zwischen einer Platte und Masse messen und mit R 458 (mittl. Plattenpotential) auf 55 V einstellen.

Abgleich bei den Y-Platten und dann bei den X-Platten zur Feinkorrektur noch einmal wiederholen.

Astigmatismus

Zeitschalter auf 0,5 µs/Skt. schalten. Rechtecksignal 1 MHz auf Y-Eingang geben und Schirm ca. halb ausschreiben.

Mit Fokus-Einsteller R 236 und Astigmatismuseinsteller R 216 optimale Strahlschärfe einstellen (siehe Schaltungsbeschreibung Astigmatismus).

Y-Verstärker

Symmetrie

Strahl in Schirmmitte bringen, Y-Eingang auf 0. Mit R 368 Symmetrie so einstellen, daß beim Durchdrehen von R 315 (Y-fein) keine Strahlbewegung in Y-Richtung auftritt.

Y-cal

Y-Abschwächerschalter auf 5 mV/Skt., Y-Feineinsteller auf cal. Y-Eingang auf AC und 25 $mV_{ss} < 1$ % ca. 1...10 kHz messen. Mit R 374 (Y-cal.) 5 Skt. einstellen.

Rechteckverhalten-Bandbreite

Y-Feineinsteller auf Rechtsanschlag (cal.) Y-Abschwächer auf 5 mV/Skt. Rechtecksignal von 1 MHz einspeisen, so daß eine Auslenkung von ca. 5 Skt. entsteht. Mit C 201 optimales Rechteck einstellen (Überschwingen max. 2 %). Bandbreite kontrollieren: > 10 MHz (–3 dB).

Wenn kein Rechteck 1 MHz zur Verfügung steht, wird mit C 201 auf 10 MHz (–3 dB) Bandbreite abgeglichen.

Abschwächerstellung	Trimmer
10 mV/Skt.	C 358
20 mV/Skt.	C 359
50 mV/Skt.	C 353
100 mV/Skt.	C 356
200 mV/Skt.	C 357
0,5 V/Skt.	C 354
5 V/Skt.	C 355
Tastkopfkompensation 10 : 1 bei 5 mV/Skt. dann bei:	
50 mV/Skt.	C 350
0,5 V/Skt.	C 351
5 V/Skt.	C 352

Y-Abschwächer

Rechtecksignal ca. 2,5 kHz an den Y-Eingang legen. Eingangsabschwächer auf optimale Rechteckform bei ca. 5 Skt. Auslenkung abgleichen.

X-Verstärker

Zeitschalter auf X-ext. schalten und an X-Eingangsbuchse 1 kHz Sinus 4 V_{ss} legen. X-Verstärkung mit R 454 auf 8 Skt. einstellen. Evtl. Bandbreite überprüfen: > 2 MHz (–3 dB).

Kippteil

Sägezahnamplitude.

Zeitschalter auf 0,5 ms/Skt. schalten. Zeitfeineinsteller auf rechten Anschlag (cal.).

Sägezahn am Gate von T 445 messen und mit R 448 auf 5,5 V_{ss} ≙ 11 Skt. einstellen.

Zeiteichung

Zeitschalter auf 1 ms/Skt., Zeitfeineinsteller auf rechten Anschlag (cal.), Meßfrequenz 1000 Hz < 1 %. Mit R 440 auf 1 Periode pro Skt. einstellen.

Die anderen Zeitbereiche überprüfen: Bei kleineren Abweichungen evtl. mitteln.

Rechteckabgleich „int“

Y-int.-ext.-Schalter auf „int“. Über eine interne Meßleitung 10 kHz Rechteck einspeisen und den 10 : 1-Teiler mit C 601 auf optimale Rechteckform abgleichen bei Abschwächerstellung 5 mV/Skt.

Technische Daten

Sichtteil

Elektronenstrahlrohr:	D 7 – 220 GH/Rechteck
Meßfläche:	36 x 60 mm
Gesamtbeschleunigung:	1 kV

Y-Verstärker

Gleichspannungsverstärker umschaltbar als Wechselspannungsverstärker.

Eingangsimpedanz:	1 MΩ II 33 pF
max. Eingangsspannung:	250 $V_{\sim}$ bzw. 350 $V_{=}$
Ablenkkoeffizient:	5 mV...20 V/Skt. in 12 Stufen
Fehlergrenzen:	±4 %
Y-Feinregelung:	Teilbereiche überlappend
Bandbreite:	0...10 MHz (–3 dB)
Überschwingen:	< 3 %
Dachschräge bei TD 5 ms:	AC < 5 %
Nichtlinearität:	< 3 %

X-Verstärker

AC-Verstärker

Eingangsimpedanz:	1 MΩ II 30 pF
max. Eingangsspannung:	100 $V_{\sim}$ bzw. 140 $V_{=}$
Ablenkkoeffizient:	0,5 V/Skt.
Bandbreite:	10 Hz...2 MHz (–3 dB)

Zeitablenkung

Getriggert mit automatischem Freilauf bei fehlendem Triggersignal.

Zeitmaßstab:	0,5–1–5–10–50–100 μs/Skt. 0,5–1–5 ms/Skt.
Service-Stellung:	B/Z (Bild/Zeile)
Stetige Einstellung:	ca. 1 : 8 („cal“ bei Rechtsanschlag)
Nichtlinearität:	< 5 %

Triggerung

Triggerwahl:	int./ext.
max. Eingangsspannung:	100 $V_{\sim}$ bzw. 140 $V_{=}$
Triggerkopplung:	AC
Triggerpolarität:	positiv/negativ
Einstellbereich des Niveaueinstellers:	int. ca. ±3 Skt. ext. ca. ±8 V
Triggerbereich int.:	1 Skt. Bildhöhe von 30 Hz...10 MHz
Triggerbereich ext.:	250 mV_{eff} von 30 Hz...10 MHz
Besonderheiten:	Servicestellung B–Z, mit RC-Glied für B

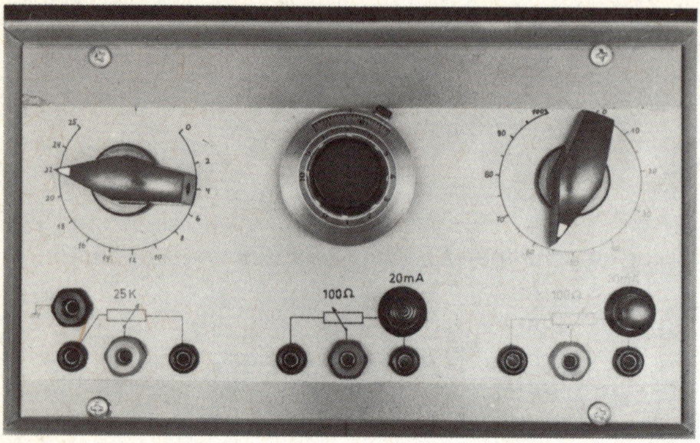

Abb. 2.29-1

2.29 Ein einfacher Abschwächer für viele Zwecke

Beim Abgleich von Gleich- und Wechselspannungsmeßgeräten und zum Beispiel beim Eichvorgang von Drehspulmeßwerken kommt es immer wieder vor, daß eine Spannung geregelt werden muß. So einfach dieser Vorgang auch ist, so sinnvoll ist es aber auch, dafür ein paar Potentiometer in einem Gehäuse unterzubringen. Einen Vorschlag dazu zeigt die *Abb. 2.29-1*. Das Gehäuse erhält aus Gründen der Abschirmung eine getrennte Massebuchse. Die Potentiometer erhalten je drei Anschlußbuchsen. Das mittlere Potentiometer mit Noniusanzeige sowie das rechte 100-Ω-Potentiometer sind Präzisionsbauteile mit hoher Linearität. Aus diesem Grunde sind beide mit je einer 20-mA-Sicherung geschützt. Das hochohmige 25-kΩ-Potentiometer ist direkt angeschlossen. Selbstverständlich lassen sich auch andere Werte unterbringen, so daß mit dieser Anordnung viele Meßprobleme – z. B. Wahl des optimalen Kollektorwiderstandes einer Transistorverstärkerstufe – gelöst werden können.

2.30 Ein einfacher AM-Modulator für Frequenzen bis 100 MHz

Es wird ein Modulator beschrieben, der sich problemlos aufbauen und einstellen läßt.

Vorerst: Was ist Amplitudenmodulation? Dieser Begriff findet sich in der Nachrichtentechnik. Also dort, wo eine Information gesendet (ausgestrahlt) und wieder empfangen werden soll. Die Amplitudenmodulation ist nur eine Art, Nachrichten mit Hilfe eines Senderhochfrequenzsignales zu übertragen. Vielleicht sogar die wichtigste und gebräuchlichste.

Abb. 2.30-1

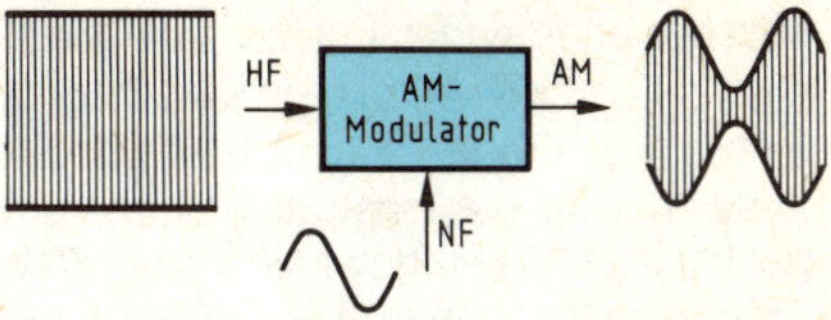

Abb. 2.30-2

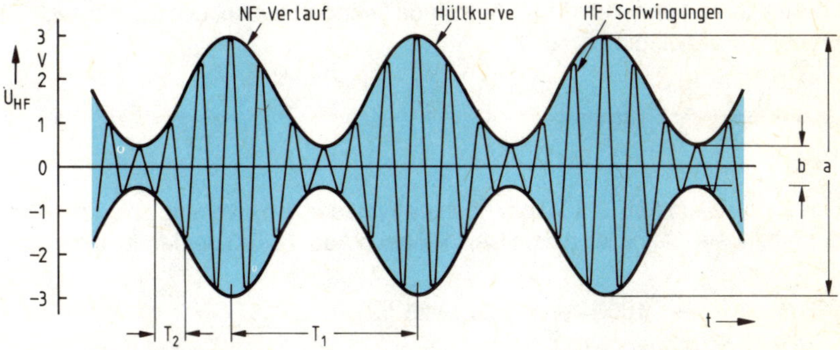

Bei der Amplitudenmodulation wird die Amplitude im Rhythmus (der Frequenz) und der Kurvenform (der Amplitude) der eigentlichen Information (der Niederfrequenz) geändert. Das niederfrequente Signal – kurz: Nf – beeinflußt also in der Amplitude das hochfrequente Signal – kurz: Hf.

Betrachten wir das einmal im Falle einer Musikübertragung. Die Lautstärke – also die Amplitude der Nf – verändert demnach die Amplitude der Hochfrequenz – also des Trägers. Die Tonlage, also die Frequenz der Nf, macht sich durch die Häufigkeit der Amplitudenänderungen der Hf, eben durch die Frequenz der Nf, bemerkbar. – Schluß der Erklärung.

Das für uns verständliche Blockschaltbild eines Modulators zeigt *Abb. 2.30-1*. Dieser Schaltung wird das in der Amplitude und Frequenz konstante Hf-Signal zugefügt. Weiterhin erhält der Modulator das Nf-Signal. Das Ausgangssignal – das sogenannte AM-Signal – ist in der Frequenz der Hochfrequenz konstant geblieben, nicht jedoch in seiner Amplitude.

Ein bißchen ausführlicher ist das in *Abb. 2.30-2* zu sehen. Dazu sollten wir einige Bezeichnungen kennenlernen. So ist die Zeit $T\,1 = \frac{1}{f_1}$ die Zeitdauer einer niederfrequenten Schwingung (hier wurde ein Sinus-Nf-Signal gewählt). T 2 entspricht der Zeitdauer der hochfrequenten Schwingung. Die Hüllkurve der Nf ist eine nicht existente, hier nur als Hilfsgröße gezeichnete Kurve. Bei dem großen Verhältnis der Frequenzen von Hf zu Nf liegen die Hf-Schwingungen jedoch so nahe aneinander – siehe Abb. 2.30-7 –, daß es so aussieht, als würde sich eine „Nf-Hüllkurve" bilden. Das Oszillogramm *Abb. 2.30-3* läßt erkennen – bei einer in der Frequenz absichtlich niedrig gewählten „Hf" – wie es in der Praxis aussieht. Zur Demonstration wurde das Nf-Signal mit 1 kHz und der „Hf-Träger" mit nur 10 kHz gewählt. Es ist vorstellbar, daß bei „Aneinanderreihung" der Trägerschwingungen eine helle, begrenzende Hüllkurve entsteht.

Der Profi erkennt an der Abb. 2.30-2 jedoch noch etwas mehr, nämlich den sogenannten Modulationsgrad – m –. Diese Größe gibt an, wieviel Prozent der Hf-Amplitude sich durch die Nf-Amplitude geändert haben. Dazu gibt's auch für uns eine Formel, die da heißt:

$$m = \frac{1 - b}{a + b} \cdot 100\,[\%]$$

Dabei ist – a – in Abb. 2.30-3 der höchste Wert der Hf-Spannung und – b – eben der niedrigste. Somit ist in dem Beispiel nach Abb. 2.30-3 der Modulationsgrad

$$m = \frac{5 - 3}{5 + 3} \cdot 100 = \frac{2}{8} \cdot 100 = 25\ \%$$

Dazu etwas aus der Praxis. So ein Rundfunksender moduliert bis zu 30 %. In der Meßtechnik wird bis zu 100 % moduliert. Das bedeutet, daß an einigen Stellen der Information kurzfristig kein Hf-Träger mehr vorhanden ist. Für Prüfzwecke an Radiogeräten und für den Senderbau genügen Modulationswerte bis zu 50 % allemal. Der Modulator, der hier unser Thema ist, erreicht leicht Werte bis zu m = 60 %.

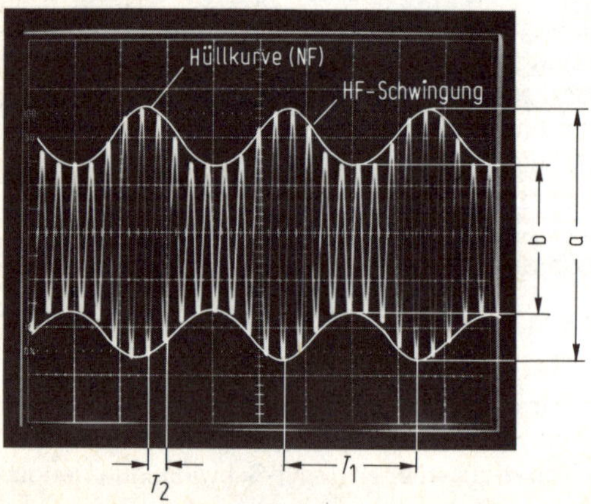

Abb. 2.30-3

Abb. 2.30-4

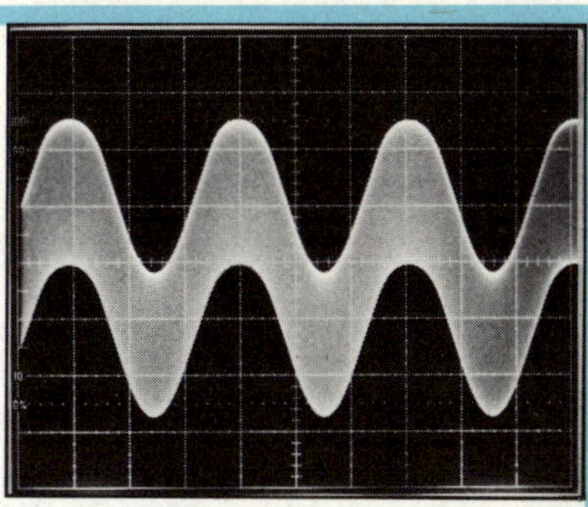

Abb. 2.30-5

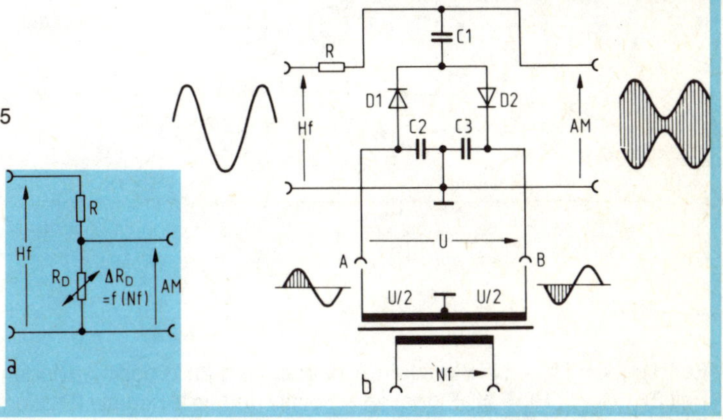

Nun sollte man bitte Amplitudenmodulation nicht mit Überlagerung verwechseln. Es gibt einfache Prüfsender, die mit sehr verzerrter Amplitudenmodulation – teilweise bereits mit Überlagerung – arbeiten. Bei einer Überlagerung werden zwei Signale linear addiert. Also z. B. das Hf- und das Nf-Signal. Das zeigt das Foto *Abb. 2.30-4*. Aber das ist nicht unser Thema.

Amplitudenmodulatoren werden oft umfangreich und hochwertig aufgebaut. Ich bin nun dafür, wir machen es uns, mit gutem Erfolg, einfacher. Dafür ist vorerst das Prinzip der Schaltung in *Abb. 2.30-5* gezeigt. *Abb. 2.30-5a* zeigt einen Spannungsteiler, dessen unterer Widerstand R_D sich im Rhythmus der Nf ändert, also: $\Delta R_D = f$ (Nf). Somit wird die Hf-Spannung in ihrer Amplitude, als amplitudenmoduliertes Signal, beeinflußt. *Abb. 2.30-5b* zeigt nur die Prinzipschaltung des Modulators. Der Widerstand R ist geblieben, jedoch ist R_D jetzt durch die Dioden D 1 und D 2 ersetzt worden. Diese beiden Dioden werden im Gegentakt von einer Nf-Schwingung angesteuert. Somit ist für die beiden möglichen Extremfälle folgendes zu erklären:

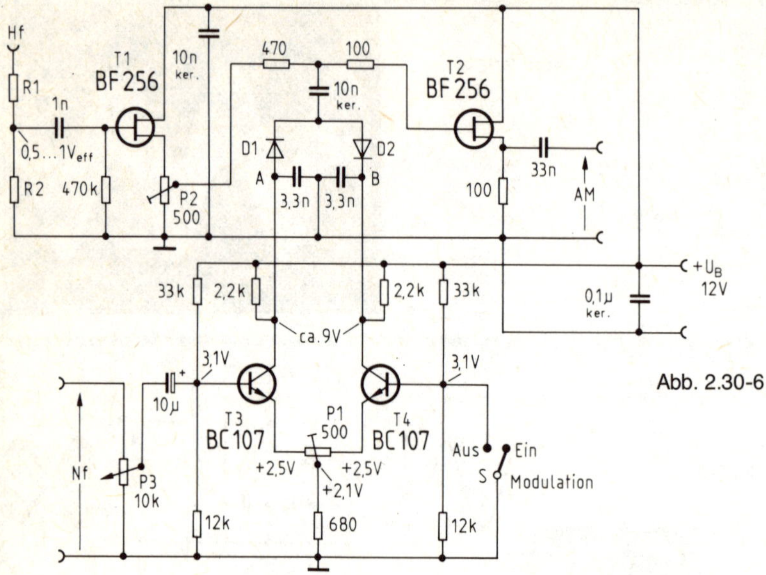

Abb. 2.30-6

Fall 1): ,,viel Hf" – Nf-Signal an A negativ und an B positiv (Dioden sperren).
Fall 2): ,,wenig Hf" – Nf-Signal an A positiv und an B negativ (Dioden leiten; sie bilden mit R einen Spannungsteiler über C 1 und die Diodenstrecken sowie über C 2 und C 3 nach Masse).

So, und nun interessiert uns natürlich die nachbausichere Schaltung. Diese ist in *Abb. 2.30-6* gezeigt. Ein bißchen mehr als in Abb. 2.30-5, dafür aber ein komplettes Modulatorteil für Anwendungen bis zu 150 MHz – wenn die Leitungen alle schön kurz gemacht werden und an der Massefläche nicht gespart wird.

In Abb. 2.30-6 ist nun folgendes hinzugekommen: die Trennstufen T 1 und T 2 sowie die Nf-Gegentaktstufe mit T 3 und T 4. Die Daten der Bauelemente sind für eine Hf-Spannung des Senders am Eingang von T 1 für 0,3...1,5 V_{eff} ausgelegt. Das ist eine praktikable Größe, die ein Hf-Oszillator leicht erzeugt. Demnach sind auch die Widerstände R 1 und R 2 so zu bemessen, daß etwa 0,5 V_{eff} am Gate von T 1 stehen. Bitte daran denken, daß einerseits R 1 und R 2 aus Hf-technischen Gründen niederohmig – < 1 kΩ – sein sollten, andererseits den Oszillator belasten. So ist gegebenenfalls die Schwingkreisspule anzuzapfen (Transformatorkopplung) oder ein Impedanzwandler vorzuschalten. Mit P 2 ist die Hf-Amplitude einstellbar.

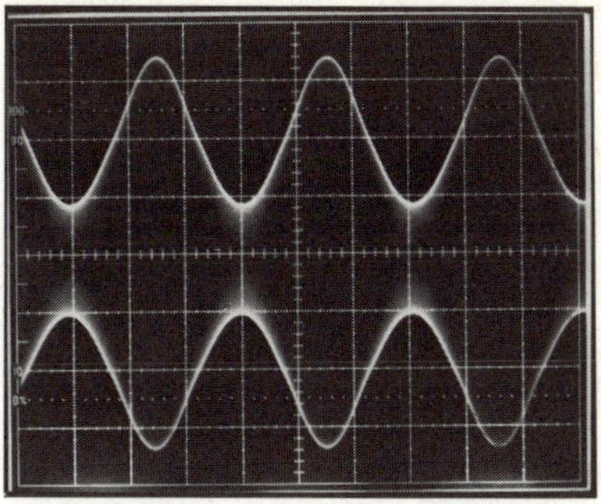

Abb. 2.30-7

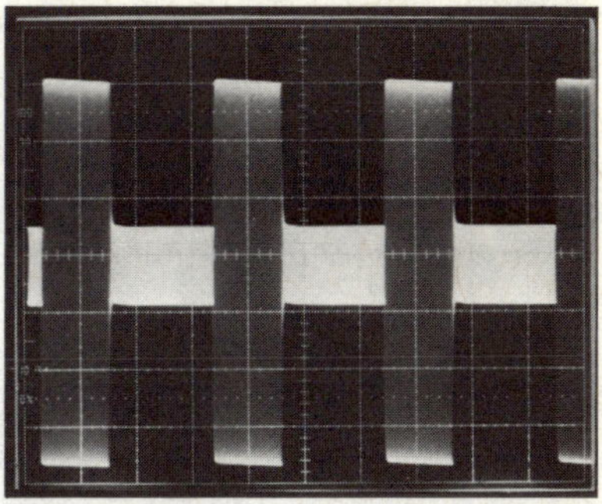

Abb. 2.30-8

Das ist nachzumessen mit einem Dioden-Hf-Tastkopf. Der Transistor T 2 ist eine Trennstufe, die am Ausgang das amplitudenmodulierte Signal niederohmig hält. Der 100-Ω-Sourcewiderstand kann auch als niederohmiger 100-Ω-Hf-Regler gewählt werden.

Das sauber modulierte Hf-Signal mit einer 1-kHz-Tonfrequenz zeigt *Abb. 2.30-7*. Dieser Modulator ist sehr schnell, er verarbeitet auch kurzfristige Rechteckimpulse sauber, so, wie es in *Abb. 2.30-8* zu sehen ist. Darüber hinaus läßt sich der Modulator durch den Schalter S ausschalten, so daß dann am Ausgang von T 2 das unbeeinflußte Hf-Signal steht. Das geschieht durch Sperrung von T 4 bei eingeschaltetem Schalter S. Die Kollektorspannung U_C von T 4 entspricht dann der Betriebsspannung, wodurch beide Modulationsdioden sperren. Nun kommt das für uns wichtige Thema der Einstelldaten und des Abgleichens.

Hier darf ich gleich sagen: wenn doch nur alles so einfach wäre! Wir brauchen nur die Spannung zwischen Punkt A und B (Abb. 2.30-6) einmal einzustellen und schon ist alles in Ordnung. Und das wird nun so gemacht: Der Regler P 3 wird auf Nf-Signal = Null gestellt. Ebenfalls wird das Hf-Signal abgeschaltet, z. B. durch P 2 auf Null geregelt. Dann wird ein Multimeter ($R_i \geqq 50$ kΩ/V) zwischen A und B angeschlossen und mit P 1 die Spannung zwischen A und B so eingestellt, daß diese an A ein positives Potential von etwa 0,1...0,2 V hat.

Weitere Kontrollwerte sind in der Schaltung Abb. 2.30-6 bereits angegeben. Die Spannung A – B beträgt bei einem Hf-Signal von 0,5 V_{eff} etwa –0,2 V (jetzt Minuspol an A!) sowie bei 1 V_{eff} etwa –0,6 V... das auch nur zur Kontrolle. Das Hf-Signal darf Frequenzen von 100 kHz...150 MHz haben. Bitte daran denken, daß bei Frequenzen ab etwa 5 MHz bereits mit jedem Millimeter Leitungslänge geknausert werden sollte. Große Masseflächen sind hier sehr sehr wichtig. Bei Frequenzen ab 100 kHz...100 MHz sollten parallel zu den 3,3 nF keramischen Kondensatoren (Punkt A – B) zwei weitere von 10...22 nF geschaltet werden.

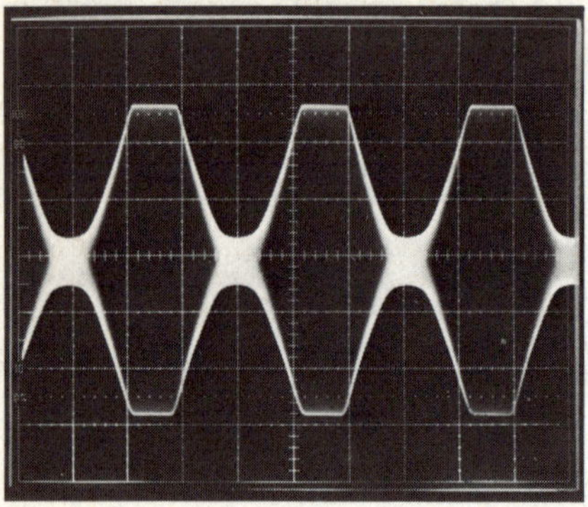

Abb. 2.30-9

Nun noch ein Wort zur Nf. Der Modulator verarbeitet Niederfrequenzen von 20 Hz...20 kHz einwandfrei. Für die maximale Modulation von 65 % ist ein Nf-Signal von 100 mV_{eff} am Eingang von P 3 erforderlich – das läßt leicht darauf schließen, daß hier ein keramischer Plattenspieler, Kassettenrecorder usw. gleich angeschlossen werden kann. Auch ein Mikrofon mit einer Ausgangsspannung so um die 50 mV gibt ein sehr gutes Ergebnis.

Wird das Nf-Signal zu groß, so gibt's Verzerrungen, wie aus *Abb. 2.30-9* zu erkennen ist.

2.31 Ein kleiner Hf-Meßsender

Die Hochfrequenztechnik hat's in sich – besonders, wenn es um die Abschirmung geht. So sind dann auch in der *Abb. 2.31-1* zwei abgeschirmte Gehäuse aus Stahlblech oder Messingblech anzufertigen. Richtig ist es, das Gehäuse des Ausgangskreises so groß zu machen, daß das Sendergehäuse hineinpaßt. Also ist sehr viel Gedankenarbeit für eine mechanisch stabile, ,,luftdichte" Abschirmung erforderlich.

Der in Abb. 2.31-1 beschriebene Sender arbeitet unmoduliert. Es ist jedoch leicht möglich, den Modulator Abb. 2.30-6 an die Punkte A–B anzufügen und als Niederfrequenzgenerator die Schaltung in Abb. 2.22-1 zu benutzen. Der Modulator gehört mit in das Abschirmgehäuse des Endverstärkers der Abb. 2.31-1. Die Trennstelle der Abschirmung sind die Punkte A–B. Der Modulator wird so angeschlossen, daß der Eingangskreis um T 1 in Abb. 2.30-6 entfällt und der 470-Ω-Widerstand (Schleiferanschluß P 2) direkt am Punkt B der Abb. 2.31-1 angelötet wird. Der 3,3 nF an T 2 (Abb. 2.30-6) entfällt, der Ausgang von T 2 wird an den Punkt A (Abb. 2.31-1) angeschlossen.

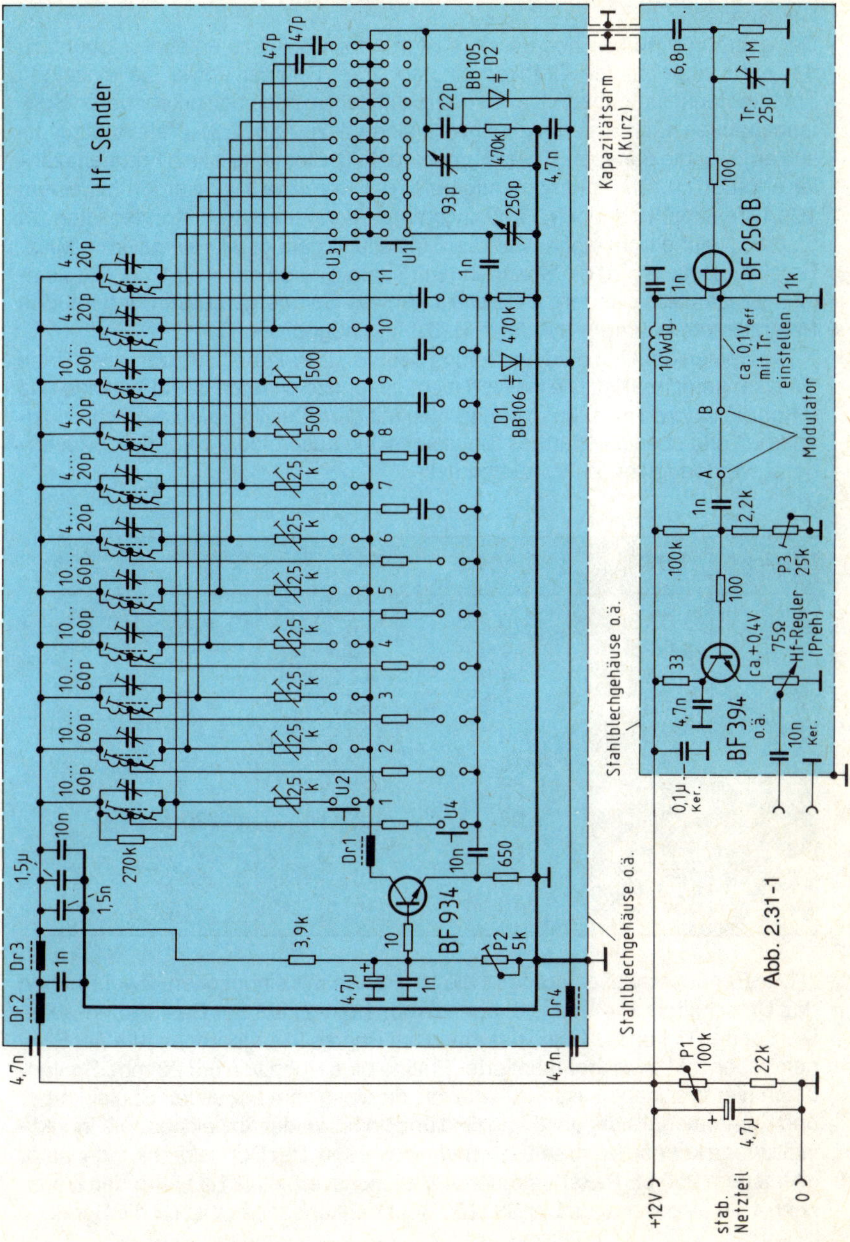
Hf-Sender
Kapazitätsarm (Kurz)
Stahlblechgehäuse o.ä.
Stahlblechgehäuse o.ä.
BF 934
BF 256 B
BF 394 o.ä.
BB105 D2
D1 BB106
Modulator
ca. 0,1 Veff mit Tr. einstellen
ca. +0,4 V
75Ω Hf-Regler (Preh)
P1 100k
P2 5k
P3 25k
Dr1
Dr2
Dr3
Dr4
U1
U2
U3
U4
+12V
0
stab. Netzteil
Abb. 2.31-1

Der Sender

Der gedrängte Aufbau des Senders ist in Abb. 1.6.4-2 zu erkennen, ebenfalls der nahe angebrachte Drehkondensator. Die Trimmer sowie die einzelnen Trimmpotentiometer befinden sich konzentrisch an den noch erkennbaren Spulengehäusen nach außen hin montiert (siehe dazu *Abb. 2.31-2* als Aufbauvorschlag). Für die genauen Einstellungen der L-C-Elemente ist ein Frequenzzähler erforderlich. Die Trimmpotentiometer der Bereiche 1...9 werden mit einem 10 : 1-Tastkopf und einem Hf-Oszillografen vor dem 6,8-pF-Kondensator auf 5...8 V_{ss} (einheitlich) eingestellt. Die Einstellung genügt dort einmal im 1-MHz-Bereich. Danach wird die Spannung mit Tr am Source auf ca. 0,1...0,2 V_{eff} eingestellt, sämtliche andere Bereiche dann am Source gemessen und mit den Potentiometertrimmern auf die z. B. 0,1 V_{eff} abgeglichen.

Die Spulen erhalten eine Anzapfung bei 1/3...2/3, wobei 1/3 zum kalten Ende (Masse) gerechnet ist. Die im Wert nicht gekennzeichneten 8 Widerstände und 5 Kondensatoren müssen experimentell mit dem Oszillografen auf Schwingsicherheit und oberwellenarmes Sinussignal hin ausprobiert werden. Im Mustergerät wurden folgende Werte benutzt:

Bereich	f_u MHz	f_o MHz	R	C
1	0,13	0,28	5,1 kΩ	–
2	0,28	0,60	3,3 kΩ	–
3	0,60	1,3	1,2 kΩ	–
4	1,3	2,2	680 Ω	–
5	2,8	6,0	100 Ω	–
6	6,0	13	62 Ω	–
7	13	22	47 Ω	–
8	22	38	100 Ω	220 pF
9	38	65	(68) Ω	120 pF
10	65	85	(10) Ω	68 pF
11	85	110	(10) Ω	47 pF

Der Bereichsschalter wurde in die Hf-Platine mit einbezogen. Zwei Ebenen des Umschalters U 4 und U 3 lagen (Abb. 1.6.4-2) auf der Bestückungsseite. Die Ebenen U 1 und U 2 sind unterhalb der Printseite angeordnet. Alle vier Ebenen haben incl. zwischenmontierter Platine eine Höhe von nur 22 mm. Spulendaten hier anzugeben, ist nicht sinnvoll, da diese vom benutzten Spulenkörper und Kernmaterial stark abhängig sind und voneinander abweichen. Die Induktivitätswerte können leicht selbst errechnet werden. Der Doppeldrehkondensator ist mit dem 250 pF Paket – größeres Variationsverhältnis $f_o : f_u$ – in den Bereichen 1...6 eingeschaltet. Der 93 (100 pF) Drehkondensator ist für die Bereiche

Abb. 2.31-2

7...1 mit kleinem Variationsverhältnis zuständig. In beiden Fällen sind Kapazitätsdioden D 1 und D 2 parallel geschaltet, die mit P 1 einen Feinabgleich ermöglichen. Diese gesamte Anordnung kann entfallen, ist aber dennoch sinnvoll, weil sich dadurch eine leichte Korrektur der einmal geeichten Drehkoskala ergibt.

Die Drossel Dr 1 ist eine einfache Ferritdurchführungsperle. Die Drosseln Dr 2...4 sind Durchführungsferrite mit 2 bis 3 Windungen (Abb. 1.6.2-1s). Als Hf-Transistoren können solche wie in der Tabelle des Kapitels 1.6.6 angegeben benutzt werden. Das Potentiometer P 2 stellt den Arbeitspunkt und die sichere Schwingbedingung über alle Bereiche ein. Neigt der Transistor zum Sperrschwingen, so kann der 10-Ω-Widerstand in der Basisleitung verändert werden. Aus Gründen der Abschirmung und der Spannungsführung muß der Drehkondensator (+12 V) nicht nur isoliert aufgebaut werden, sondern die Achse – um Strahlungen zu vermeiden – als Kunststoffachse herausgeführt werden. Aufgrund der starken Stromgegenkopplung durch die in Reihe zu den Schwingkreisen geschalteten Widerständen entsteht in allen Bereichen ein sehr sauberes oberwellenarmes Sinussignal, so daß bei sachgemäßem Aufbau und optimierten Bauteilen für die einzelnen Bereiche ein wertvolles Meßgerät entsteht.

Am Schluß...

ist man oftmals schlauer. Das liegt daran, daß sich entweder der gewünschte Erfolg eingestellt hat – was ich sicher annehme –, oder aber es ist die eine oder andere Frage noch offen geblieben. Im letzteren Falle wissen Sie selbst am besten, wo es noch fehlt. Dazu möchte ich Ihnen ein paar Hilfen anbieten.

- Wer etwas Umfassendes haben möchte:
  „Werkbuch Elektronik“
- Etwas für die Bauteile:
  „Elektronische Bauelemente einfach geprüft im Hobbylabor“ RPB 102
- Wenn die Schaltung nicht funktioniert:
  „Der Hobby-Elektroniker prüft seine Schaltung selbst“ RPB 110
- Wer genauer messen möchte:
  „Wie messe ich richtig“ und
  „Der Hobby-Elektroniker lernt messen“ RPB 4
- Näheres über die Technik und Behandlung von integrierten Schaltungen steht im:
  „Der Hobby-Elektroniker greift zum IC“
- Wie die Platine hergestellt wird, lesen wir nach:
  „Der Hobby-Elektroniker ätzt seine Platine selbst“ RPB 56
- Wer den Operationsverstärker durchleuchten möchte, für den steht's geschrieben in:
  „Operationsverstärker-Praxis“
- Schließlich müssen wir auch noch mechanisch denken:
  „Die Mechanik für die Hobby-Elektronik“ RPB 125.

Diese und weitere Bücher sind von mir im Franzis-Verlag erschienen. Prüfen Sie im Einzelfall, welches Sachgebiet Ihnen weiterhilft, wenn einmal Fragen offen bleiben. Die Elektronik ist ein recht umfangreiches Gebiet. Wählen Sie sich das aus, was Ihnen am meisten liegt.

Wie kommen Sie am schnellsten zu den Büchern? Die Frage ist gleich beantwortet. Eilen Sie zu Ihrem ortsansässigen Buchhändler oder rufen Sie ihn an. Sollte ein bestimmtes Buch nicht am Lager sein, so kann es in der Regel in drei Tagen besorgt werden und diese Dienstleistung kostet keinen Pfennig. Sollte bei Ihnen keine Buchhandlung in der Nähe sein, so können Sie sich in diesem Ausnahmefall an den Verlag wenden, der alles weitere veranlassen wird.

Nun hoffe ich zum Abschluß, daß die meisten Ihrer „meßtechnischen" Wünsche und Fragen in diesem Buch ihre Beantwortung finden. Wenn irgendein spezielles Gebiet der Meßtechnik für Sie interessant ist, teilen Sie es dem Verlag unter Hinweis auf dieses Buch mit. Bei genügend Interesse kommt es dann in die nächste Auflage.

Ihr Autor
Dieter Nührmann

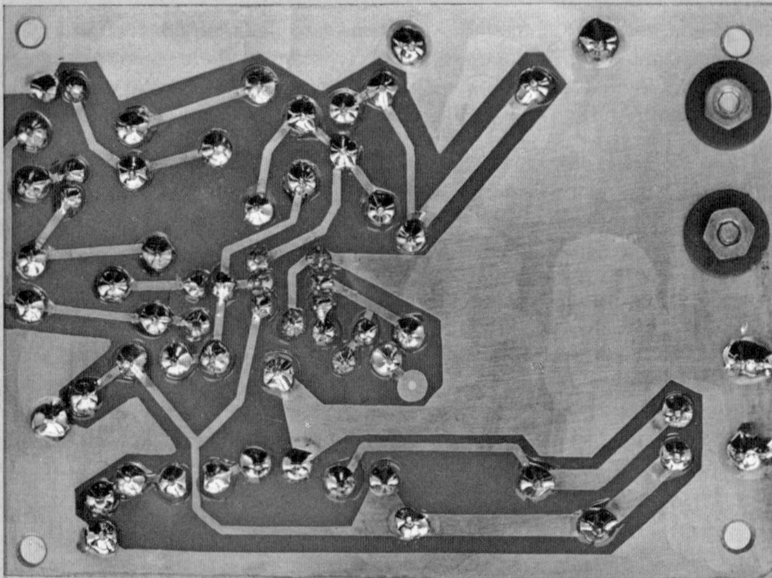

Wenn der Hobby-Elektroniker es versteht, seine Platinen selbst zu ätzen, so entstehen die hier gezeigten „profi-liken“ Aufbauten im Gegensatz zu der Lochrasterplatine von Seite 12.

Sachverzeichnis

A

B

C

D

E

F

G

H

I

P

Q

R

S

T

U

V

W

Z